FRAUEN, DIE DIE FOTOGRAFIE VERÄNDERT HABEN

Laurence King Verlag GmbH
Jablonskistraße 27, 10405 Berlin
www.laurencekingverlag.de

Erstmals erschienen bei Laurence King Publishing in Großbritannien 2024

Laurence King Publishing ist ein Imprint von
The Orion Publishing Group Ltd
Carmelite House, 50 Victoria Embankment
London EC4Y 0DZ

Ein Unternehmen von Hachette UK

Comissioning Editor: Laura Patton
Bildredaktion: Emily Taylor
Design: Studio Katie Kerr
Litho: DL Imaging, UK

Für die deutsche Ausgabe
Übersetzung: Thomas Hauffe, Dortmund
Lektorat: writehouse, Katrin Höller, Köln
Satz: Igor Divis, Dortmund
Projektleitung: hauffe publishing, Dortmund

ISBN: 978-3-96244-403-7

1. Auflage 2024
Gedruckt in China bei C&C Offset Printing, Co. Ltd

... und ihre
Techniken

FRAUEN, DIE DIE FOTOGRAFIE VERÄNDERT HABEN

Gemma Padley

Aus dem Englischen
von Thomas Hauffe

Laurence King Verlag

INHALT

EINFÜHRUNG

Frauen sind seit den Anfängen der Fotografie in diesem Medium tätig. Obwohl die meisten Fotografen – und sicherlich die meisten Berufsfotografen – bis etwa 1890, als dank Kodak[1] einfach zu bedienende Kameras verfügbar wurden, Männer waren, haben damals auch Frauen fotografiert. Die berühmtesten sind Julia Margaret Cameron (S. 108) und Clementina Hawarden (S. 172), die beide einen wichtigen Beitrag zur Entwicklung der Fotografie leisteten.

Frauen waren auch in anderen Bereichen der Fotobranche tätig. Sie assistierten in Ateliers, waren selbst Inhaberinnen von Fotostudios oder arbeiteten als Retuscheurinnen. Gegen Ende des 19. Jahrhunderts arbeiteten Frauen, wenn auch noch in geringer Zahl, professionell und waren manchmal sehr erfolgreich – wie Frances Benjamin Johnston (S. 136), Catharine Weed Barnes Ward (S. 76) und Jessie Tarbox Beals (S. 64). Mit Beginn des 20. Jahrhunderts und dem Aufbruch der unabhängigen, modernen Frau wurden Fotografinnen zunehmend professionell. Waren sie zuvor im (meist bürgerlichen) häuslichen Bereich tätig gewesen, arbeiteten sie nun als Porträt-, Presse- oder Architekturfotografinnen oder in der Werbebranche. Sie verdienten ihr eigenes Geld und trafen ihre eigenen Entscheidungen. Die zunehmenden Freiheiten, die Frauen in der Fotografie genossen, fielen zeitlich mit den Verbesserungen der Frauenrechte im Allgemeinen zusammen und waren manchmal direkt mit ihnen verknüpft.

Frauen wurden lauter und forderten die Gleichberechtigung in der Fotografie. Eine führende Stimme war Imogen Cunningham (S. 12), die 1913 in ihrem Manifest *Photography as a Profession for Women* (Fotografie als Beruf für Frauen) dafür plädierte, dass Frauen sich der Fotografie professionell widmen sollten. Und nicht nur in den westlichen Ländern machten die Frauen auf sich aufmerksam. In Palästina leitete Karimeh Abbud (S. 160), die oft als erste arabische Fotografin bezeichnet wird, mehrere Fotostudios. Als beeindruckende Geschäftsfrau warb sie für sich und ihre Dienste unter dem Namen „Lady Photographer", nachdem sie die Vorliebe einiger Frauen, sich von einer anderen Frau fotografieren zu lassen, erkannt und genutzt hatte.

Im Laufe der Jahrzehnte forderten Fotografinnen die Konventionen in allen Bereichen heraus. Im Fotojournalismus hat Lee Miller (S. 116) die Grenzen des Machbaren erweitert, als sie am Ende des Zweiten Weltkriegs als eine der ersten Fotografinnen nach Deutschland reiste, um die Schrecken, die sich dort abgespielt hatten, einzufangen und der Welt zu zeigen. Und auch Florence Henri (S. 56) war eine erfolgreiche, talentierte Fotografin, deren Arbeit eine ganze Epoche prägte. Zu den bedeutenden Fotografinnen der jüngeren Zeit gehören Shirin Neshat (S. 144), die sich in ihren Werken mit den Erfahrungen von Frauen im Iran auseinandersetzt, Lorna Simpson (S. 196), die Vorstellungen von ethnischer Herkunft und Geschlecht hinterfragt, und Aïda Muluneh (S. 36), die sich für eine veränderte Wahrnehmung Afrikas einsetzt.

Wenn also „Frauen überall waren und alles aufgezeichnet haben ... jede Facette der Fotografie erforscht haben"[2], warum werden ihre Geschichten dann erst seit relativ kurzer Zeit erzählt? Ein Grund dafür ist, dass Frauen zu oft nur eine Nebenrolle zugewiesen wurde oder ihre Beiträge im Zusammenhang mit einem Mann diskutiert wurden. Die Arbeit von Frauen wurde nicht ernst genommen, und die Türen zu Institutionen, Gesellschaften und Verbänden waren ihnen weitgehend verschlossen.[3] Diejenigen, die die Geschichte geschrieben haben, waren oft Männer, die ein meist weißes, westliches und männliches Narrativ vertraten.

Doch die Situation ändert sich allmählich. Es gibt immer mehr Ausstellungen von Fotografinnen. Es entstehen Stiftungen, Netzwerke, Preise und Stipendien, die Frauen in der Fotografie unterstützen.

Dieses Buch ist zwar bei Weitem nicht endgültig, aber es ist ein kleiner Beitrag zu einer viel größeren Bewegung, die im Gange ist. Das bestehende Narrativ, das zu lange

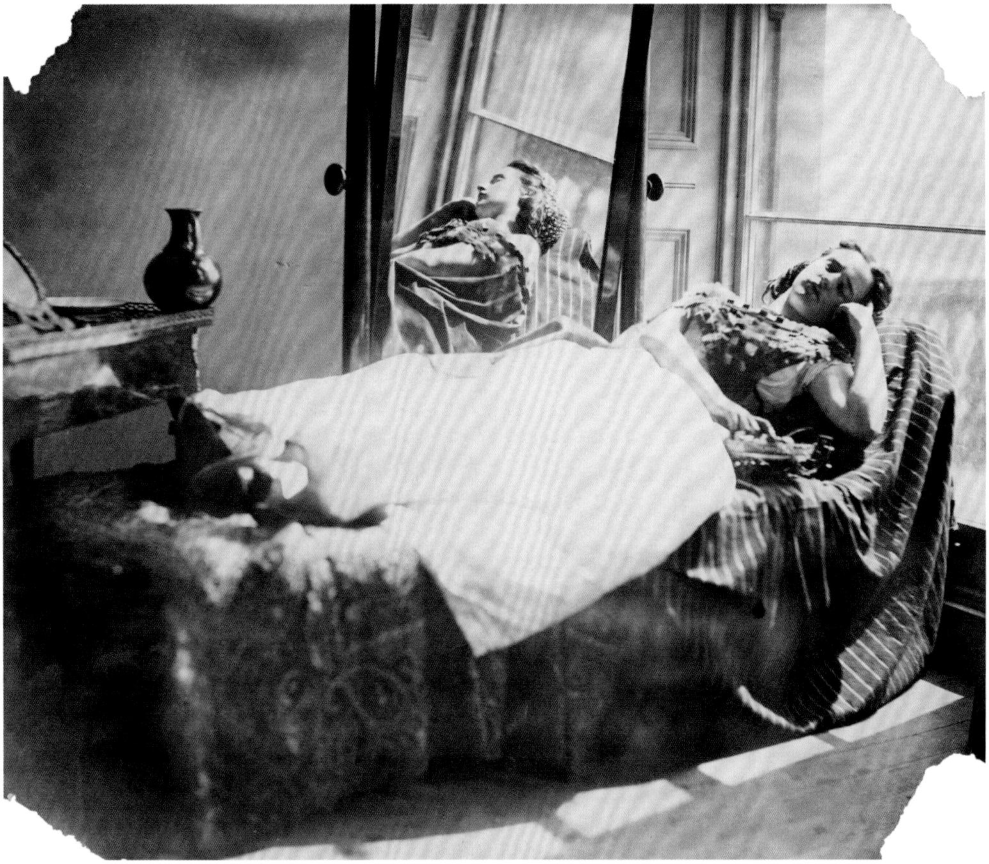

Frau beim Nachmittagsschlaf, Lady Clementina Hawarden, um 1860

unangefochten blieb, wird neu bewertet und ergänzt. Dieses Buch stellt 50 bemerkenswerte Fotografinnen aus der ganzen Welt und aus der gesamten Geschichte der Fotografie in den Mittelpunkt und beleuchtet die Leistungen und Bemühungen dieser Frauen, die sich manchmal unter nahezu unmöglichen Umständen durchsetzten. Es erzählt so die Geschichte, wie sie die Fotografie für immer verändert haben. Es gibt berühmte und weniger bekannte Frauen, deren Arbeit in Vergessenheit geriet oder übersehen und erst vor Kurzem wiederentdeckt und gewürdigt wurde. Einige der Frauen, die auf den folgenden Seiten vorgestellt werden, haben nie die Aufmerksamkeit erhalten, die sie verdienen.

Indem in jedem Kapitel eine von der jeweiligen Fotografin angewandte Technik hervorgehoben wird und dazu Ratschläge und Tipps gegeben werden, lädt dieses Buch Leserinnen und Leser dazu ein, die Wegbereiterinnen in ihrer eigenen fotografischen Arbeit zu würdigen.

Es gibt noch viel zu tun, um Fotografinnen und anderen in der Geschichte der Fotografie unterrepräsentierten Persönlichkeiten den ihnen gebührenden Platz einzuräumen. Da jedoch die Mauern weiter fallen und die Vielfalt zunimmt, kommen wir einer repräsentativeren, inklusiveren und letztlich reicheren fotografischen Zukunft ein Stück näher.

VIVIANE

Niederlande
*1972
Kunst
Mode
Porträt

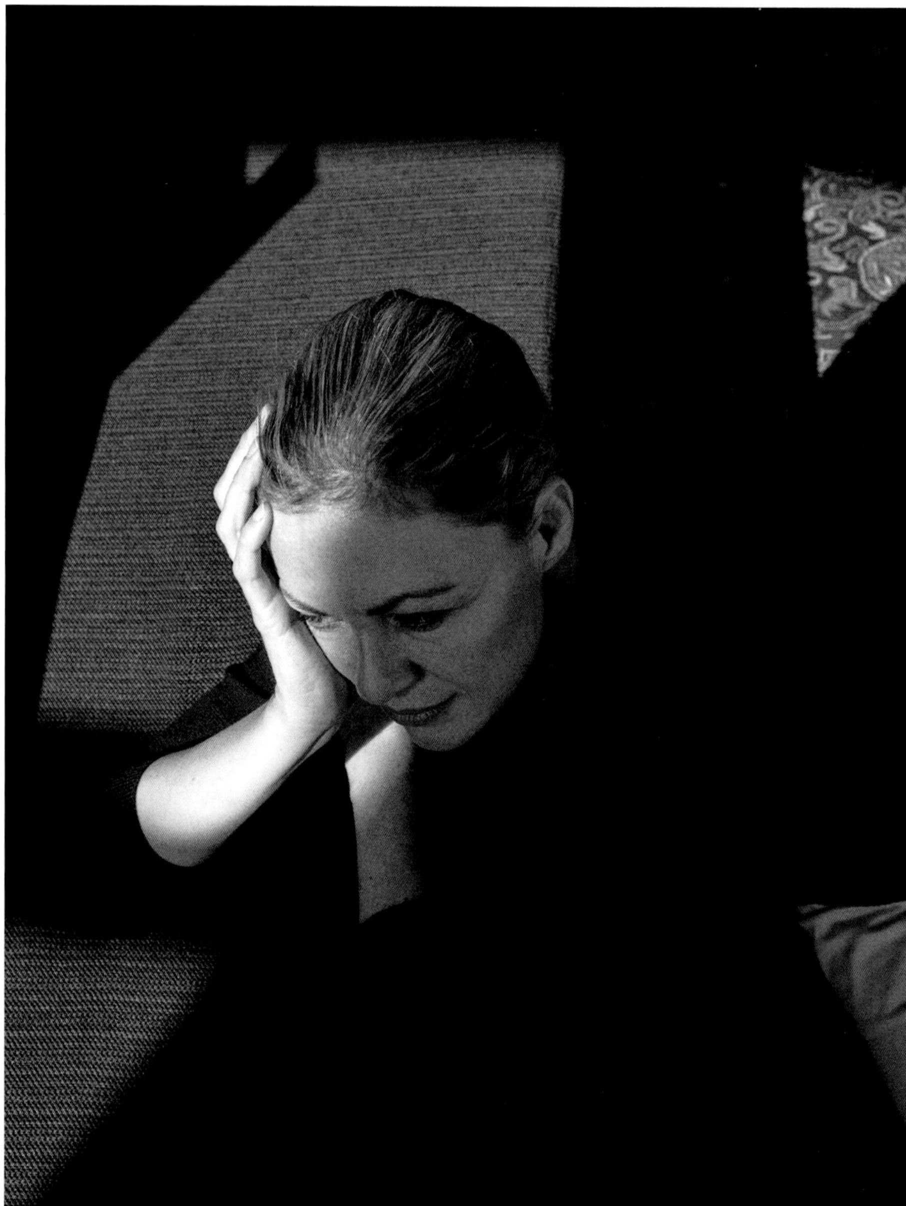

SASSEN

DIE TRÄUMERIN

Mit ihrer Vorliebe für den Surrealismus schafft Viviane Sassen Bilder, die zwischen Traum und Wirklichkeit zu schwanken scheinen, in denen das „Gewöhnliche und das Magische miteinander verschmelzen“. [4] Sassen hat oft lebhafte Träume und sagt, dass die Traumwelt für sie genauso wichtig ist wie die „wache Welt“. Manchmal skizziert sie ihre Träume und nutzt sie als Inspiration für ihre Bilder. Um ihre fantastischen Visionen zum Leben zu erwecken, benutzt sie neben der Fotografie auch Spiegel, Projektionen, Farbe, Tusche, Collage und Film.

Schatten, kräftige Farben und abstrahierte, ineinander verschlungene Figuren sind Teil der unverwechselbaren visuellen Handschrift der Modefotografin. Die Jahre, die sie als Kind in einem Dorf im Westen Kenias in Afrika verbracht hat, haben die niederländische Fotografin in kreativer und persönlicher Hinsicht geprägt. Sassen zog mit ihrer Familie auf den afrikanischen Kontinent, als sie noch sehr jung war. Ihr Vater war Arzt und arbeitete in einem örtlichen Krankenhaus. Sie hat oft davon gesprochen, dass sie ihr damaliges Heimatland als einen Ort mit „lebhaften Farben und starken Hell-Dunkel-Kontrasten“[5] erlebt hat und dass ihr die Formen von Figuren auffielen, die im Schatten Schutz vor der Sonne suchten.[6] Die Erinnerungen an den Ort, den sie ihr Zuhause nannte, und die Träume aus der Zeit, die sie dort verbrachte, haben ihre Arbeit stark beeinflusst.

Die Familie kehrte in die Niederlande zurück, als Sassen fünf Jahre alt war. Es dauerte eine Weile, bis sie sich an ihr neues Leben gewöhnt hatte, und sie kämpfte mit Gefühlen der Vertrautheit mit Afrika, aber auch mit Unsicherheit und dem Gefühl, eine Außenseiterin zu sein. Wir spüren diese Spannung in ihren Fotografien, die sich vollständig und voll anfühlen, aber auch beunruhigend und desorientierend sein können.

Anfang der 1990er Jahre studierte Sassen, die heute in Amsterdam lebt, Modedesign, bevor sie sich der Fotografie zuwandte und einen Master-Abschluss in Bildender Kunst erwarb. Sie schickte ihre Arbeiten an Modemagazine, wurde veröffentlicht und begann, sich einen Namen als renommierte Modefotografin zu machen.

Als sie 2001 mit der Kamera nach Afrika zurückkehrte, machte Sassen zahlreiche Porträts, wobei sie eng mit ihren „Motiven“ zusammenarbeitete und mit Vorliebe starke Schatten und Licht einsetzte, um bizarre Bilder zu schaffen, die eine Art unbehagliche Magie ausstrahlen. Die Körper ihrer Porträtierten verdrehen und verbiegen sich, die Gesichter sind manchmal verdeckt, und ausladende Gliedmaßen und fragmentierte Körper füllen das Format. Der Effekt ist verblüffend, aber wunderschön. In den folgenden zwei Jahrzehnten setzte sie ihre Arbeit in Afrika, aber auch in Europa fort, wobei sie zwischen konstruierten Bildern und solchen mit einem eher dokumentarischen – wenn auch surrealen – Ansatz wechselte. Sie experimentierte auch damit, direkt auf ihre Fotografien zu malen.

Sassens Einfluss auf die Kunst- und Modewelt war geradezu epochemachend. Sie hat sich den Ruf erworben, sich scheinbar mühelos zwischen diesen Welten zu bewegen, etwas, das nur wenige mit so viel Anmut und Geschick geschafft haben.

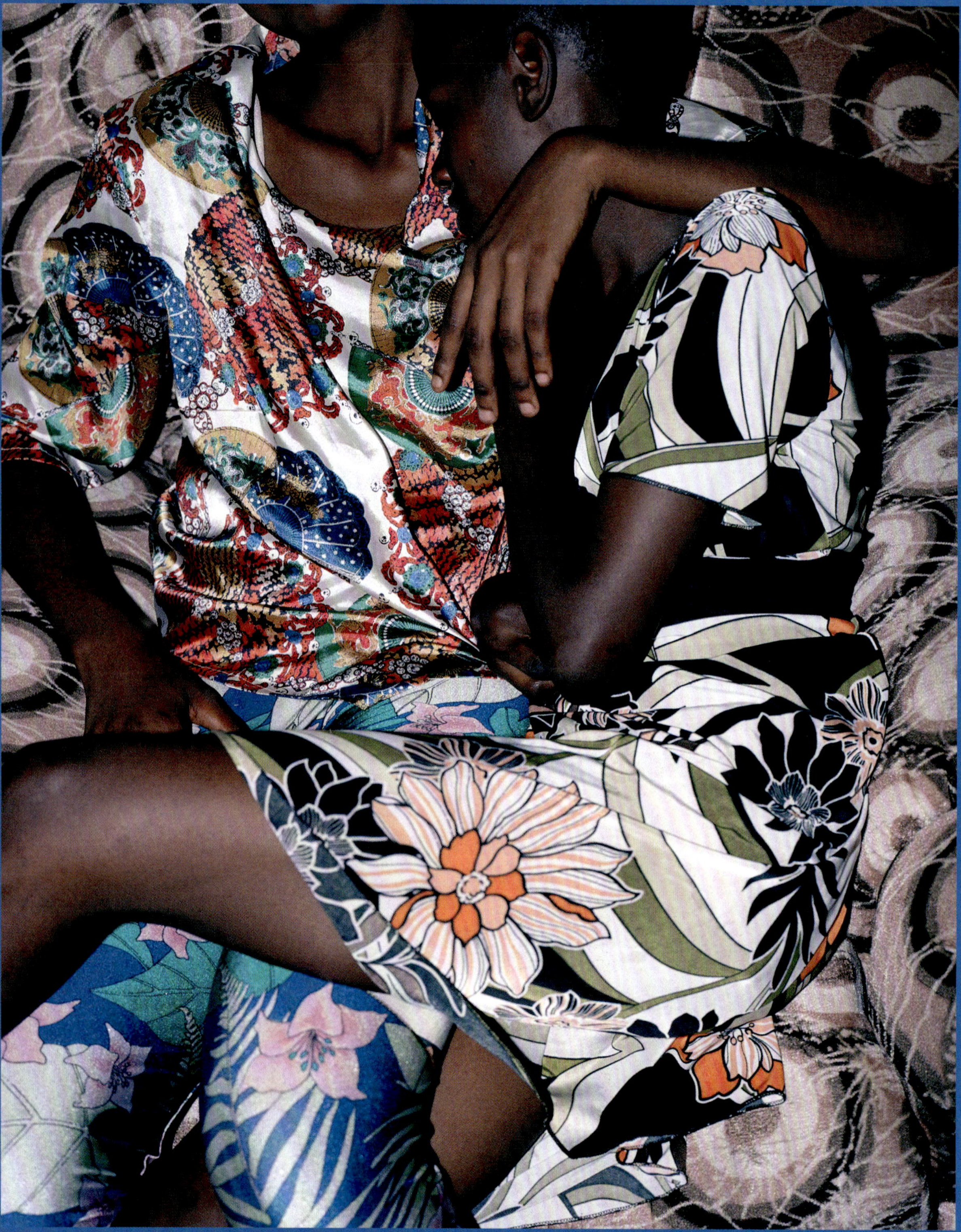

DAS FORMAT FÜLLEN

Eine Technik, die Sassen häufig anwendet, besteht darin, das Format mit ihren Motiven vollständig auszufüllen. Der gesamte Bildraum (wie bei diesem Beispiel gegenüber) ist voll von Mustern und Gliedmaßen. Sassen lässt ihre Komposition sogar über die Bildränder hinausgehen, zoomt hinein und lenkt die Aufmerksamkeit bewusst auf die exquisit gemusterte Kleidung und die ineinander verschlungenen Körper ihrer Porträtierten.

Versuchen Sie etwas Ähnliches. Gehen Sie nahe heran und füllen Sie das Format mit einem Teil Ihres Motivs oder Ihrer Motive. So erzielen Sie einen dramatischen Effekt.

11

Solomon's Knot aus *Parasomnia*,
Viviane Sassen, 2010

IMOGEN

USA
1883–1976
Kunst
Porträt
Stillleben

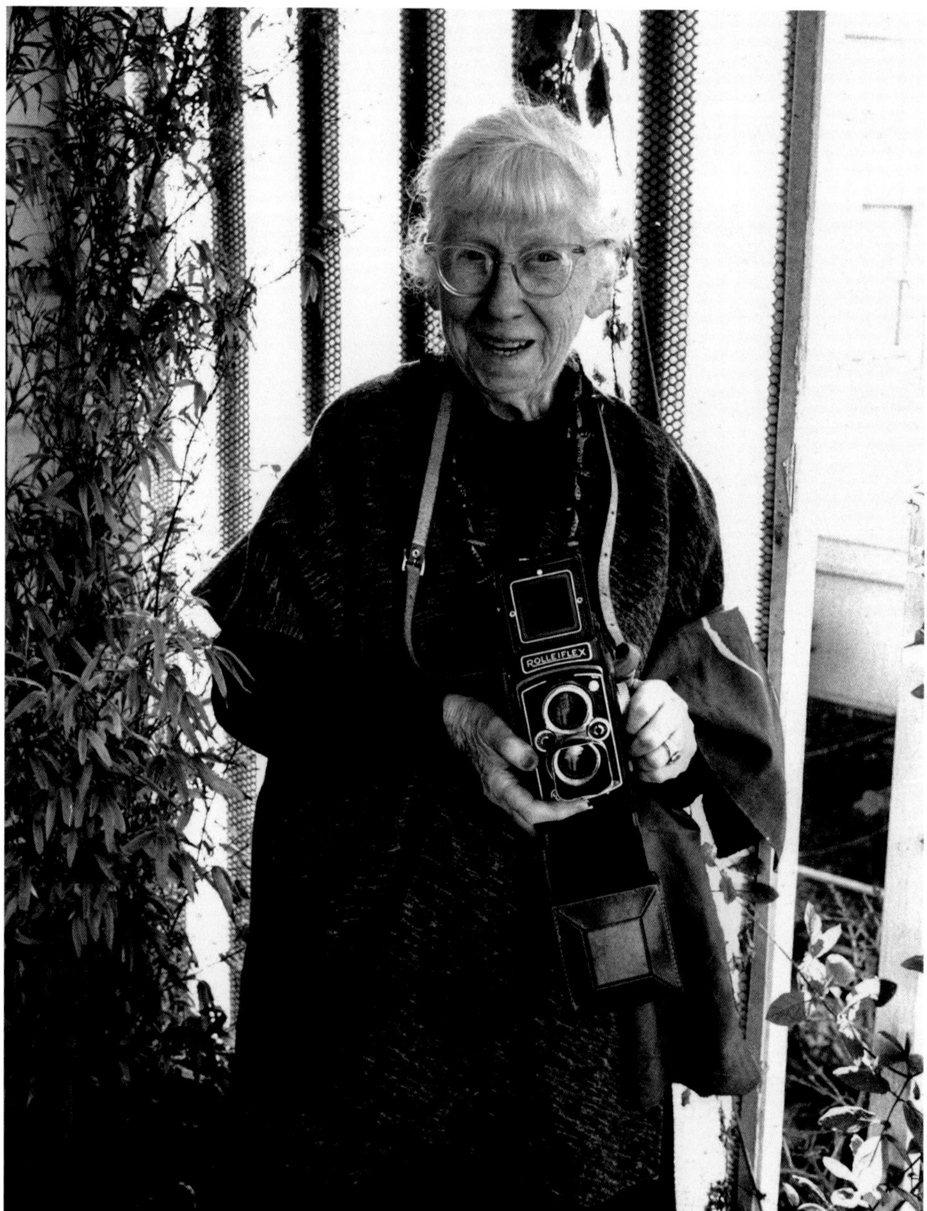

CUNNINGHAM

DIE FACKELTRÄGERIN

Imogen Cunningham, die wegen ihrer Bemühungen um die Weiterentwicklung des Mediums im 20. Jahrhundert den Spitznamen „Großmutter der Fotografie" erhielt, verstand es, Bilder zu schaffen, die einen nachhaltigen Eindruck machten. In ihrer 75-jährigen Karriere als Fotografin widmete sie sich vielen Genres der Fotografie und wurde damit erfolgreich. Sie erregte Aufsehen mit Aktbildern ihres Mannes, entführte die Betrachter*innen mit ihren verschwommenen malerischen Porträts in Traumwelten und erregte die Gemüter mit ihren experimentell-modernistischen botanischen Studien und exquisit-sinnlichen weiblichen Aktaufnahmen. Ob sie nun in ihrem Manifest *Fotografie als Beruf für Frauen* von 1913 dafür plädierte, dass Frauen sich der Fotografie professionell zuwenden sollten, oder ob sie selbst entschied, was, wen, wie, wann und wo sie fotografierte – Cunningham war stets unabhängig und blieb ihrer Kunst bis zu ihrem Tod im Jahr 1976 im Alter von 93 Jahren treu.

Geboren in Portland, Oregon, und aufgewachsen in Seattle, Washington, war Cunningham ein kreatives Kind, das von klein auf malte und zeichnete. In der Sekundarstufe begann sie sich für die Fotografie zu interessieren und nutzte einen Schuppen im Garten der Familie als Dunkelkammer. Mit 18 Jahren erwarb sie ihre eigene Kamera und studierte Chemie an der University of Washington, nachdem man ihr geraten hatte, dass dies für eine Karriere als Fotografin nützlich sein könnte. Nach ihrem Abschluss arbeitete Cunningham mit Edward S. Curtis, der für seine Fotografien von amerikanischen Ureinwohnern bekannt war, in dessen Studio in Seattle zusammen. Dort erlernte sie die Kunst des Platindrucks und die Retusche von Negativen und schrieb eine Diplomarbeit mit dem Titel *Modern Processes of Photography*. Nach einem Studium in Dresden kehrte sie in die Vereinigten Staaten zurück und eröffnete ihr Studio in Seattle, wo sie sich auf Porträts im malerischen Stil spezialisierte. Sie leitete das Studio mehrere Jahre lang erfolgreich, bis zu ihrer Hochzeit mit dem Grafiker und Dozenten Roi Partridge im Jahr 1915. Die Erziehung dreier kleiner Söhne bedeutete zwangsläufig, dass sie mehr Zeit zu Hause verbrachte, aber Cunningham entdeckte auch dort kreative Möglichkeiten und fotografierte Pflanzen aus ihrem Garten. Ihre Faszination für botanische Formen, oder besser gesagt, für deren Abstraktion, zeigt sich in den eng beschnittenen Bildern, die sie machte. Die Bilder mit ihren scharfen, klaren Linien und perfekt ausbalancierten Licht- und Schattenbereichen sind weit entfernt von ihren malerischen Fotografien – ein Beweis dafür, dass Cunningham eine Fotografin war, die sich dem Stillstand verweigerte.

Als Gründungsmitglied der Gruppe f/64, eines Kollektivs, das sich der reinen oder „geraden" Fotografie verschrieben hatte und nach der kleinsten Blende einer Großformatkamera benannt ist, entfernte sich Cunningham weiter von ihrem frühen piktorialistischen Werk und erforschte, was das Auge der Kamera enthüllen konnte. Ihre Arbeiten wurden in Magazinen wie *Vanity Fair* und *LIFE* veröffentlicht, sie machte Straßenfotografie, experimentierte mit Mehrfachbelichtungen, lehrte Fotografie an der California School of Fine Arts und wurde unter anderem im Museum of Modern Art ausgestellt. Cunningham lebte mutig ein erfülltes und reiches Leben als Fotografin, wie sie es auch anderen Frauen ans Herz legte, und gründete den Imogen Cunningham Trust, der sich um die Erhaltung, Förderung und Verbreitung ihres Werks kümmert. Obwohl sie behauptete, sie wisse nicht, was Erfolg sei, sorgte die Frau, deren Leidenschaft für die Fotografie nie erlosch, dafür, dass ihr Vermächtnis weiterleben würde.

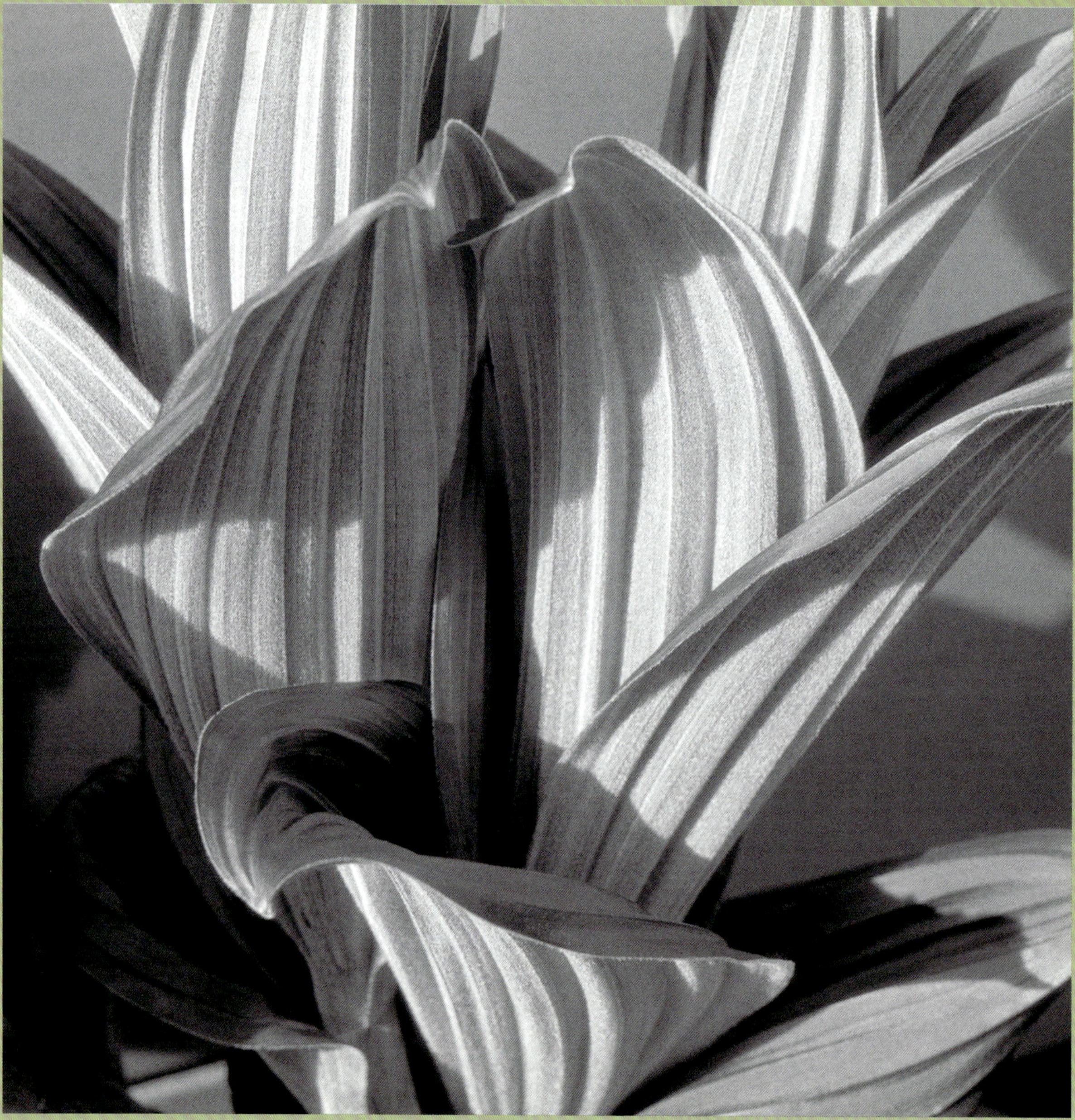

EIN DYNAMISCHES BOTANISCHES STILLLEBEN SCHAFFEN

Es gibt verschiedene Möglichkeiten, ein Pflanzenstillleben zu fotografieren. Sie können ein Makroobjektiv oder, wenn Sie eine hochauflösende Kamera haben, ein Weitwinkelobjektiv verwenden und eine Ausschnittvergrößerung nehmen. Eine andere Möglichkeit, das Bild so zu fotografieren, dass alles im Fokus ist, ist das Focus Stacking: Erstellen Sie mehrere Bilder, die auf verschiedene Teile des Motivs fokussiert sind, und fügen Sie sie später in Photoshop zusammen. Arbeiten Sie beim Focus Stacking im Modus „Manuell" und verwenden Sie für jedes Bild die gleiche Belichtung. Fokussieren Sie manuell auf den Vordergrund und nehmen Sie eine Reihe von Bildern auf, wobei Sie den Fokus langsam auf verschiedene Teile der Szene verschieben.

Wie viele Bilder Sie benötigen, hängt von Ihrem Motiv ab. Versuchen Sie es zunächst mit zwei oder drei Bildern und machen Sie bei Bedarf mehr. Versuchen Sie, verschiedene Pflanzen zu fotografieren, und erstellen Sie eine Serie von Bildern.

15

Falsche Helleboris,
Imogen Cunningham, 1926

LIZ JOHNSON

Russland / Ghana
*1964
Dokumentarfotografie
Porträt

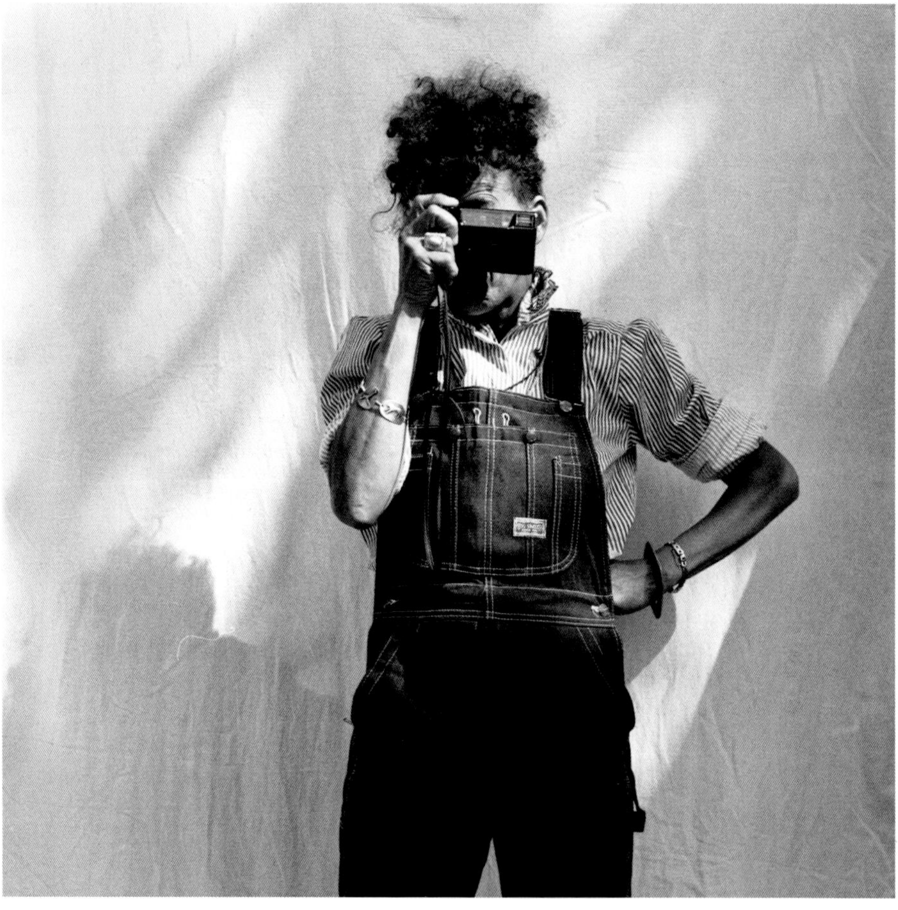

ARTUR

DIE VERBINDENDE

Es besteht eine stillschweigende Komplizenschaft zwischen Liz Johnson Artur und ihren „Motiven", eine Anerkennung des Augenblicks, in dem ein Foto gemacht wird. Das spüren wir beim Betrachten ihrer Fotografien, vor allem dann, wenn eine porträtierte Person direkt in die Kamera blickt. Grob gesagt, geht es bei den Arbeiten der russisch-ghanaischen Künstlerin um die Verbindung – nicht nur mit den von ihr Porträtierten im Moment der Aufnahme, sondern auch mit den Gemeinschaften, denen sie angehören. Manchmal ist die Verbindung eine lokale, zu einer Community in der Nachbarschaft der Künstlerin im Südosten Londons, in anderen Fällen findet sie in weiter entfernten Gebieten statt. Johnson Artur hat Europa, Amerika, Afrika und die Karibik bereist und dort gearbeitet, wie auch im Vereinigten Königreich, um Menschen zu dokumentieren, die der afrikanischen und karibischen Diaspora angehören.

Das Besondere an den Fotografien von Johnson Artur ist die Intimität und Authentizität, die sie vermitteln. Johnson Artur, die ausschließlich auf Film fotografiert, schafft es, fast sofort Vertrauen zu den Menschen auf ihren Bildern aufzubauen – Menschen, die sie normalerweise nicht kennt. Diese Fähigkeit zur unmittelbaren Verbindung ist umso bemerkenswerter, wenn man bedenkt, dass sie oft in Menschenmengen oder auf belebten Straßen arbeitet. Ob sie bei einem Familientreffen, im Karneval, in einem Club oder einem Gotteshaus fotografiert, Johnson Artur trifft den Kern des Geschehens und lässt uns mühelos in die Welten eintauchen, in denen ihre Motive leben, und zwar durch Bilder, die ehrlich und manchmal tiefgründig sind.

Johnson Artur wurde 1964 als Tochter einer russischen Mutter und eines ghanaischen Vaters in Sofia, Bulgarien, geboren und wuchs bei ihrer Mutter im damaligen Westdeutschland auf. In ihren späten Teenagerjahren reiste sie nach New York und begann, fasziniert von den Menschen und der Kultur, die sie dort kennenlernte, zu fotografieren. Ihr Interesse an der Fotografie blieb auch nach ihrer Rückkehr nach Deutschland bestehen. 1991 zog sie nach London, um am Royal College of Art zu studieren. Als Fotografin für die renommierten Zeitschriften *i-D* und *The Face* war Johnson Artur oft im Einsatz und nahm sich während ihrer Reisen auch Zeit, um für sich selbst zu fotografieren. Sie ist neugierig auf das Leben Schwarzer Menschen weltweit und hat den Wunsch, die „Normalität des Schwarzen Lebens und der Schwarzen Kultur"[7] zu dokumentieren – alltägliche, gewöhnliche Momente, die eben oft nicht dokumentiert werden. Seit mehr als drei Jahrzehnten hält sie solche Momente fest und sammelt sorgfältig Bilder und Ideen in Notizbüchern unter dem Titel *Black Balloon Archive*, abgeleitet von dem Song *Black Balloons* von Oscar Brown Jr, den Syl Johnson 1970 auf dem Album *Is It Because I'm Black* aufgenommen hat.

Johnson Artur zieht ihre Fotografien oft von Hand ab, arbeitet aber auch mit Video und mit experimentellen Installationen, bei denen sie eine Vielzahl von Ansätzen anwendet, wie sorgfältig angeordnete Bilder und Gegenstände auf dem Boden oder von der Wand oder Decke hängend.

Ein auf der Tate-Website veröffentlichtes Zitat fasst Johnson Arturs integratives, kollaboratives Ethos treffend zusammen: „In meiner Arbeit möchte ich mit den Menschen sprechen, nicht über sie. Wenn die Leute meine Arbeit betrachten, sehen sie eigentlich mein Publikum an. Sie sind es, die ich erreichen möchte, aber auch alle anderen sind eingeladen."[8]

MIT BLITZLICHT BUNTE STRASSENSZENEN AKZENTUIEREN

Hier hat Liz Johnson Artur ein Bild mit mehreren Schichten oder Ebenen geschaffen, von dem Mädchen auf dem Plakat links über die Frau mit der Gitarre und das kleine Mädchen rechts von ihr bis hin zu der Frau, die rechts im Bild abgeschnitten ist. Die Farbe spielt im Bild eine große Rolle, von den Rosatönen der Kleidung bis hin zu den Farben der jamaikanischen Flagge vor rotem Hintergrund.

All dies wird durch Blitzlicht akzentuiert. Versuchen Sie mit einem Blitzgerät an Ihrer Kamera, den Blitz auch bei Tageslicht einzusetzen. Suchen Sie nach Farbbereichen, die Sie in Ihre Komposition einbeziehen können, und achten Sie dabei besonders auf die Randbereiche des Bildes.

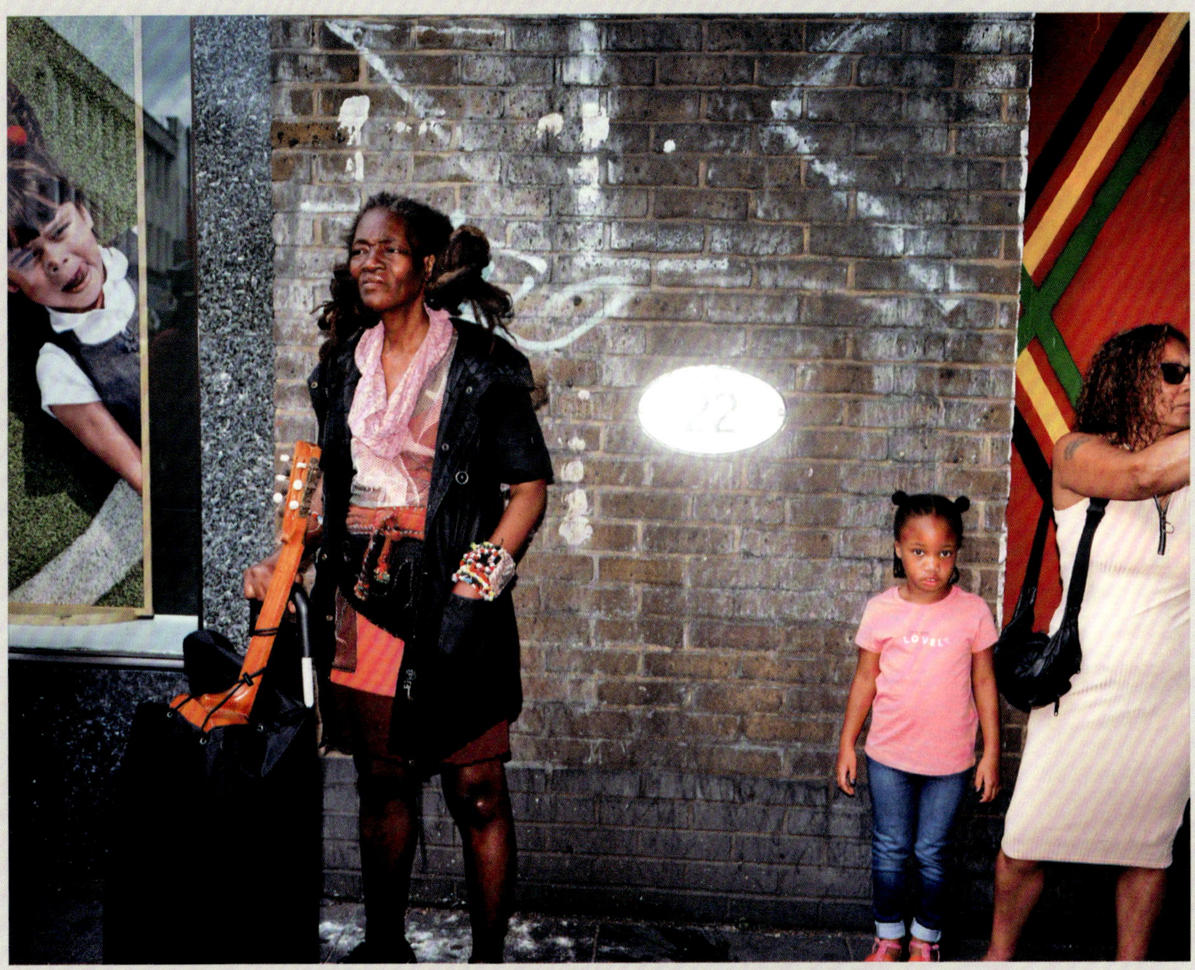

Ohne Titel, ohne Jahr,
Liz Johnson Artur

SARAH

Uganda
*1980
Kunst
Dokumentarfotografie
Porträt

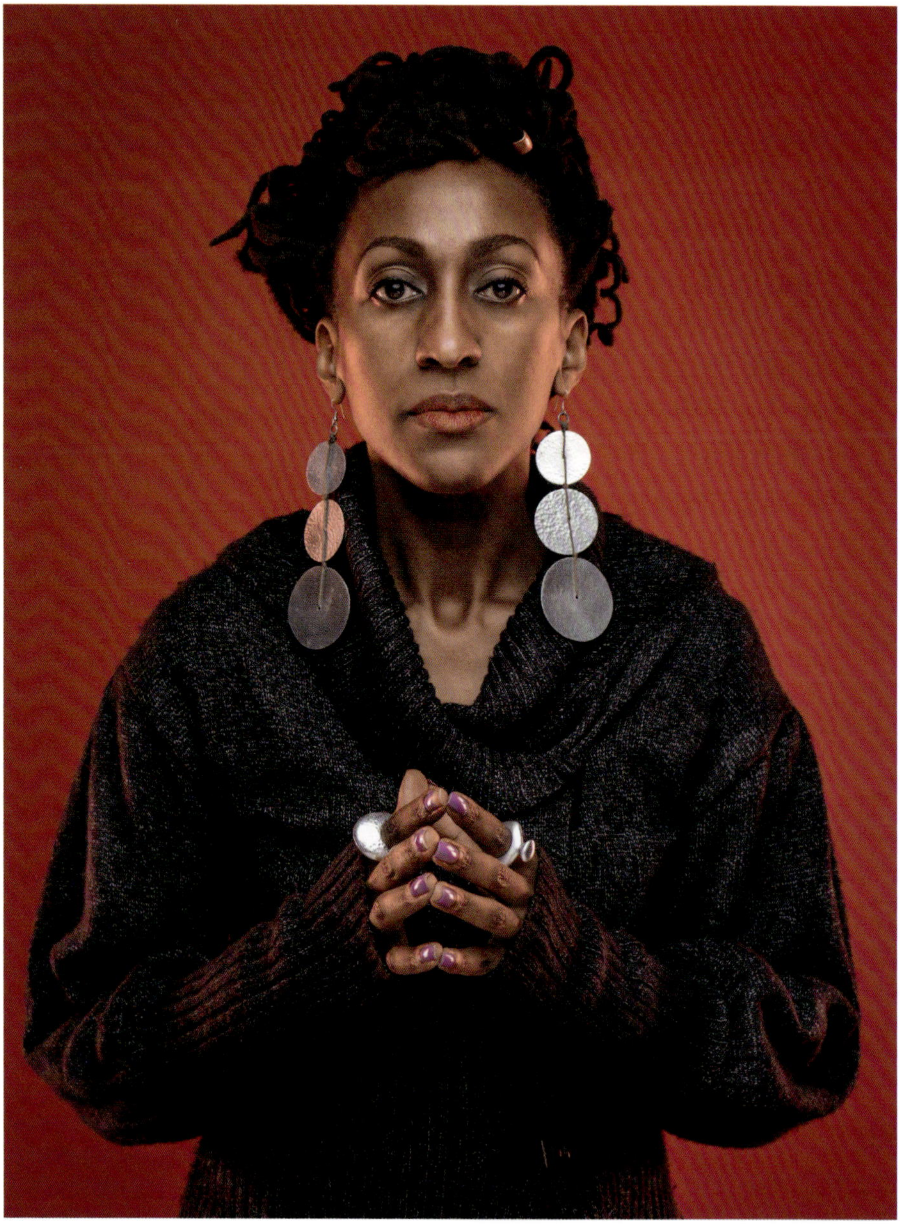

WAISWA

DIE GEMEINSCHAFTSSTIFTERIN

Als Sarah Waiswa in den Vereinigten Staaten die Hochzeit einer Frau aus Mombasa fotografierte, wurde ihr klar, dass die Fotografie ihre Zukunft sein könnte. Das war im Jahr 2013 und sie arbeitete noch nicht als professionelle Fotografin. Das änderte sich im Herbst 2015, als Waiswa beschloss, ihren bisherigen Job aufzugeben und eine Karriere als Fotografin anzustreben.

Als erfolgreiche Dokumentar- und Porträtfotografin ist Waiswa auch Mitbegründerin des Netzwerks African Women in Photography, das die Arbeit von Frauen und nicht-binären Fotograf*innen aus Afrika würdigt. Ziel der Organisation ist es nicht nur, die Arbeit der Mitglieder zu fördern und ein unterstützendes Umfeld zu bieten, sondern auch Bildungs-, Finanz- und Berufsmöglichkeiten zu schaffen.

Mit ihrer eigenen Fotografie möchte Waiswa auf wichtige Themen auf dem afrikanischen Kontinent aufmerksam machen. Sie setzt sich dafür ein, bestehende stereotype Erzählungen über Afrika und afrikanische Menschen in Frage zu stellen – um das zu erforschen, was sie die „neue afrikanische Identität" nennt.

Während der brutalen Diktatur von Idi Amin in Uganda geboren, floh Waiswa mit ihrer Familie kurz nach ihrer Geburt nach Kenia. Im Jahr 1999 zog sie in die Vereinigten Staaten – nach Kentucky –, um einen Bachelor-Abschluss in Soziologie und einen Master in Psychologie zu machen. Nachdem sie mehrere Jahre in den USA gelebt und gearbeitet hatte, kehrte Waiswa 2010 nach Kenia zurück. Sie wollte schon immer Künstlerin werden, aber die Erwartungen ihrer Familie ließen sie einen anderen Weg einschlagen.

Waiswa nahm einen Job im Personalwesen an und begann nebenbei zu fotografieren. Es dauerte nicht lange, und sie fing an, ihre Werke online zu stellen. Das Feedback war positiv, und Waiswa verfeinerte ihr Handwerk weiter, indem sie sich im Internet mit anderen Fotografen und Fotografinnen austauschte und Tipps zu Komposition und Beleuchtung bekam. Unterstützung erhielt sie von der kenianischen Fotografengemeinschaft, mit der sie durch Instagram in Verbindung stand. Im Jahr 2016 wurde Waiswa für den prestigeträchtigen Rencontres d'Arles Discovery Award nominiert und gewann diesen auch. Die äthiopische Fotografin Aïda Muluneh (S. 36) hatte sie und ihre Arbeit vorgeschlagen. Waiswa gewann mit ihrer Serie *Stranger in a Familiar Land*, die sich mit der Verfolgung von Menschen mit Albinismus in Subsahara-Afrika befasst. Vor der Kulisse der Kibera-Slums stellt das Werk Florence Kisombe vor und erzählt, wie die Ablehnung durch die Gesellschaft zu einer (alb)traumartigen Existenz führte. Die Arbeit ist weder dokumentarisch, noch handelt es sich um eine reine Porträtserie. Wir sehen Kisombe, die in einem aufwändigen Outfit und Kopfschmuck makellos gestylt ist, wie sie durch ihre Umgebung zu schweben scheint, was eher einem Modeshooting mit erzählerischem Einschlag ähnelt.

Der Preis machte Waiswa bekannt, und in den darauffolgenden Jahren hat sie ihr Portfolio und ihr Profil auf der Weltbühne weiter ausgebaut, indem sie nicht nur Arbeiten produziert hat, die selbst Wirkung zeigen, sondern auch vielen anderen Frauen geholfen hat, dasselbe zu tun.

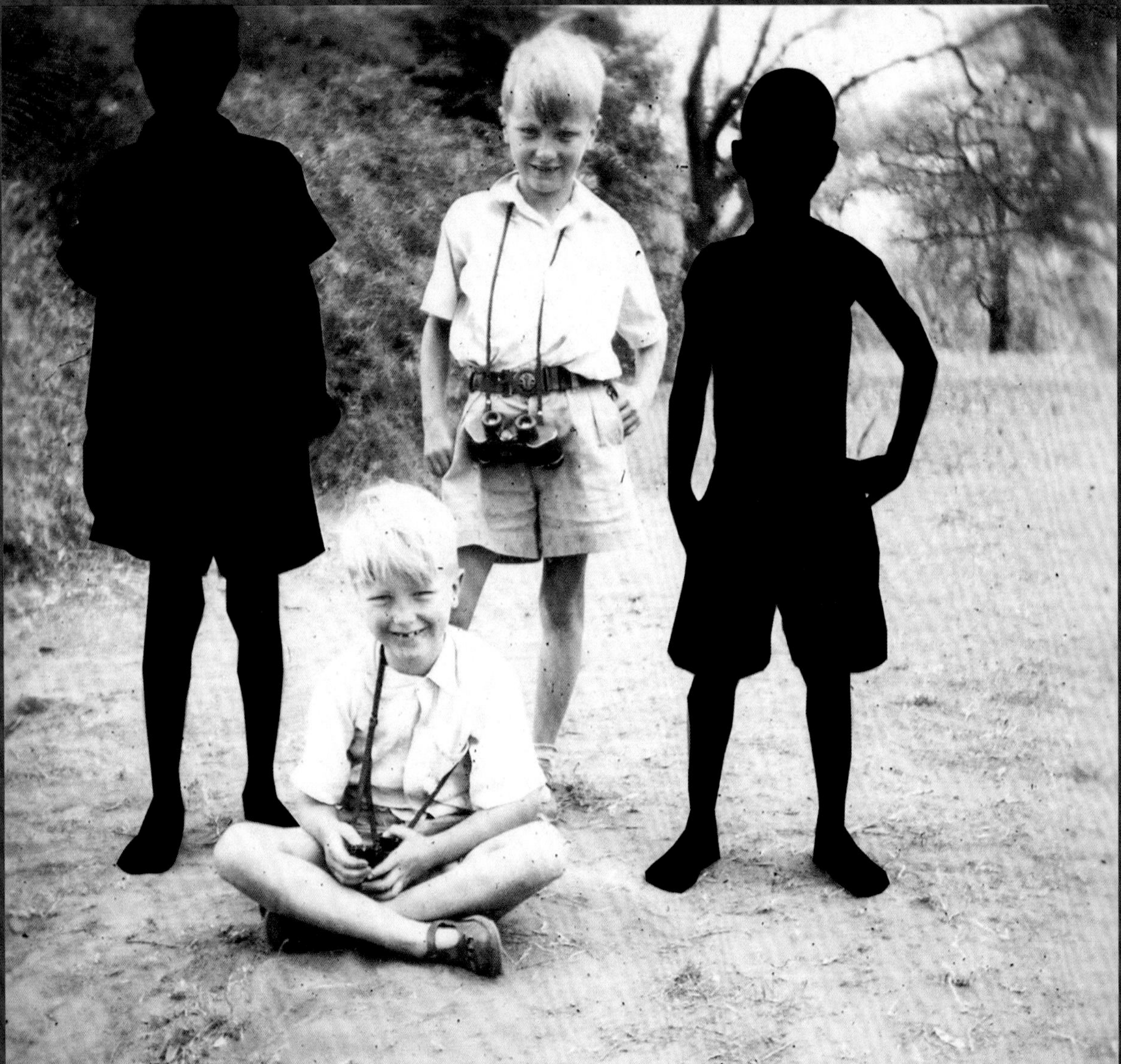

ARCHIVBILDER MANIPULIEREN

In ihrer Serie *Lips Touched with Blood* arbeitete Waiswa mit Archivbildern, die zwischen 1860 und den 1970er Jahren von britischen Reisenden in Ländern des ehemaligen britischen Empire aufgenommen worden waren.[9] Waiswa stellte den Fotografien, die Teil der British Empire and Commonwealth Collection in den Bristol Archives sind, ihre eigenen Porträts afrikanischer Menschen gegenüber. Indem sie die Figuren der kenianischen Bevölkerung auf den Archivfotos in geschwärzte Silhouetten umwandelte, thematisierte sie das Machtungleichgewicht zwischen den Kolonialisten, die die Fotos machten, und den Menschen, die fotografiert wurden.

Versuchen Sie, Archivfotos auf einem Flohmarkt oder im Internet zu finden. Dann können Sie auf die Fotos zeichnen oder malen oder Figuren ausschneiden und Karton hinter die entstandenen Lücken legen. Überlegen Sie sich, welche Botschaft Sie vermitteln wollen und welche Ästhetik das manipulierte Bild haben soll.

Friends?,
Sarah Waiswa, 2021

TINA

Italien / USA
1896–1942
Kunst
Dokumentarfotografie
Porträt

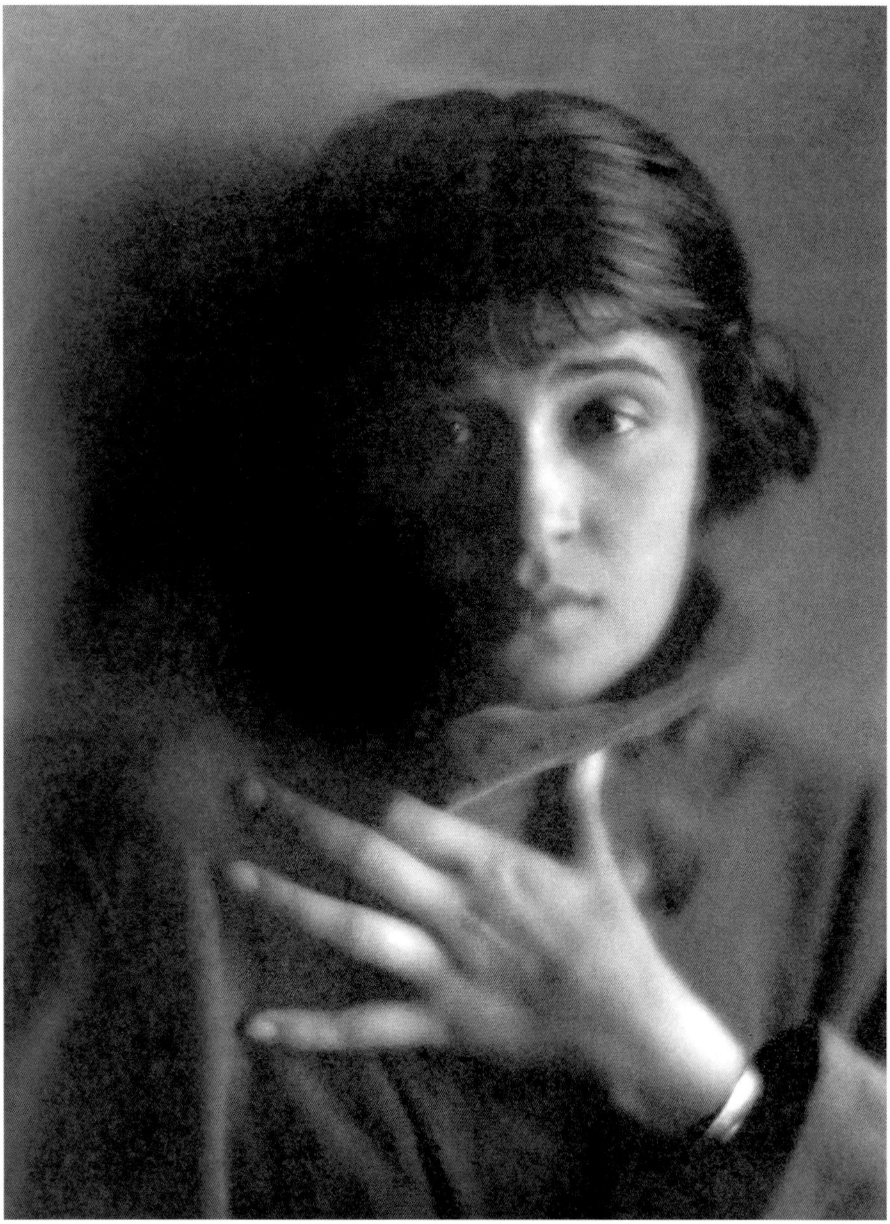

MODOTTI

DIE REVOLUTIONÄRIN

Die politische Aktivistin und Fotografin Tina Modotti, die vor allem für ihre Bilder aus dem postrevolutionären Mexiko bekannt ist, sagt in einigen ihrer eindrucksvollsten Fotografien mit sehr wenig viel aus. Die gebürtige Italienerin Modotti war eine Meisterin darin, zu erkennen, was man ins Bild setzen und was man weglassen sollte. Sie konnte ein aussagekräftiges Porträt schaffen, ohne das Gesicht der Person zu zeigen, und ließ stattdessen nur die Hände sprechen. Diese Technik war nicht nur ein nettes kompositorisches Mittel, sondern von größerer Bedeutung. Modotti nutzte ihre Fotografie, um die sozialistische/kommunistische Sache zu unterstützen, mit der sie zutiefst sympathisierte. In der Tat lag Modottis große Kunst darin, Bilder zu konstruieren, die sowohl formal einwandfrei als auch politisch und gesellschaftlich aufgeladen waren.

Modotti wurde in eine Arbeiterfamilie im italienischen Udine hineingeboren und emigrierte 1913 in die Vereinigten Staaten. Ihr Vater und ihre Schwester lebten bereits dort. Noch als Teenager fand sie Arbeit als Schneiderin in San Francisco und als Model und Schauspielerin in Los Angeles. Sie modelte für den Fotografen Edward Weston, der auch ihr Geliebter war, und lernte bei ihm das Fotografieren. Seine detailreiche, modernistische und formal strenge Herangehensweise beeinflusste ihre eigene Arbeit. 1923 zogen Modotti und Weston nach Mexiko-Stadt, damals ein pulsierendes, aufregendes Zentrum der Bohème, in dem sich alle möglichen Künstler*innen und radikalen Denker trafen, darunter Diego Rivera und Frida Kahlo, mit der Modotti Bekanntschaft schloss. Sie und Weston betrieben eine Zeit lang ein Fotostudio, bevor Weston in die Vereinigten Staaten zurückkehrte. Modotti blieb im Land, engagierte sich ab 1925 in der linken Politik und trat 1927 der Kommunistischen Partei bei.

Indem sie die belebten Sehenswürdigkeiten und die Menschen Mexikos festhielt, engagierte sich Modotti mit ihren Fotografien zunehmend politisch und sozial. Die eng gerahmten, kompositorisch ausgefeilten Stillleben mit Gläsern oder Rosen wurden durch Bilder mit offenkundig politischer Ausrichtung ersetzt. Modotti setzte sich für indigene Arbeiter und Arbeiterinnen ein und fotografierte sie – oft waren es Frauen – mit Anmut und Ehrfurcht. Sie bildete ihre Motive stets einfühlsam und mit Würde ab, selbst wenn es sich nur um die Hände und Arme eines Arbeiters handelte. Die kommunistische Zeitung *El Machete* veröffentlichte ihre Arbeiten, und sie erhielt Aufträge, mexikanische Wandmalereien zu fotografieren. 1930 wurde sie von der mexikanischen Regierung deportiert – man hatte sie beschuldigt, in ein Attentat auf den Präsidenten verwickelt zu sein. Sie zog zuerst nach Berlin und dann nach Moskau, wo sie sich der kommunistischen Komintern, der Internationalen Roten Hilfe, widmete, für die sie später in Spanien während des Bürgerkriegs humanitäre und politische Hilfe leistete. Unter falscher Identität konnte Modotti untertauchen und nach Mexiko zurückkehren, wo sie bis zu ihrem plötzlichen – und, wie einige spekuliert haben, verdächtigen – Tod im Jahr 1942 lebte. Obwohl sie nur wenige Jahre als Fotografin tätig war, hat Modotti sowohl der Fotografie als auch der Geschichte ihren Stempel aufgedrückt. Ihre einzigartige Auffassung von politisch motivierter Fotografie, die lange Zeit im Schatten von Westons Licht stand, wird heute zu Recht gefeiert.

SICH AUF DIE HÄNDE KONZENTRIEREN

In diesem eng fokussierten Bild lenkt Modotti die Aufmerksamkeit auf die Hände eines Arbeiters, die auf dem Griff eines Werkzeugs ruhen. Modotti verstand es, in ihren Fotografien Symbolik zu verwenden, und hier stehen die Hände symbolisch für ein Leben voller Arbeit und Mühsal. Modottis Entscheidung, das Gesicht des Porträtierten nicht zu zeigen, trägt zur Mystik des Bildes bei.

Für diese andere Art der Porträtfotografie sollten Sie die Hände Ihres Modells so anordnen, dass sie eine interessante Komposition bilden. Bewegen Sie sich mit Ihrer Kamera (idealerweise mit einem Festbrennweitenobjektiv) auf die Hände zu und von ihnen weg, bis Sie eine gelungene Komposition haben. Stellen Sie dabei den Fokus manuell ein. Versuchen Sie, eine relativ geringe Schärfentiefe zu verwenden, um die umliegenden Bereiche unscharf zu machen.

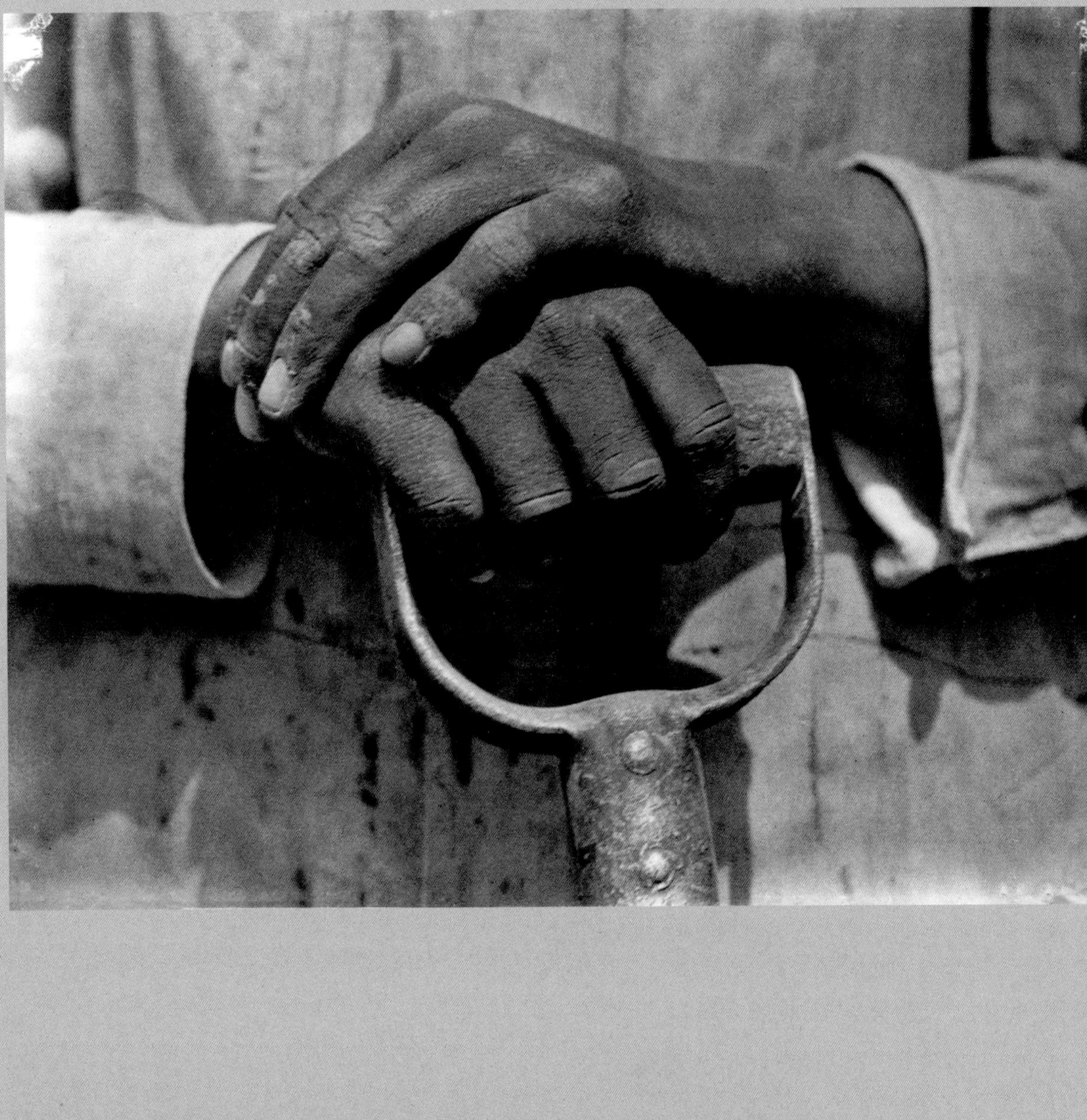

Hände eines Bauarbeiters, Mexiko,
Tina Modotti, 1926

HOMAI

Indien
1913–2012
Dokumentarfotografie
Fotojournalismus
Porträt

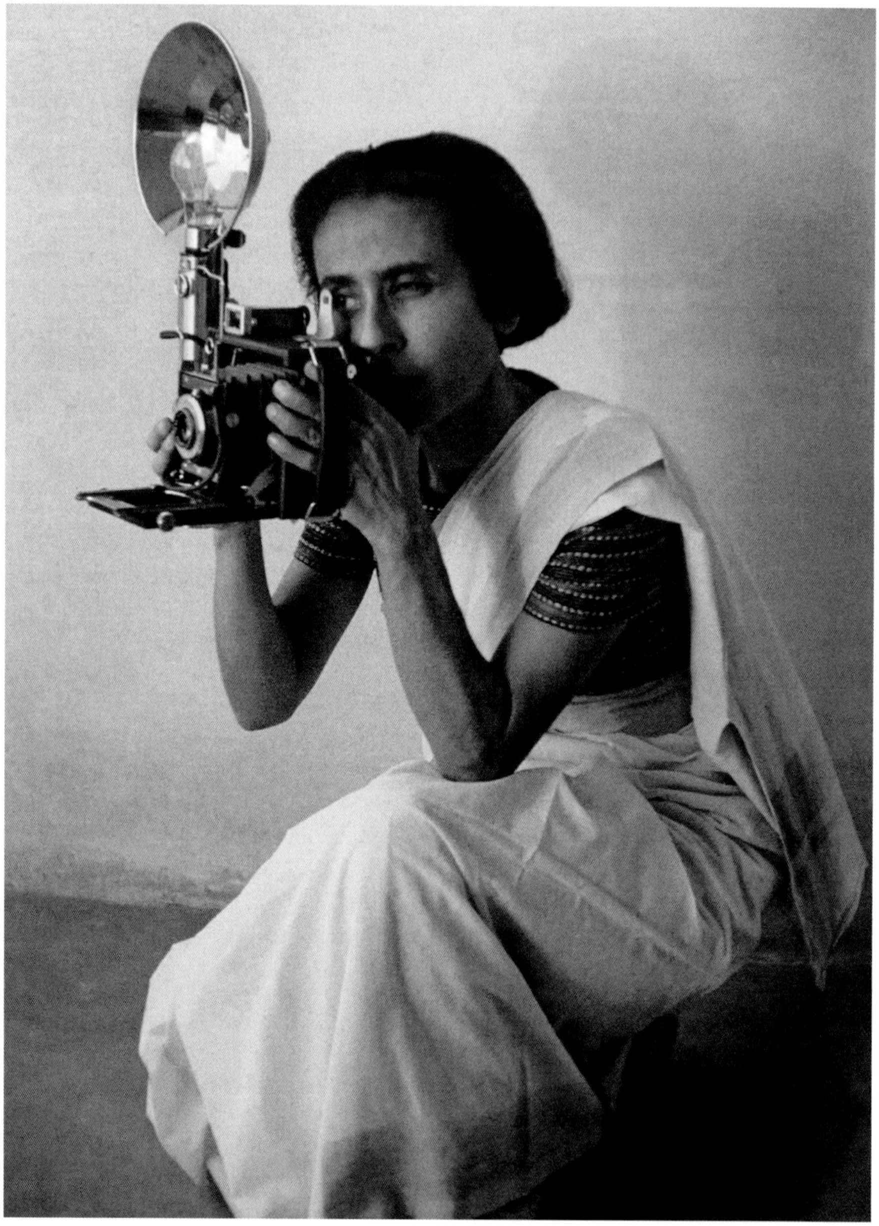

VYARAWALLA

DIE GEWISSENHAFTE DOKUMENTARFOTOGRAFIN

Ob sie Premierminister Jawaharlal Nehru fotografierte, wie er zärtlich seine Schwester umarmte, oder einen Staatsakt dokumentierte: Indiens erste Fotojournalistin Homai Vyarawalla wusste, was sie tun musste, um die Stimmung eines Augenblicks einzufangen. Vyarawalla fotografierte alles, was ihr vor die Linse kam, mit Engagement, Sorgfalt und Respekt. So baute sie sich über viele Jahrzehnte hinweg eine erfolgreiche Karriere auf, bevor sie 1970 ihre Kamera niederlegte.

Vyarawalla wurde in eine liberale Parsi-Gemeinschaft im westindischen Bundesstaat Gujarat hineingeboren und verbrachte einen großen Teil ihrer Kindheit auf Reisen, da ihr Vater als Schauspieler einer reisenden Theatergruppe angehörte. Die Familie ließ sich in Bombay (heute Mumbai) nieder, und Vyarawalla studierte an einer Kunstschule in der Stadt. Ab den 1930er Jahren begann sie, beeinflusst von Bildern in der Zeitschrift *LIFE*, mit dem Fotografieren – oft informelle, entspannte Bilder von Frauen, manchmal Klassenkameradinnen, und Mitgliedern ihrer Gemeinschaft. Das Magazin *Illustrated Weekly of India* veröffentlichte einige ihrer Arbeiten, ebenso wie *The Bombay Chronicle*, allerdings ohne ihren Namen (stattdessen wurden die Initialen ihres Ehemanns Manekshaw Vyarawalla verwendet, der als freiberuflicher Zeitungsfotograf tätig war).

Anfang der 1940er Jahre zog das Paar nach Neu-Delhi, wo es für die britischen Informationsdienste arbeitete. Zu Vyarawallas Aufträgen in dieser Zeit gehörte auch das Fotografieren der Abstimmung über die Teilung Indiens im Jahr 1947. Es sollte nicht das letzte Mal sein, dass sie ein bahnbrechendes Ereignis fotografierte. In Vyarawallas Werk sind viele Meilensteine der modernen indischen Geschichte festgehalten, zum Beispiel der erste Besuch des jungen Dalai Lama in Indien im Jahr 1956 und Staatsbesuche berühmter Persönlichkeiten, darunter Martin Luther King Jr. und der vietnamesische Führer Ho Chi Minh.

Zahlreiche Anekdoten berichten von einer unabhängigen Frau, die mit ihrer Fotoausrüstung durch Neu-Delhi radelte. Makellos in einen Sari gekleidet, fiel Vyarawalla immer auf – als einzige Frau in einem Meer von männlichen Fotografen. Sie wartete stets geduldig auf den richtigen Moment und tat alles, was nötig war, um das perfekte Bild zu machen, selbst wenn sie dafür ein Abflussrohr hinaufklettern musste.

Für ihre männlichen Kollegen war sie wohl ein seltsamer Anblick, wie sie einmal bemerkte. „Und am Anfang dachten sie, ich würde nur mit der Kamera herumspielen ... Sie haben mich nicht ernst genommen.“ [10] Aber eine Frau zu sein, hatte auch seine Vorteile: Vyarawalla konnte gehen, wohin sie wollte, gerade weil man sie nicht für eine ernsthafte Fotografin hielt. Aufgrund ihres Geschlechts hatte sie auch Zugang zu intimen Räumen. Das ermöglichte es ihr, Bilder zu schaffen, die viele andere nicht machen konnten.

Vyarawalla fotografierte in Indien vor, während und nach der Unabhängigkeit des Landes von Großbritannien und schuf ein Werk, das kulturell, politisch und historisch reichhaltig ist. Die Fotografie mag „nur ein Job“ gewesen sein,[11] aber Vyarawalla hat ihren Beruf mit ganzem Herzen ausgeübt und sich bemüht, immer am Ort des Geschehens zu sein, mit offenen Augen und der Kamera im Anschlag.

AUS EINEM ANDEREN BLICKWINKEL FOTOGRAFIEREN: GEHEN SIE IN DIE KNIE

Vyarawallas Fotografien bringen den Betrachter oder die Betrachterin häufig direkt in den Mittelpunkt des Geschehens. Oft trifft sie kühne kompositorische Entscheidungen und wechselt ihre Position, wenn sie dadurch eine bessere Aufnahme erhält. Der Bildausschnitt ihrer bekannten Fotografie des Bahnhofs Victoria Terminus, Bombay, ist viel beachtet worden: nämlich der niedrige Winkel, aus dem sie fotografierte, und wie der Wagen im Vordergrund den Mann in der Mitte einrahmt.

Gehen Sie auf einer belebten Straße in die Hocke, halten Sie die Kamera vor Ihr Auge und beobachten Sie, wie die Szene aussieht. Bewegen Sie die Kamera hin und her und achten Sie auf die verschiedenen Bilder, die kommen und gehen. Nutzen Sie die Straßenmöblierung, um die Passant*innen einzurahmen, und überlegen Sie, wie Sie Ihr Bild komponieren können, um das Auge durch die Szene zu führen und ein Gefühl von Tiefe zu erzeugen.

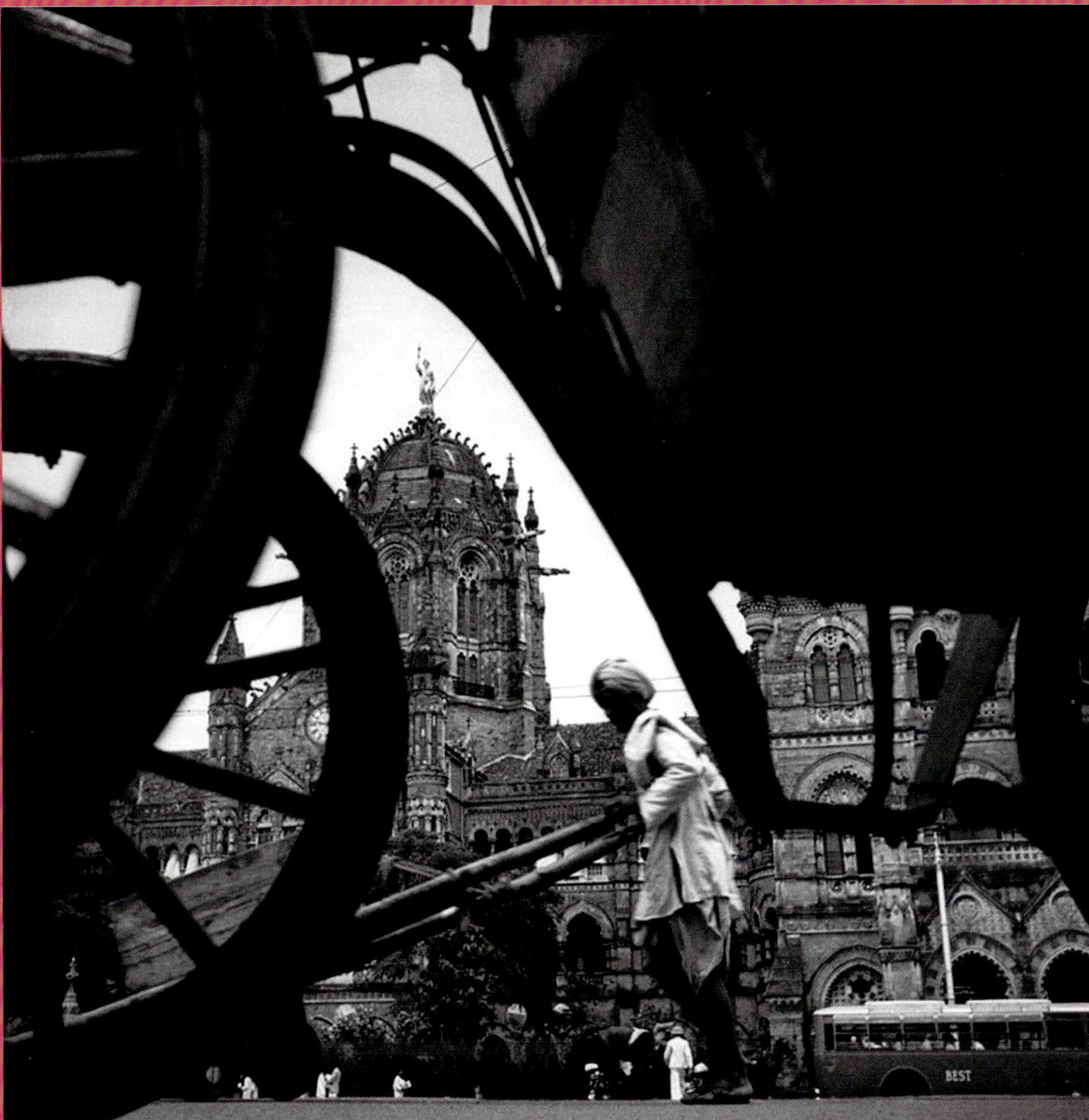

Victoria Terminus,
Homai Vyarawalla, 1940

ALICE

USA
1866–1952
Dokumentarfotografie
Porträt
Straßenfotografie

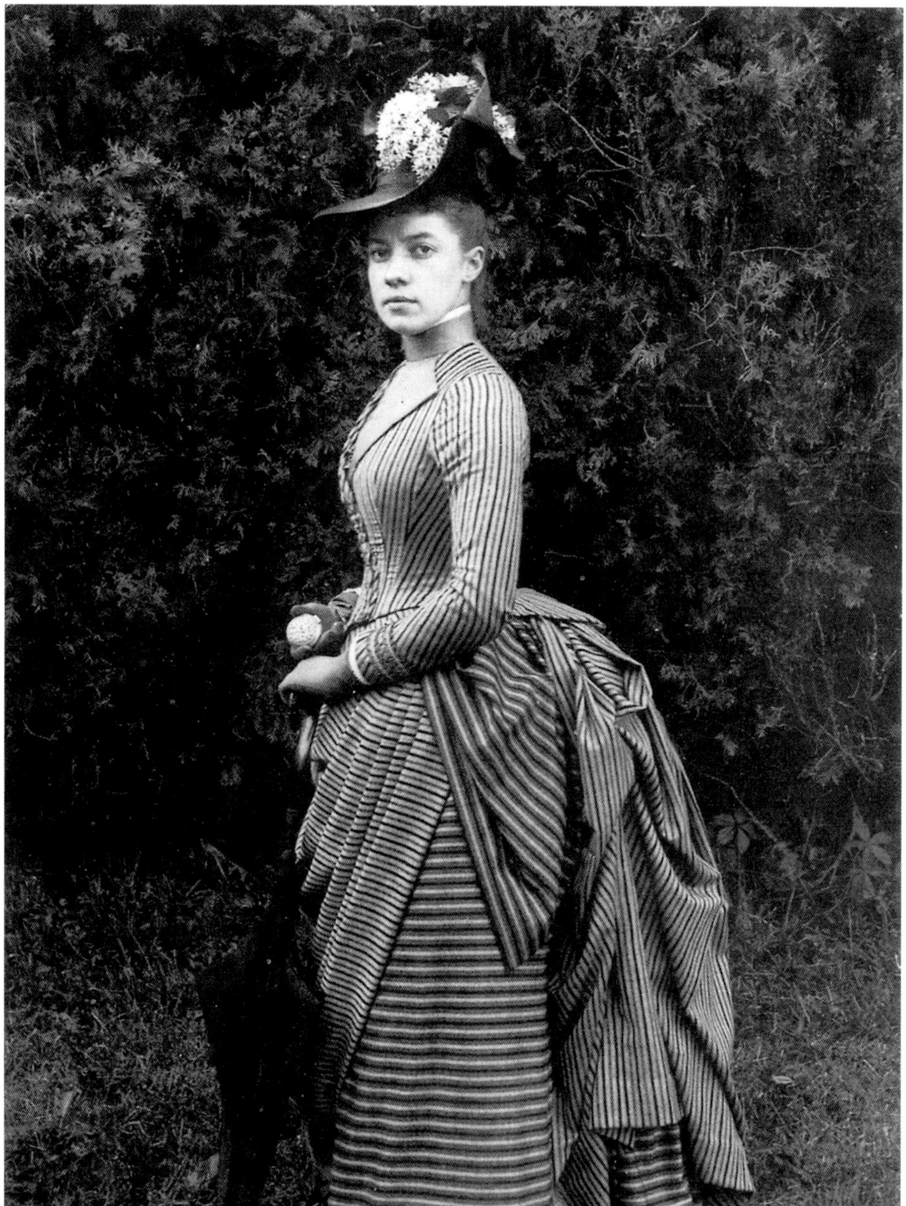

AUSTEN

DIE KONVENTIONSBRECHERIN

Alice Austen war eine unabhängige Frau, die sich den traditionellen viktorianischen Konventionen widersetzte und ihr Handwerk mit Leidenschaft ausübte. Die 1866 in Staten Island geborene Künstlerin war technisch gesehen eine Amateurin, da sie ihren Lebensunterhalt nicht mit der Fotografie verdiente. Doch sie war sehr produktiv und schuf in ihrem Leben rund 8000 Fotografien. Sie unternahm auch den damals noch ungewöhnlichen Schritt, einige ihrer Arbeiten urheberrechtlich schützen zu lassen, und sie nahm gelegentlich Auftragsarbeiten an – ein Zeichen für ihre selbstständige und freigeistige Einstellung zum Leben und zur Fotografie.

Mit einem für viktorianische Fotografen ungewöhnlichen dokumentarischen Ansatz fotografierte Austen die Welt um sich herum: von den Einwanderern in ihrer Heimatstadt New York bis hin zu Freizeitaktivitäten und Familienfesten in ihrem geliebten Haus Clear Comfort, wo sie später mit ihrer Partnerin Gertrude Tate lebte.

Vom Leben auf den geschäftigen Straßen New Yorks angezogen, fotografierte sie Hausierer und Zeitungsverkäufer, Straßenkehrer und Droschkenkutscher und fühlte sich beim Fotografieren im städtischen Umfeld ebenso wohl wie in intimeren häuslichen Umgebungen. Austen, eine der ersten Fotografinnen Amerikas, die außerhalb des Studios arbeiteten, benutzte eine schwere hölzerne Box-Kamera und transportierte ihre Fotoausrüstung oft auf dem Fahrrad. Das war keine leichte Aufgabe, denn die Kamera wog rund 23 Kilo. Ihre Bilder entwickelte sie zu Hause in einer Dunkelkammer, die sie in einem Schrank im Flur eingerichtet hatte.

Zu den von der Kritik am meisten gelobten Werken Austens gehören jene, die Gruppen von Menschen zeigen, oft auch sie selbst, und auf denen häufig Frauen zu sehen sind. Ihre Fotografien von Freundinnen und Zeitgenossinnen sind zart und verspielt. Sie sind ein wertvolles und faszinierendes Zeugnis intimer Beziehungen zwischen viktorianischen Frauen, wie es nur selten zu sehen ist. Austen schuf vor allem Bilder, die die traditionellen Geschlechterrollen ihrer Zeit und die Erwartungen an das Verhalten von Frauen in Frage stellten. So fotografierte sie sich selbst und ihre Begleiterinnen als Männer verkleidet, zusammen im Bett, in Unterwäsche und Zigaretten rauchend.

Es ist kaum zu überschätzen, wie bahnbrechend diese Bilder waren. Im viktorianischen Zeitalter wurden Frauen in der Regel nicht auf diese Weise abgebildet, und die meisten Fotografinnen gingen nicht so kühn an die Fotografie heran wie Austen. Austens unerschrockener „Regelbruch" und ihr Wunsch, Grenzen zu überschreiten, machen ihre Arbeit besonders spannend und wichtig. Als die Zeitschrift *LIFE* 1951 einen Artikel über eine Ausstellung ihrer Fotos veröffentlichte, beschrieb sie Austen als „Amerikas erste große Fotografin".[12]

Austen und Tate lebten bis 1945 zusammen, als Austen, die durch den Börsencrash von 1929 einen Großteil ihres Vermögens verloren hatte, in die Staten Island Farm Colony, ein Armenhaus, zog. Sie starb 1952. Austens ehemaliges Wohnhaus ist heute das Alice Austen House, ein Museum, das ihr Archiv beherbergt und sich um die Bewahrung ihres Vermächtnisses bemüht. Seit 2017 ist es eine nationale Stätte der Geschichte von Lesben, Schwulen, Bisexuellen, Transgender und Queers (LGBTQ).

INFORMELLE GRUPPENPORTRÄTS AUFNEHMEN

Viele der beeindruckendsten Bilder von Alice Austen zeigen Gruppen von Menschen, die sich amüsieren. Fotografieren Sie eine Gruppe von Freund*innen oder Familienmitgliedern in einem Außenbereich. Positionieren Sie Ihre Motive so, dass die Komposition abwechslungsreich und natürlich wirkt. Lassen Sie die Personen stehen, sitzen, hocken oder sich ins Bild lehnen. Wählen Sie den Hintergrund sorgfältig aus und vermeiden Sie Ablenkungen.

Verwenden Sie eine Blende von f/5,6 bis f/8 und eine Verschlusszeit von 1/200 Sekunde, wenn Sie aus der Hand fotografieren, um sicherzustellen, dass alle Personen scharf sind. Seien Sie selbstbewusst, wenn Sie Ihre Motive inszenieren, und sorgen Sie dafür, dass es allen Spaß macht! Bei Gruppenporträts geht es um Zusammenarbeit, also beziehen Sie Ihre Motive in die Bildgestaltung mit ein.

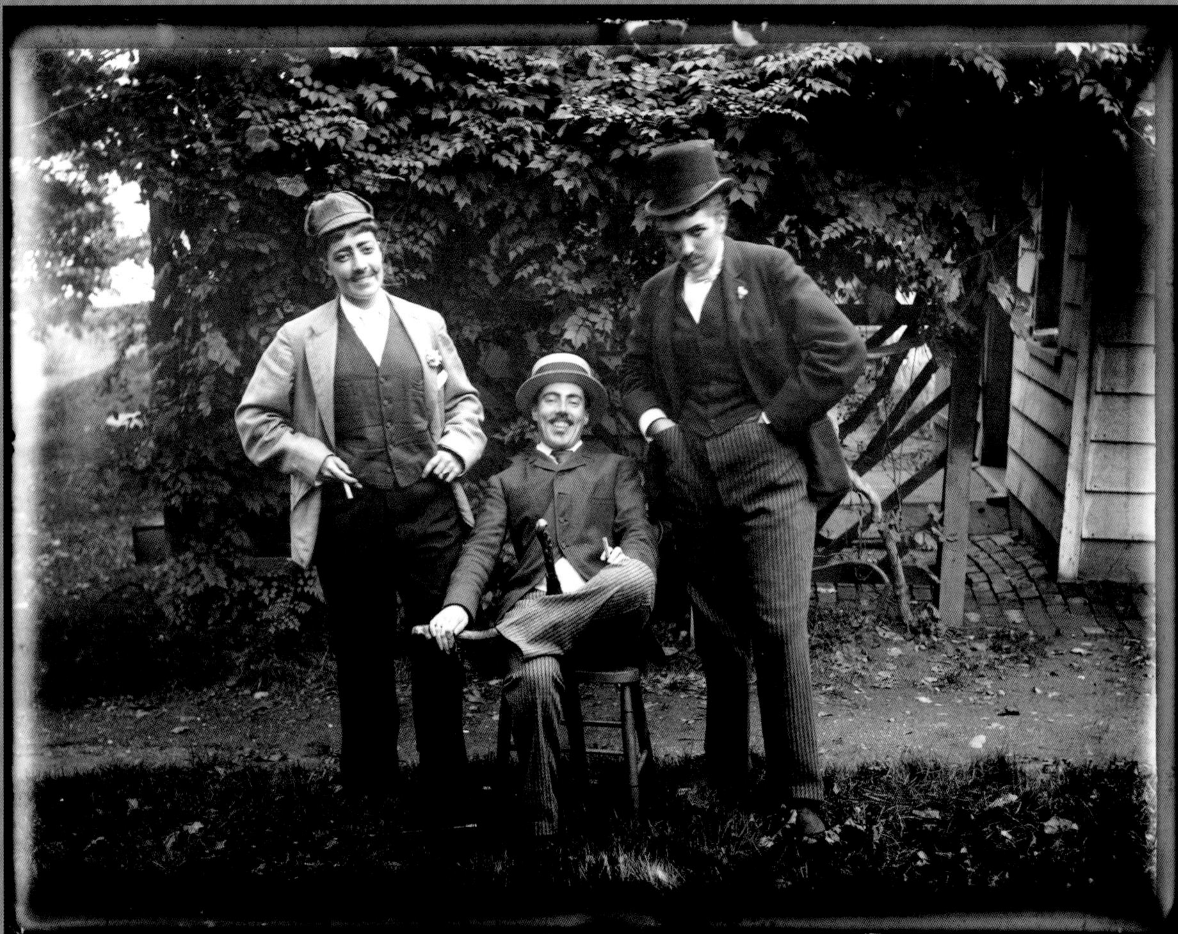

Julia Martin, Julia Bredt and Self, Dressed Up, Sitting Down, Alice Austen, 1891

AÏDA

Äthiopien
*1974
Kunst
Fotojournalismus
Porträt

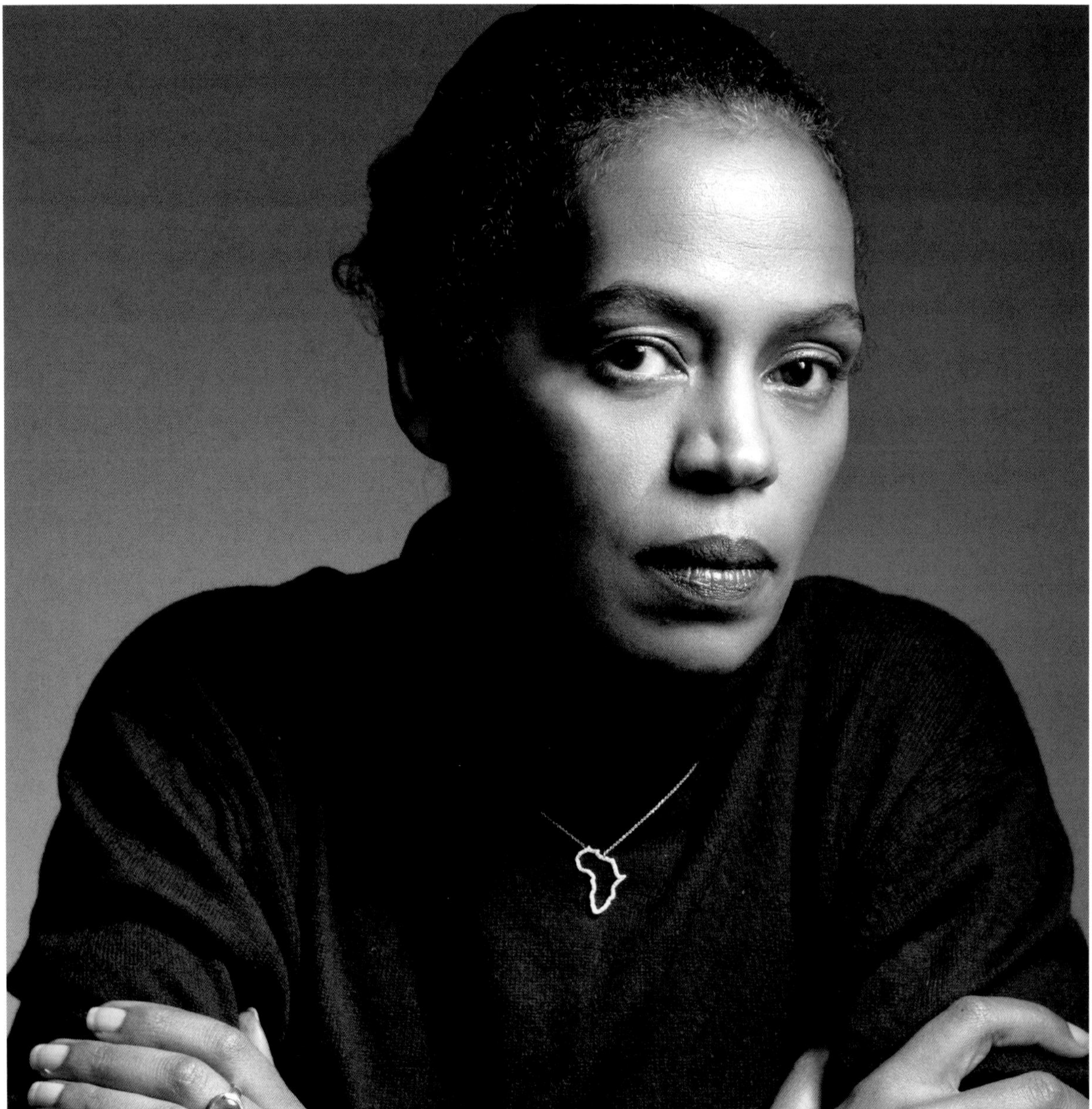

MULUNEH

DIE ANWÄLTIN

Aïda Muluneh ist eine Fotografin und Künstlerin, die sich mit ihrer Kunst für eine Veränderung der Darstellungen Afrikas einsetzt: gegen die immer gleichen Stereotypen, die die Vielfalt des afrikanischen Kontinents nicht erkennen lassen. Ihre Arbeiten mit leuchtenden Farben, auffälligen Kostümen, Make-up, Körperbemalung, Styling und Bühnenbild sind sofort wiedererkennbar. Sie arbeitet wie eine Filmemacherin: mit Schauspieler*innen, Lichttechnik und einem ganzen Team. Oft beginnt sie damit, eine Idee für ein Bild zu skizzieren, bevor sie ein Storyboard erstellt und sich auf einen intensiven Prozess der Recherche und Vorbereitung einlässt, um diese Vision zum Leben zu erwecken. Muluneh achtet besonders auf die Pose und die Art und Weise, wie ihre Motive in die Kamera blicken. Sie bringt viele Facetten zusammen, um ein Bild ihrer Gefühle zu zeichnen. Dazu gehören die aktuelle Lage in Äthiopien, ihrem Geburtsland, und in der Welt, aber auch historische „Herausforderungen", die eine emotionale Verbindung zu ihrem Publikum herstellen. Muluneh lässt sich von den kulturellen Traditionen, einschließlich des Körperschmucks, ihres Landes und anderer Nationen beeinflussen und sucht nach vielfältigeren Eindrücken von Afrika – solchen, die über Krieg, Hungersnot und andere Krisen hinausgehen.

Die in der äthiopischen Hauptstadt Addis Abeba geborene Muluneh begann in Calgary, Kanada, wo sie als Teenager lebte, mit der Fotografie. Als sie bemerkte, wie wenig die internationale Presse über ihr afrikanisches Heimatland berichtete, wurde sie aktiv. Nach ihrem Studium an der Howard University in Washington, D.C. mit Schwerpunkt Film begann Muluneh Anfang der 2000er Jahre ihre Karriere als Fotografin für die *Washington Post*. Sie stellte aber fest, dass der Fotojournalismus ihre Ideen und ihren Ausdruckswillen zu sehr einschränkte. So beschloss sie, den Weg der Kunstfotografie einzuschlagen und Werke zu schaffen, die sowohl ästhetisch ansprechend sind als auch einen Aufruf zum Wandel darstellen.

Als Muluneh 2007 nach Äthiopien zurückkehrte, setzte sie ihre Arbeit fort, die sich stark auf ihre eigenen Erfahrungen in ihrem Geburtsland und anderswo stützte, um Themen wie Geschichte, Politik und Gender sowie die Auswirkungen der Klimakrise zu untersuchen. Das tägliche Leben in Addis Abeba – die Menschen, die Straßen und das Licht – sowie ihre Erfahrungen als Fotojournalistin flossen in ihr Werk ein. Eine ihrer bekanntesten Fotoserien ist *Water Life* (2018). In dieser Arbeit, die von WaterAid in Auftrag gegeben und von der H&M Foundation unterstützt wurde, thematisiert Muluneh den fehlenden Zugang zu Wasser in Äthiopien und die Auswirkungen auf die Gleichstellung der Geschlechter.

Muluneh verwendet Farbe und Objekte oft symbolisch und integriert auch eigene Zeichnungen in ihre Arbeit. Sie will auch für den physischen Aufbau eines Kunstwerks neue Wege finden, was sie zur Verwendung von Acrylfarbe geführt hat. Muluneh unterstützt andere afrikanische Fotograf*innen und ist Gründerin von Addis Foto Fest, einem alle zwei Jahre stattfindenden internationalen Fotofestival – dem ersten in Ostafrika –, das eine Plattform für die Präsentation der Arbeit von Fotograf*innen aus Afrika bietet. 2019 war sie Co-Kuratorin der Friedensnobelpreis-Ausstellung im Nobel Peace Center in Oslo – als erste Schwarze Frau. 2022 gründete sie, aufbauend auf ihrer Arbeit mit dem Addis Foto Fest, die Africa Foto Fair in Abidjan, Elfenbeinküste, wo sie jetzt lebt. Muluneh setzt sich weiterhin für die Förderung der Arbeit anderer ein und entwickelt ihre eigene Bildsprache in neue Richtungen, um „die starren Regeln der Fotografie zu brechen"[13].

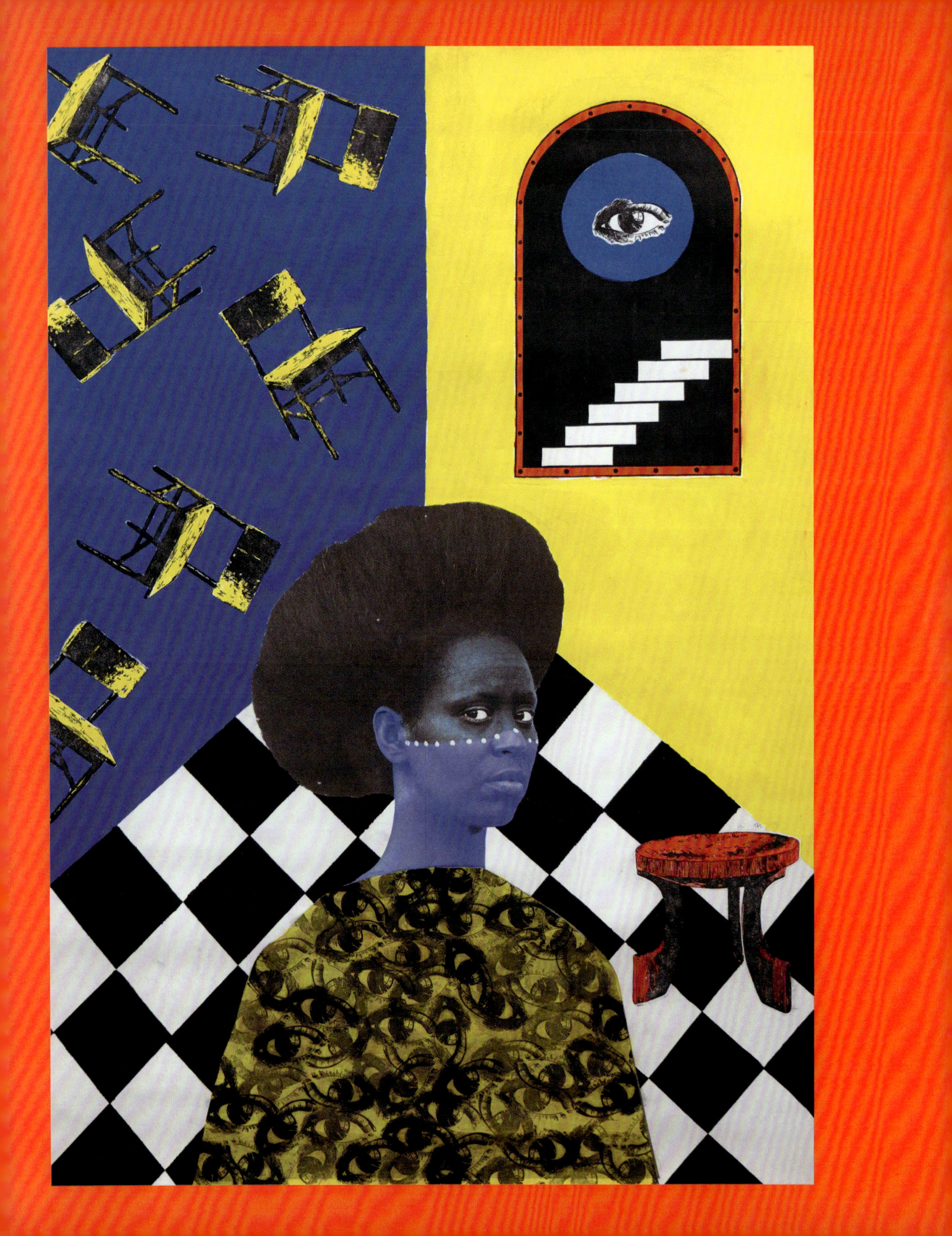

FARBE AUFS FOTO BRINGEN

Muluneh hat vor vielen Jahren zum ersten Mal Farbe in ihrer Arbeit verwendet. Ihre ersten Erfahrungen mit der Fotografie machte sie in der Dunkelkammer, sodass der klassische Papierabzug schon immer ein fester Bestandteil ihres künstlerischen Prozesses war. Die weitere Bearbeitung eines Abzugs war ein naheliegender nächster Schritt. „Es ist keine Entscheidung, sondern ein natürlicher Weg zur Erweiterung meines Ausdrucks hin zu einem neuen Ansatz in der Fotografie“, sagt sie.

Drucken Sie eines Ihrer Fotos aus – das kann ein Porträt, eine Landschaft oder etwas ganz anderes sein – und versuchen Sie, darauf zu malen. Überlegen Sie, welche Bereiche Sie hervorheben möchten. Bringen Sie anfangs nur wenig Farbe auf und bauen Sie diese nach und nach auf.

Walls of Silence,
Aïda Muluneh, 2022

ILSE BING

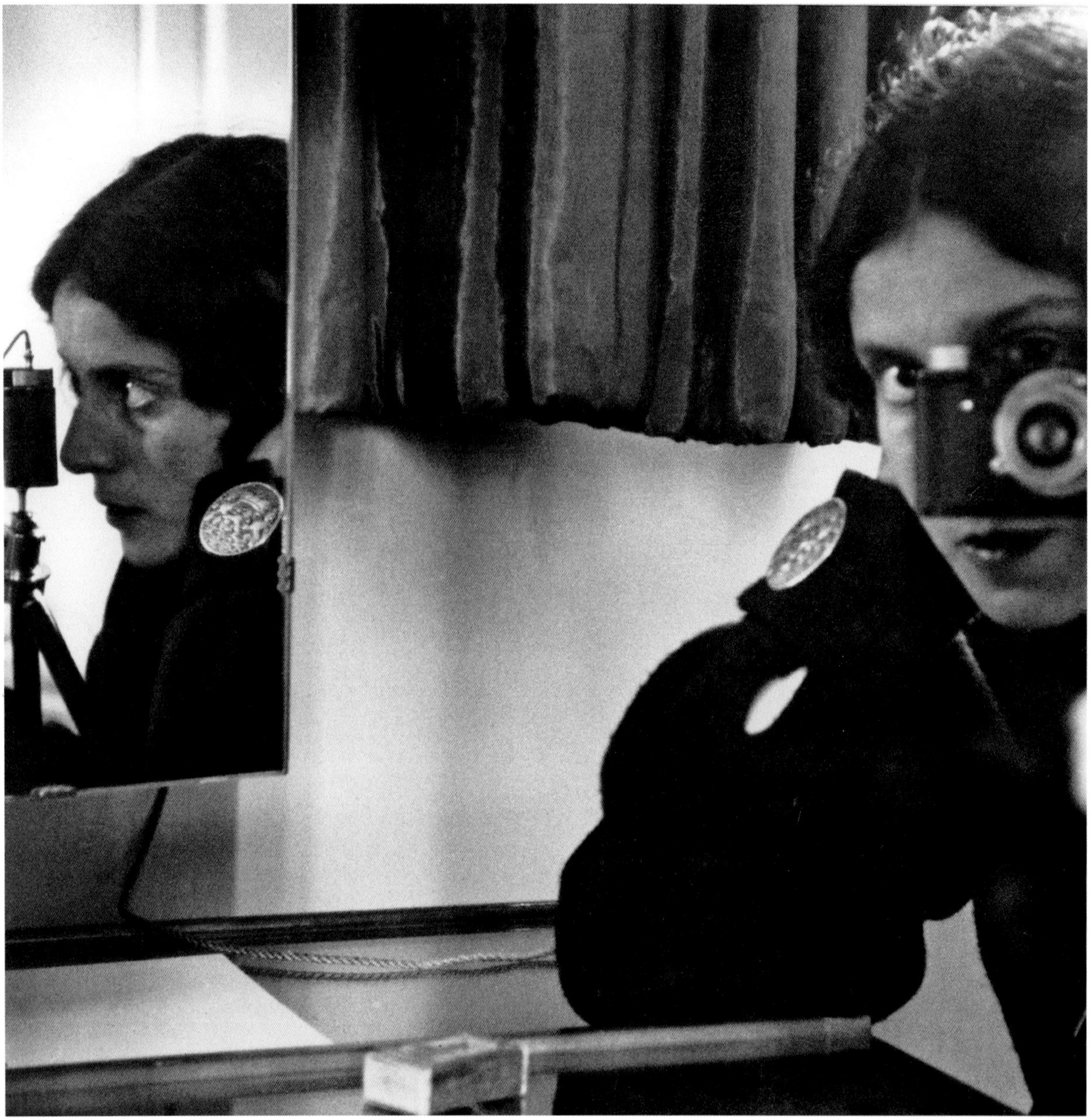

Deutschland
1899–1998
Kunst
Dokumentarfotografie
Porträt

DIE LEICA-LEGENDE

Heute, wo wir es gewohnt sind, Bilder von fast allem zu sehen, ist es schwer vorstellbar, dass Fotos von Pfützen oder Blättern überraschen, aber in den 1930er Jahren, in der Zeit der deutschen Fotografin Ilse Bing, lösten solche Motive Kopfschütteln aus. „Was wir fotografierten, war auch neu – zerrissenes Papier, totes Laub, Pfützen auf der Straße – die Leute dachten, es sei Müll!" Das Brechen der Regeln, so Bing, „öffnete die Türen für neue Möglichkeiten."[14]

In der Tat wusste Bing, eine der größten Bildgestalter*innen der Zwischenkriegszeit, wie man die Erwartungen an das, was Fotografie sein und tun konnte, in Frage stellt. Bing, die aus einer jüdischen Familie stammte, arbeitete in einer Zeit, in der in der gesamten bildenden Kunst viel experimentiert wurde, und war genauso innovativ wie Man Ray. Ihr Name (und ihr Werk) wurden in einem Atemzug mit dem großen Meister genannt. In der Malerei, der Bildhauerei, dem Design und der Architektur, aber auch in der Fotografie entwickelte sich rasch eine neue modernistische Bildsprache. Für die Fotograf*innen bedeutete dies, mit Abstraktion und starken Linien zu experimentieren und einen eher malerischen und weichen Fokus zugunsten von scharf fokussierten Bildern aufzugeben. Bei dieser sogenannten New Vision Photography spielte man mit Perspektive und Licht und nutzte so das ungenutzte künstlerische Potenzial der Fotografie. Die Erfindung der revolutionären Leica, einer 35-mm-Handkamera, ermöglichte es, schneller und effektiver als je zuvor zu arbeiten.

Es war eine aufregende Zeit für Fotograf*innen, „eine Zeit der Erkundung und Entdeckung" [15], erinnerte sich Bing, und sie machte das Beste daraus. Nach einem Studium der Mathematik und Physik an der Universität Frankfurt wechselte sie zur Kunstgeschichte und promovierte in diesem Fachgebiet. Zunächst rein praktisch, um für ihre Dissertation Abbildungen von Gebäuden anzufertigen, entdeckte Bing die Fotografie. Mit ihrer Leica-Kamera in der Hand begann sie als Fotografin in Frankfurt zu arbeiten, bevor sie 1930 nach Paris zog.

Inspiriert durch die Arbeiten von Florence Henri (S. 56), wandte sich Bing vielen Genres zu, darunter Dokumentar-, Porträt-, Architektur-, Werbe-, Tanz-, Theater- und Modefotografie. Sie wurde in deutschen und französischen Zeitungen und Zeitschriften wie *Harper's Bazaar* und *Vogue* veröffentlicht. Bing, die die Kamera als eine Erweiterung ihrer künstlerischen Seherfahrung betrachtete, entwickelte einen Stil, der Schatten mit ungewöhnlichen Aufnahmewinkeln kombinierte sowie helle und dunkle Bereiche auf überraschende Weise kontrastierte.

Nachdem sie 1941 mit ihrem Mann nach New York emigriert war, fotografierte Bing fast zwei Jahrzehnte lang weiter, später mit einer Rolleiflex-Mittelformatkamera. Gegen Ende der 1950er Jahre begann sie mit Farbfilm zu experimentieren, bevor sie die Fotografie aufgab, um sich der Lyrik, der Zeichnung und der Collage zu widmen. Bing, die zu Lebzeiten sowohl in den USA als auch in Europa ausgestellt wurde, war eine Fotografin, die das nahezu unbegrenzte Potenzial der Fotografie als aufregende neue Kunstform erkannte und mit beiden Händen ergriff.

SCHATTEN EINSETZEN FÜR EINE DYNAMISCHE STRASSENSZENE

Die gängige Meinung ist, dass man es vermeiden sollte, bei extremen Lichtverhältnissen zu fotografieren, da dies zu stark kontrastreichen Bildern führt (mit Verlust von Details in den dunkelsten und hellsten Bereichen). Wenn Sie mitten am Tag bei starkem Sonnenlicht fotografieren, können Sie mit den dramatischen Schatten jedoch spielen.

Gehen Sie an einem sonnigen Tag mit Ihrer Kamera in Ihre Stadt und achten Sie auf das Spiel der Schatten. Suchen Sie nach außergewöhnlichen Kontrasten und abstrakt wirkenden Szenen. Achten Sie darauf, dass alle Schatten, die Sie ins Bild nehmen, deutlich erkennbar sind. Mit anderen Worten: Versuchen Sie, verwirrende, unklare Bereiche in der Komposition zu vermeiden. Konvertieren Sie Ihre Dateien in Schwarz-Weiß und spielen Sie mit dem Kontrast.

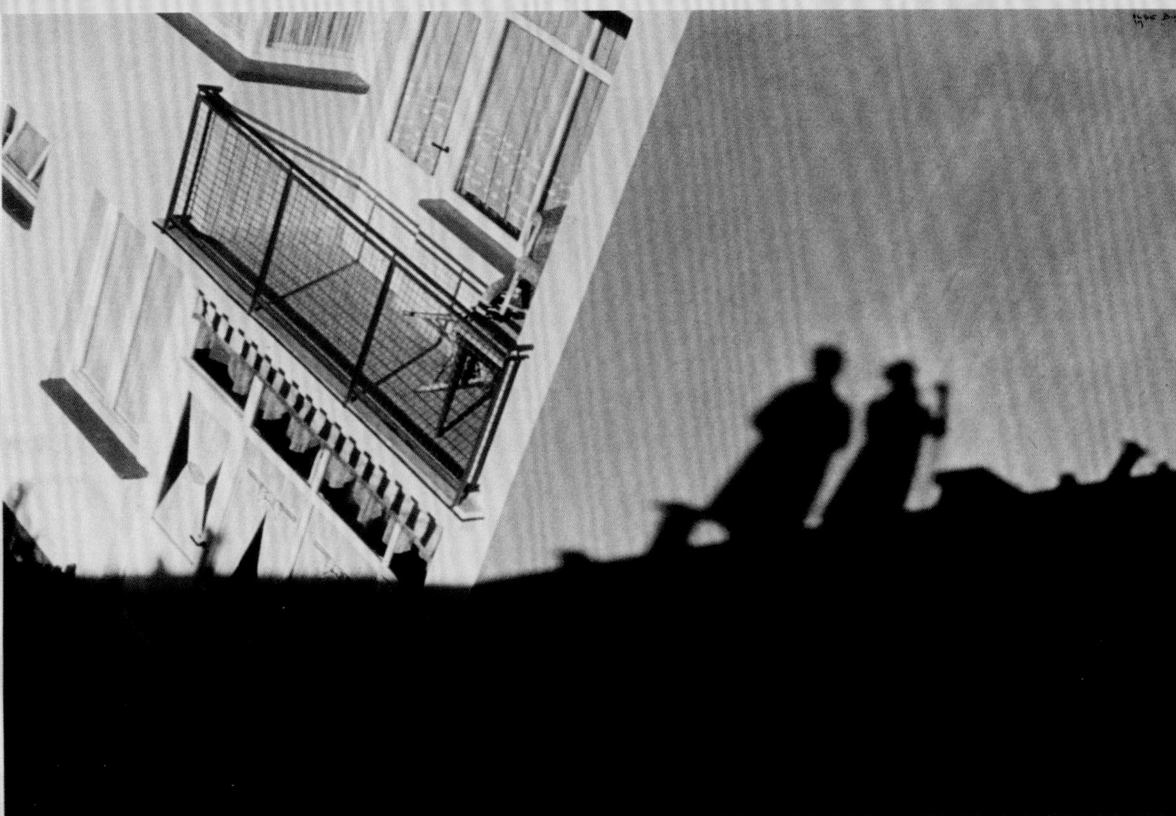

Frankfurt, Hellerhofsiedlung, mein Schatten mit Architekt, Ilse Bing, 1930

ANNA

England
1799–1871
Kunst
Cyanotopie
Wissenschaftliche
Fotografie

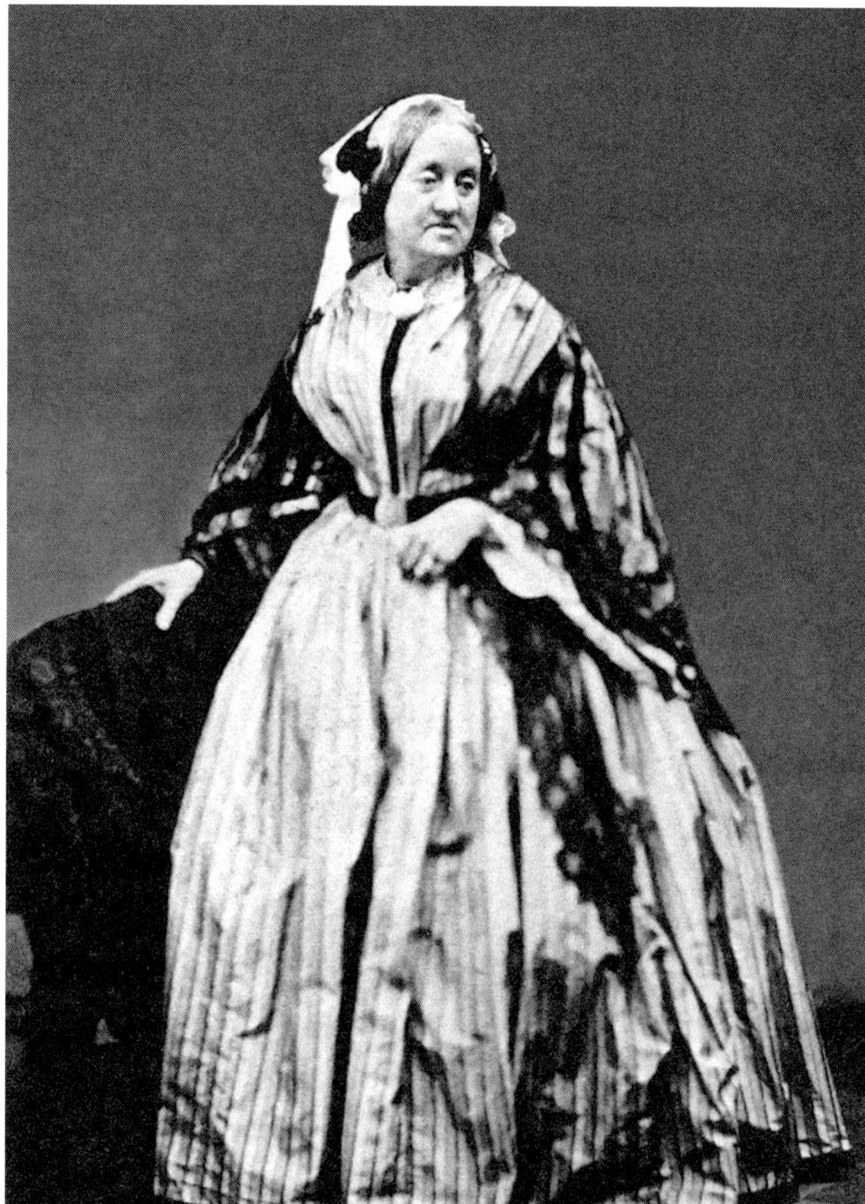

ATKINS

DIE BOTANIKERIN

Die Ende des 18. Jahrhunderts in Kent, England, geborene Anna Atkins wurde durch die Verwendung des fotografischen Cyanotypie-Verfahrens zur Erfassung britischer Algen und anderer Pflanzen berühmt und veröffentlichte das erste Buch, das mit Hilfe der Fotografie illustriert wurde. Die Botanikerin und wissenschaftliche Illustratorin Atkins war die einzige Tochter des angesehenen Chemikers John George Children. Ihr Vater, der Mitglied der Royal Society war, förderte das Interesse seiner Tochter an der Wissenschaft und machte sie mit wichtigen wissenschaftlichen Denkern und Erfindern der Zeit bekannt – damals ein ungewöhnlicher Schritt, da Frauen in diesen Kreisen eher nicht willkommen waren.

Durch die Beziehungen ihres Vaters lernte Atkins den berühmten Fotopionier William Henry Fox Talbot (1800–1877) kennen. Beeindruckt von seinem Verfahren der Papierbelichtung tauschte Atkins die Zeichnung gegen die Fotografie, um ihre botanischen Sammlungsexemplare festzuhalten, nicht zuletzt, weil sich damit die gewünschten detaillierten Bilder viel schneller erstellen ließen.

Bemerkenswert ist, dass Atkins keine Kamera benutzte, um ihre kunstvollen und zugleich wissenschaftlichen Bilder zu erstellen, obwohl sie eine besaß. Stattdessen fertigte sie Fotogramme an – Bilder, die durch das direkte Aufbringen von Objekten auf lichtempfindliches Papier entstehen – und verwendete die 1842 von dem Astronomen und Physiker Sir John Herschel erfundene Cyanotypie. Bei diesem Verfahren, das unverwechselbare blaue Bilder erzeugt, wird eine Oberfläche (Papier) mit lichtempfindlichen Eisensalzen (einer Kombination aus Lösungen von Eisenammoniumcitrat und Kaliumhexacyanoferrat) behandelt und mit ultraviolettem (UV-) Licht belichtet. Atkins fertigte Negativbilder an, indem sie ihre Pflanzenproben direkt auf das speziell präparierte lichtempfindliche Papier legte, das dann dem Licht ausgesetzt wurde. Nach einer gewissen Zeit wurde das Papier dann in Wasser ausgewaschen. Atkins fertigte Hunderte von Abzügen ohne Kamera an, die sie zwischen 1843 und 1853 in dem dreibändigen Werk *Photographs of British Algae: Cyanotype Impressions* zusammenfasste. Atkins veröffentlichte ihr Buch, das mehr als 400 Abzüge enthält, im Selbstverlag und verteilte Exemplare davon an Freunde und Kollegen. Es gilt weithin als das erste fotografisch illustrierte Buch.

Atkins' Publikation beeindruckt durch die Art und Weise, wie sie in ihren ausdrucksstarken und zugleich informativen Bildern Wissenschaft und Kunst miteinander verband, aber sie eröffnete auch neue Denkweisen darüber, wie die Fotografie zur Illustration von Büchern eingesetzt werden konnte. Wer illustrierte Publikationen herstellte, war nicht mehr auf die Druckverfahren des Kupferstichs und des Holzschnitts beschränkt. Für die Wiedergabe von Bildern im Druck, insbesondere für wissenschaftliche Veröffentlichungen, bot die Fotografie nun ein enormes Potenzial.

Nach der Fertigstellung ihres Buches über britische Algen nutzte Atkins das Cyanotypie-Verfahren auch für die Abbildung anderer Pflanzen, darunter viele Arten von Farnen, Gräsern und Blumen. Sie spielte weiterhin mit den künstlerischen Eigenschaften ihrer Bilder, nicht zuletzt in Bezug auf Ton und Form. Atkins' Bilder sind bahnbrechend, denn sie sind mehr als nur wissenschaftliche Aufzeichnungen: Sie zeigen, wie die Fotografie künstlerisch und ausdrucksstark zur Interpretation der Welt eingesetzt werden kann.

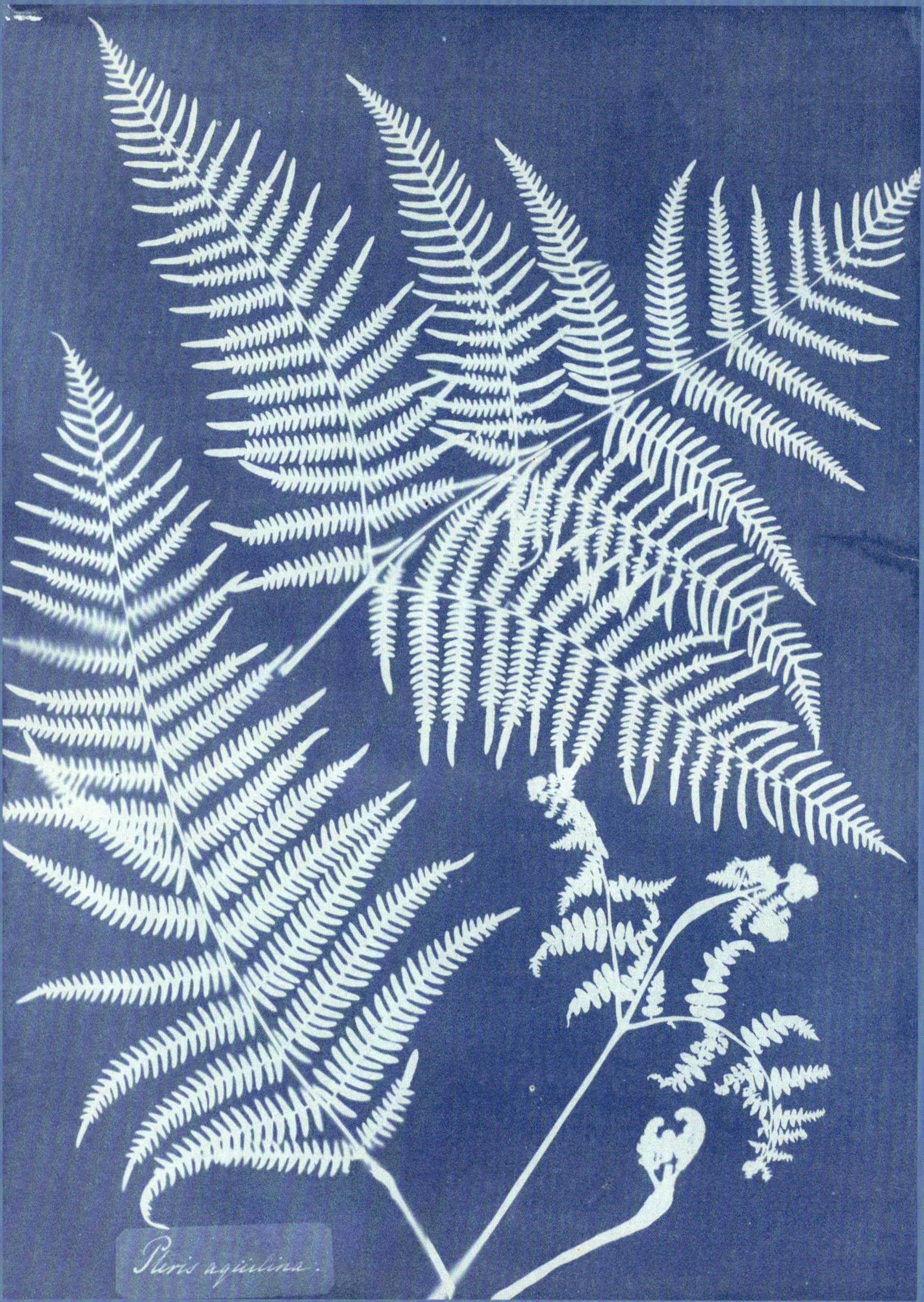
Pteris aquilina.

MIT SPEZIELLEM PAPIER IHRE EIGENE CYANOTYPIE ERSTELLEN

Cyanotypien sind unverwechselbare fotografische Abzüge, die ein weißes Motiv auf blauem Hintergrund zeigen. Sie sind sehr einfach mit vorgefertigtem Cyanotypie-Papier herzustellen. Neben diesem Papier benötigen Sie ein Stück Pappe, eine Acryl- oder Glasscheibe, etwas Klebeband oder große Klemmbrettklammern sowie die Gegenstände, die Sie für Ihre Komposition verwenden möchten, z. B. Blumen, Blätter, Federn oder kleine Gegenstände wie Schlüssel, Scheren und Münzen.

Legen Sie Ihr Blatt Papier auf den Karton und ordnen Sie die Gegenstände darauf an. Verwenden Sie das Papier erst, wenn Sie für die „Aufnahme“ bereit sind, und halten Sie die anderen Blätter von Licht fern, solange Sie sie nicht benutzen. Legen Sie die Glas- oder Acrylscheibe auf das Papier und befestigen Sie sie mit den Klammern oder dem Klebeband. Legen Sie das Papier mindestens fünf Minuten lang in direktes Sonnenlicht (bei bedecktem Himmel länger) und waschen Sie das Blatt dann mindestens eine Minute lang vorsichtig in kaltem Wasser aus. Lassen Sie es einige Stunden lang trocknen. Beobachten Sie, wie die satte blaue Farbe zurückkehrt!

Pteris aquilina,
Anna Atkins, 1851

RAHIMA

Nigeria
*1986
Kunst
Dokumentarfotografie
Mixed media

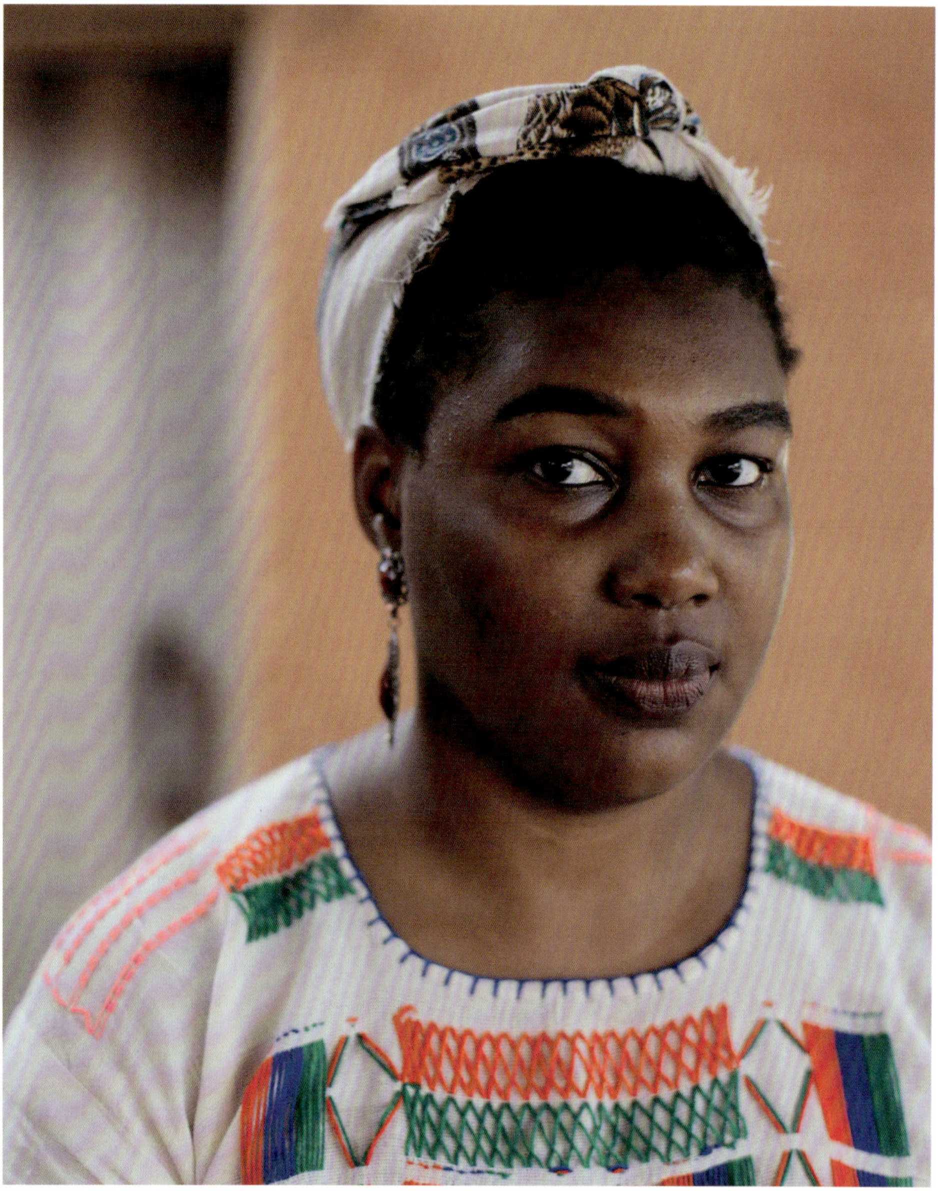

GAMBO

DIE MITSPIELERIN

Einer der vielen Fäden, die sich durch Rahima Gambos immersives Werk ziehen, ist die Frage, wie eine Person oder mehrere Personen nach einem extremen Trauma dort weitermachen, wo sie aufgehört haben. Dieses Thema erforscht Gambo in Bezug auf die Erfahrungen von Schüler*innen, die von dem Boko-Haram-Konflikt im Nordosten Nigerias betroffen sind, wo Hunderte von Lehrer*innen und Schüler*innen von der islamistischen Terrororganisation, die einen „reinen" islamischen Staat ohne westlichen Einfluss schaffen will, verletzt, entführt oder getötet wurden. Getreu ihrem Namen bedeutet Boko Haram so viel wie „westliche Bildung ist verboten".

Gambo, die einen journalistischen Hintergrund hat, wählt nicht den traditionellen Ansatz der Dokumentarfotografie. Stattdessen kombiniert sie Fotos, Texte, Videos, Installationen, Tonaufnahmen und Illustrationen, um Geschichten zu erzählen, die nicht „über" die Erfahrungen ihrer Proband*innen berichten, sondern mit ihnen gemacht werden. Diese integrative Herangehensweise ist inspiriert von dem Ansatz des Anthropologen und Filmemachers Trinh T. Minh-ha. Dessen Konzept des „Sprechens in der Nähe" vermeidet die direkte Dokumentation und die Tendenz, etwas oder jemanden zu erklären oder „über" etwas oder jemanden zu sprechen, zugunsten eines indirekteren Ansatzes. Für Gambo geht es darum, sich vom traditionellen narrativen Fotojournalismus wegzubewegen und sich einer erweiterten Bildsprache zuzuwenden, die kollaborativ und spielerisch ist und keine Bedeutung aufzwingt.

Gambo, die in London geboren wurde und seit Mitte der 1990er Jahre zwischen Nigeria und dem Vereinigten Königreich pendelt, hat an der Universität Manchester einen Abschluss in Development Studies erworben. Es folgte ein Master in Gender Studies und Sozialpolitik an der London School of Economics und 2014 ein zweiter Master in Journalismus an der Columbia Graduate School of Journalism in New York. Sie spürte immer eine Spannung zwischen den traditionellen oder akzeptierten journalistischen Ansätzen, die gelehrt wurden, und ihrer eigenen Sichtweise und Erfahrung, die sie als „multidirektional" [16] beschreibt. So begann sie, Arbeiten zu schaffen, die aus der dokumentarischen Tradition stammen, aber expansiver, mehrdimensionaler, experimenteller und konzeptioneller sind. Ein frühes Projekt war *Education is Forbidden* (2015–2016), das Text mit Bildern, Illustrationen und Videos kombinierte. Das Multimedia-Langzeitprojekt, das Gambo als „lebendes Projekt" bezeichnete und das aus einzelnen Kapiteln bestand, erzählt die eindringliche Geschichte über die Auswirkungen der Angriffe von Boko Haram auf die Schüler*innen der Shehu Sanda Kyarimi Government Day Secondary School, die 2013 von den Terroristen angegriffen wurde.

Ein weiteres Projekt, *Tatsuniya* (2017–), erforscht neue Ansätze des Geschichtenerzählens, bei denen Zusammenarbeit und Spiel im Mittelpunkt stehen. Gambo hat das Werk, das aus choreografierten Standbildern und Filmen besteht, mit Schüler*innen derselben Schule im Rahmen von Erzählworkshops erarbeitet. Der Titel des Projekts bedeutet in der Sprache der Hausa „Geschichte", „Märchen" oder „Rätsel". Wie in einem Traum entfalten sich Bildsequenzen, und es entsteht eine Erzählung. Tatsuniya Artist Collective ist eine eingetragene Organisation, die die 20 studentischen Mitarbeiter*innen vertritt, die an *Tatsuniya* mitgewirkt haben. Das Kollektiv, das durch die von Gambo geleiteten Workshops für visuelles Geschichtenerzählen entstanden ist, ist ein Künstleratelier und ein Raum, in dem die Mitglieder zusammenarbeiten, Probleme diskutieren, Unterstützung finden und kreative Projekte initiieren können, so die Künstlerin.

BILDSEQUENZEN, DIE DIE GESCHICHTE EINES AUGENBLICKS ERZÄHLEN

Gambo beschäftigt sich mit der Frage, was es bedeutet, mit dem Medium Fotografie Geschichten zu erzählen und in den Räumen, die sie besetzt, Fotografin zu sein. Dabei betritt sie Neuland, nicht nur fotografisch, sondern auch in Bezug auf die wichtigen Geschichten, die sie zu erzählen versucht.

Eine der Techniken von Rahima Gambo besteht darin, mehrere Bilder zu poetischen Sequenzen zusammenzufügen. Gambo wandte diesen Ansatz an, als sie Schülerinnen fotografierte, die in ihrem Klassenzimmer in der Shehu Sanda Kyarimi Schule in Maiduguri ein beliebtes nigerianisches Spiel spielten (siehe Abb.). Hier dehnt Gambo die Zeit aus oder erweckt den Eindruck, dass sich die Zeit verlangsamt.

Sie könnten etwas Ähnliches versuchen. Stellen Sie ein Szenario auf die Beine, eine Art gemeinsame Aktivität, an der Freund*innen oder Familienmitglieder beteiligt sind. Fotografieren Sie die Szene aus verschiedenen Blickwinkeln und verwenden Sie eine kurze Verschlusszeit, um die Bewegung einzufrieren. Machen Sie einen Kontaktbogen mit Ihren Bildern und kreisen Sie die stärksten ein. Schneiden Sie diese Bilder aus und spielen Sie mit deren Reihenfolge. Versuchen Sie, ein Gefühl der Dynamik zu erzeugen. Überlegen Sie besonders, wie Sie Ihre Sequenz beginnen und beenden.

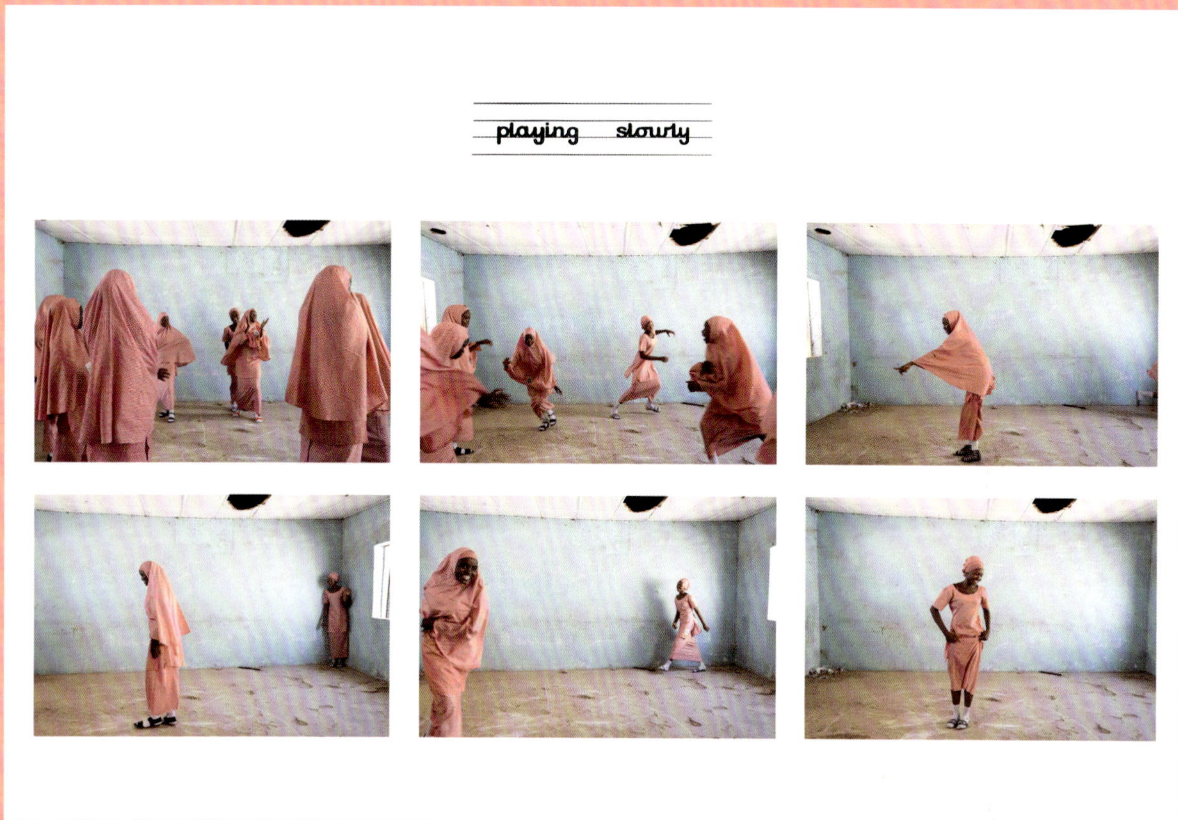

Sequenz aus *Tatsuniya*,
Rahima Gambo, 2020

PUSHPAMALA N.

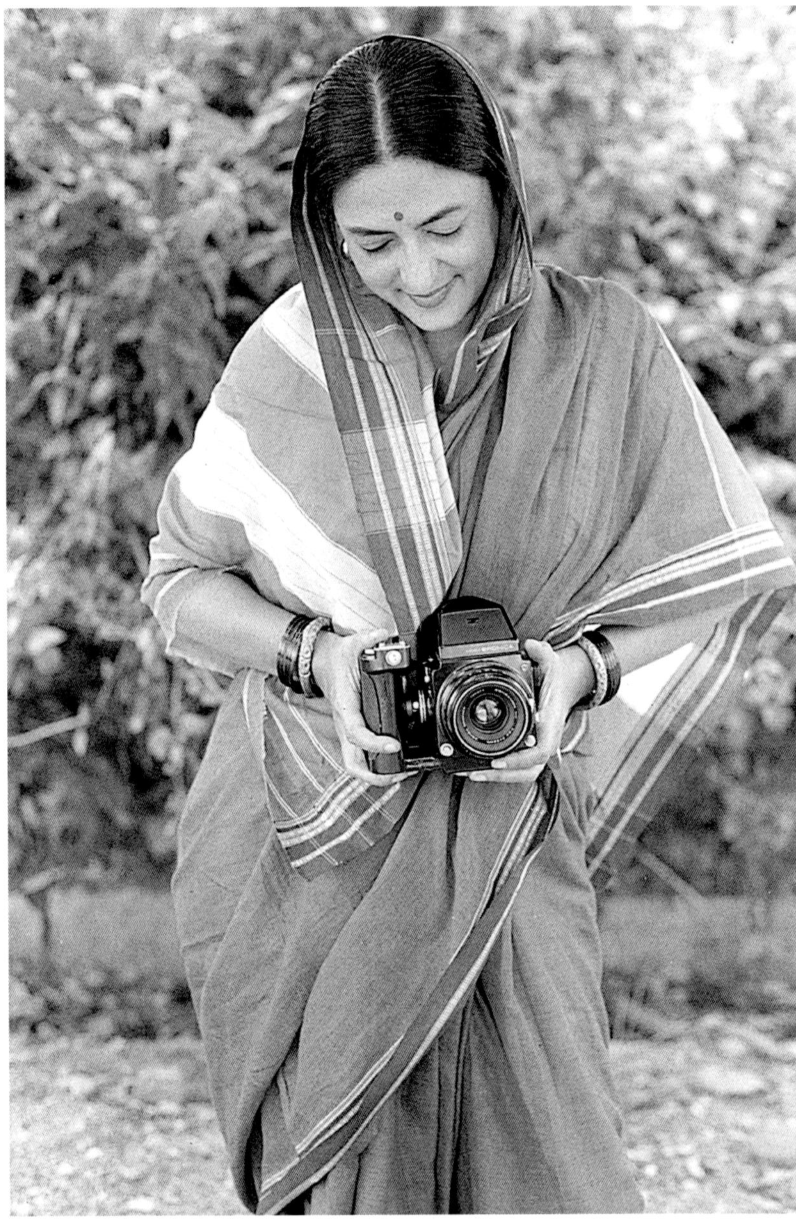

Indien
*1956
Kunst
Performance
Porträt

DIE KLISCHEE-GEGNERIN

Die Foto-Performance-Künstlerin Pushpamala N. sagt, ihre Arbeit sei in ihrem Heimatland Indien lange Zeit nicht ernst genommen worden, weil sie sich der Performance, des Humors und der Fiktion bediente.[17] Jetzt ist sie eine der führenden Künstlerinnen Indiens. Im Mittelpunkt von Pushpamalas Arbeit steht die Auseinandersetzung mit der Idee der „indischen Frau", die sie auf geistreiche Weise dekonstruiert, wobei sie gängige kulturelle Stereotypen umstößt. Sie tut dies, indem sie Referenzen aus der ethnografischen Fotografie der Kolonialzeit, der Kunst, dem Kino und anderen Bereichen der Populärkultur nutzt, um aufwändig inszenierte Szenen zu rekonstruieren. Wenn ihre Arbeit dabei auch eine skulpturale Dimension hat, ist das kein Zufall. Pushpamala studierte Bildhauerei an der Maharaja Sayajirao University of Baroda, wechselte aber Ende der 1990er Jahre zur Fotografie und schuf, wie sie es nennt, „Fotoromanzen", in denen sie sich selbst in verschiedenen Rollen darstellte. In frühen Werken wie *Phantom Lady* oder *Kismet* werden Requisiten, Kostüme und Schauplätze zu narrativen Werken, die an das Genre der schwarz-weißen Noir-Filme erinnern.

In ihrer bekannten Serie *Native Women of South India: Manners and Customs* (2000–2004) arbeitete die in Bangalore lebende Künstlerin mit der britischen Fotografin Clare Arni zusammen, um ein performatives Werk zu schaffen, das die in der indischen Kultur bekannten Frauentypen kritisch beleuchtet. Unterteilt in vier Unterserien, in denen Pushpamala unter anderem eine Hindu-Göttin und einen indischen Filmstar spielt, werden die Charaktere – sowohl reale als auch fiktive weibliche Archetypen – in sorgfältig inszenierten Räumen platziert, um bekannte kunsthistorische, mythologische und religiöse Szenen nachzustellen. In ihren Kunstwerken macht Pushpamala darauf aufmerksam, dass Identität selbst ein Konstrukt ist, das der Person oder den Personen, denen es zugeordnet ist, jedoch häufig zugewiesen und nicht von ihnen selbst geschaffen wird.[18] Indem sie sich selbst objektiviert, wie sie es durch die Maskerade tut – immer zu ihren eigenen Bedingungen –, schafft Pushpamala umgekehrt Bilder, die etwas bewirken sollen. Man spürt etwas Wissentliches in ihrer Arbeit, das sich in den verschlagenen Blicken zur Kamera zeigt. Die Serie, die nach Aussage der Künstlerin eine Art Inventar von Bildern und in gewisser Weise enzyklopädisch ist, bezieht sich auch auf die sogenannten Zenana – Fotostudios, die im Indien des 19. Jahrhunderts hauptsächlich von Frauen für Frauen eingerichtet wurden.

Die konstruierten Bilder der Serie *Native Women of South India* sind spielerisch und humorvoll zugleich und laden uns nicht nur dazu ein, die gängigen Vorstellungen von indischen Frauen zu hinterfragen, sondern auch die Rolle der Fotografie bei der Konstruktion von Stereotypen zu betrachten. Die Kunstfertigkeit der Fotografie und ihre Fähigkeit zur Klassifizierung wird beispielsweise in den sepiafarbenen Bildern deutlich, die Pushpamala in einem Set zeigen, das anscheinend mit Messinstrumenten ausgestattet ist, darunter ein Stativ und ein gerasterter Hintergrund. Die Szene spottet über die Anordnungen und Vorgehensweisen, die in ethnografischen Porträts des 19. Jahrhunderts von britischen Kolonialisten verwendet wurden, die die Kamera als entmenschlichendes Mittel zur Klassifizierung, Kontrolle und Unterwerfung einsetzten. Indem sie durch das von ihr gewählte Medium der Fotografie ein gemeinsames „kulturelles Gedächtnis" anzapft, lädt Pushpamala uns dazu ein, tief verwurzelte Annahmen und Erwartungen zu überdenken und das Wesen der Darstellung selbst zu hinterfragen.

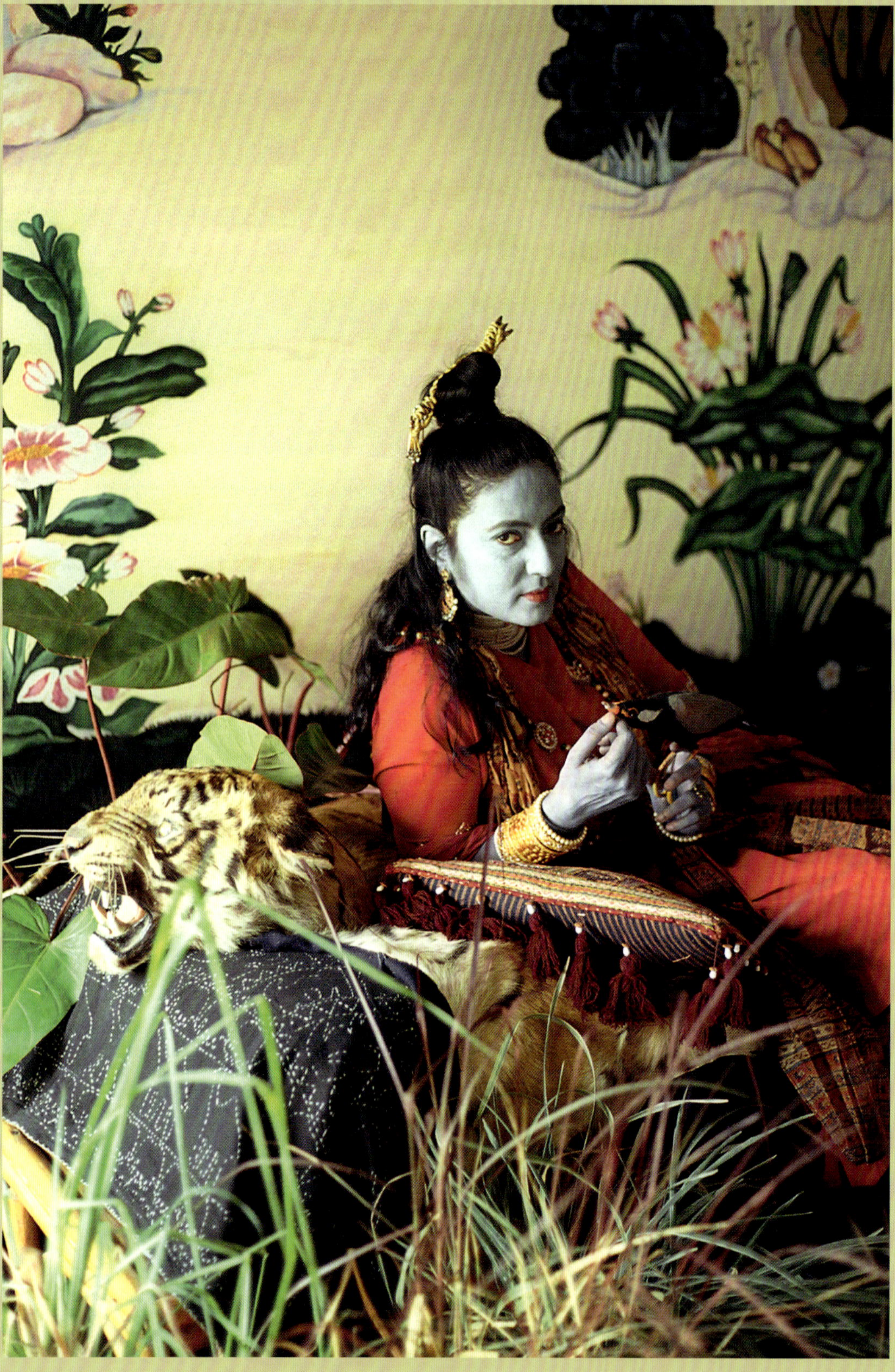

RICHTIG GAS GEBEN MIT EINEM KREATIVEN HINTERGRUND, REQUISITEN UND VIEL FARBE

Auf Seite 72 berichten wir über die Arbeit von Madame Yevonde und wie sie mit Hilfe von Requisiten ein Porträt von sich selbst geschaffen hat, das uns einen Einblick in ihre Persönlichkeit gibt. In Pushpamalas Arbeit geht es darum, kulturelle Stereotypen in Frage zu stellen und das Publikum zu einer anderen Sichtweise einzuladen.

Inszenieren Sie ein Bild mit Hilfe von Kostümen, Requisiten und Bühnenbild, um die Betrachter*innen dazu anzuregen, ihre Vorstellungen von einer bestimmten Person oder Idee zu hinterfragen. Verweisen Sie auf die Konstruktion des Bildes und den konstruierten Charakter der Fotografie an sich, indem Sie die Kante eines Ständers, ein farbiges Hintergrundpapier oder die Ecke einer Lampe einbeziehen.

Yoghi F-24 aus *Native Women of South India: Manners and Customs*, Puspamala N., 2000–2004

FLORENCE

USA / Schweiz
1893–1982
Kunst
Porträt
Stillleben

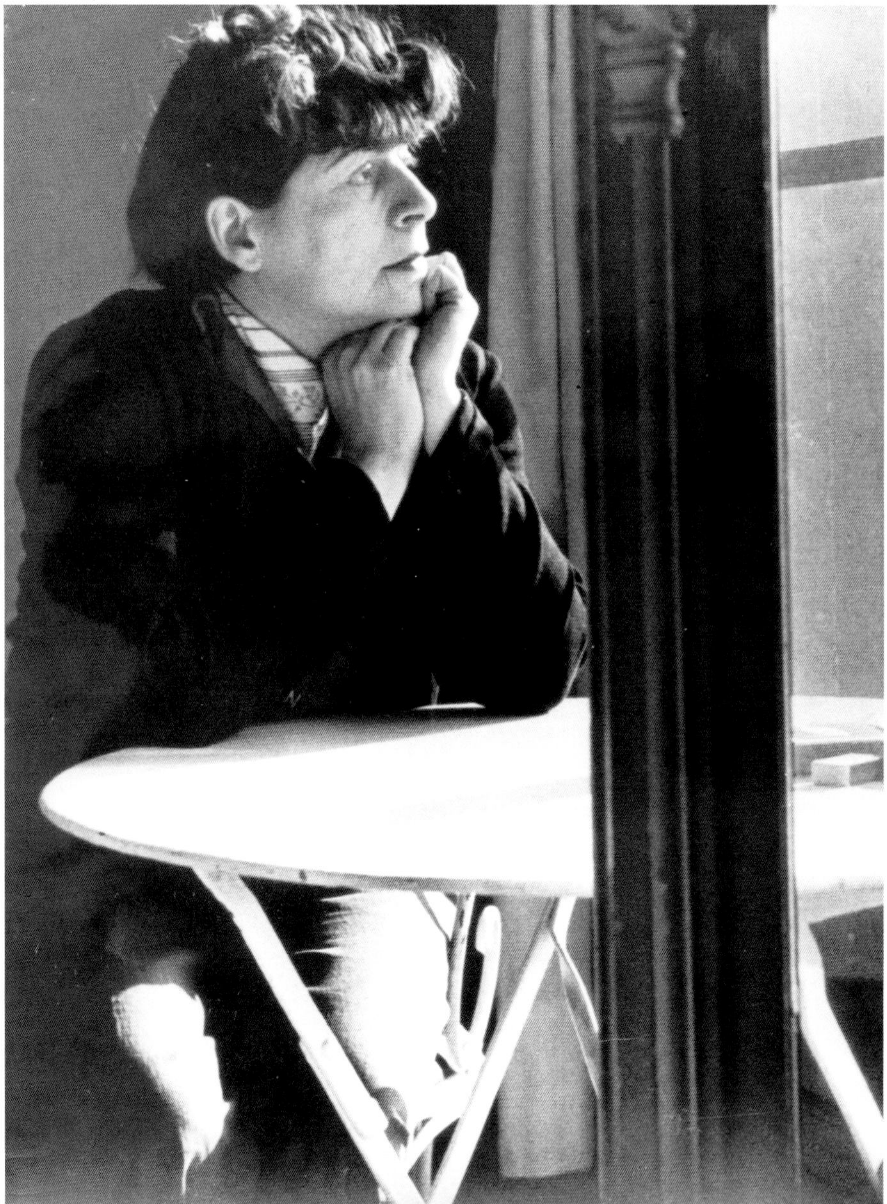

HENRI

DIE BAUHAUS-QUEEN

Was auch immer Florence Henri vor die Linse nahm – ein Porträt, einen Akt, ein Stillleben oder ein Werbebild – wurde zu einem Meisterwerk aus Form, Gestalt, Licht und Komposition. Selbst ihre Selbstporträts zeichnen sich durch dramatische Linien aus, die den Raum kunstvoll dekonstruieren. Ihre an Kubismus und Konstruktivismus angelehnten Fotografien waren so überzeugend, dass der große Bauhaus-Visionär und Mentor von Henri, László Moholy-Nagy, 1928 erklärte, ihre Bilder führten die fotografische Praxis in „eine neue Phase, deren Ausmaß vor dem heutigen Tag unvorstellbar gewesen wäre".[19]

Die in New York als Tochter eines französischen Vaters und einer deutschen Mutter geborene Henri war eine Schlüsselfigur der Avantgarde-Fotografie ab den späten 1920er Jahren. Nach dem Tod ihrer Eltern verbrachte sie ihre prägenden Lebensjahre in verschiedenen europäischen Städten. Sie lernte Klavier und wurde eine gute Pianistin, bevor sie sich der Malerei zuwandte. Sie studierte eine Zeit lang in Berlin und Paris bei Meistern wie dem Maler Fernand Léger. In ihren abstrakten Werken, zu denen neben Gemälden auch Collagen gehörten, beschäftigte sich Henri mit der Darstellung des Raums – ein Thema, das sie später auch in der Fotografie aufgreifen sollte.

Ein Aufenthalt am Bauhaus in Dessau im Jahr 1927 war für Henri von entscheidender Bedeutung, da sie dort auf Anregung der Fotografin Lucia Moholy mit der Fotografie begann. „Was ich wirklich tun will, ist das Bild zu komponieren, wie ich es in der Malerei tue", sagte Henri. In der Praxis bedeutete dies die Konstruktion von Bildern, die das Ergebnis einer absoluten künstlerischen Kontrolle waren, bei der die Komposition im Vordergrund stand und die fotografische Form nach dem Willen der Künstlerin gestaltet werden konnte. Ob es sich nun um ein eng gefasstes und stark beleuchtetes Porträt oder ein kompliziertes Stillleben mit mehreren ineinander greifenden oder sich überlappenden Ebenen handelte – Henri sorgte dafür, dass man genau das sah, was man sehen sollte.

Spiegel waren ein wichtiges kompositorisches Mittel, das es Henri ermöglichte, mit dem fotografischen Raum zu spielen und so visuell komplexe, vielschichtige Bilder zu schaffen, die mit Realismus und Abstraktion spielen. Anfangs benutzte sie die Spiegel, um sich selbst oder eine andere Figur zu reflektieren, doch schon bald rückten sie immer mehr in den Vordergrund – Henri nutzte sie, um innerhalb eines Bildes mehrere Bildfragmente zu schaffen und zu kombinieren. In der Tat zeichnen sich Henris epochemachende fotografische Arbeiten durch ihr fragmentiertes Gesamtbild aus, in dem kühne Bildausschnitte und scharfe Trennlinien wiederkehrende Motive sind.

Henri schuf Fotomontagen und verwendete Mehrfachbelichtungen, um ihren charakteristischen Stil zu erreichen. Ihr Werk entsprach den Grundsätzen des Neuen Sehens, einer dem Bauhaus nahestehenden fotografischen Bewegung, die experimentelle Ansätze in der Bildgestaltung bevorzugte, nicht zuletzt die Verwendung von an die modernistische Architektur angelehnten Strukturlinien, Nahaufnahmen, Schattenbereichen und ungewöhnlichen Blickwinkeln.

Henri gründete 1929 ihr eigenes Fotostudio in Paris und unterrichtete auch Fotografie. Ihre berühmtesten Schülerinnen waren Gisèle Freund und Lisette Model, die neben Henri zu wichtigen Persönlichkeiten in der Geschichte der Fotografie wurden.

EIN STILLLEBEN MIT SPIEGELN FOTOGRAFIEREN

Auf einer mit einem dunklen Stoff bespannten Tischplatte und vor einem dunklen Hintergrund arrangieren Sie Blumen, Obststücke und zwei oder drei mittelgroße verspiegelte Acrylplatten. Die Platzierung hängt von der gewünschten Komposition ab. Versuchen Sie jedoch, die Gegenstände so zu platzieren, dass sie ein Gefühl von Tiefe vermitteln und in verschiedenen Winkeln stehen.

Achten Sie auf eine gute Balance im Bild. Stellen Sie Ihre Kamera auf ein Stativ und positionieren Sie oben darüber ein Licht. Verwenden Sie eine kleine Blende, um eine gute Tiefenschärfe zu erzielen.

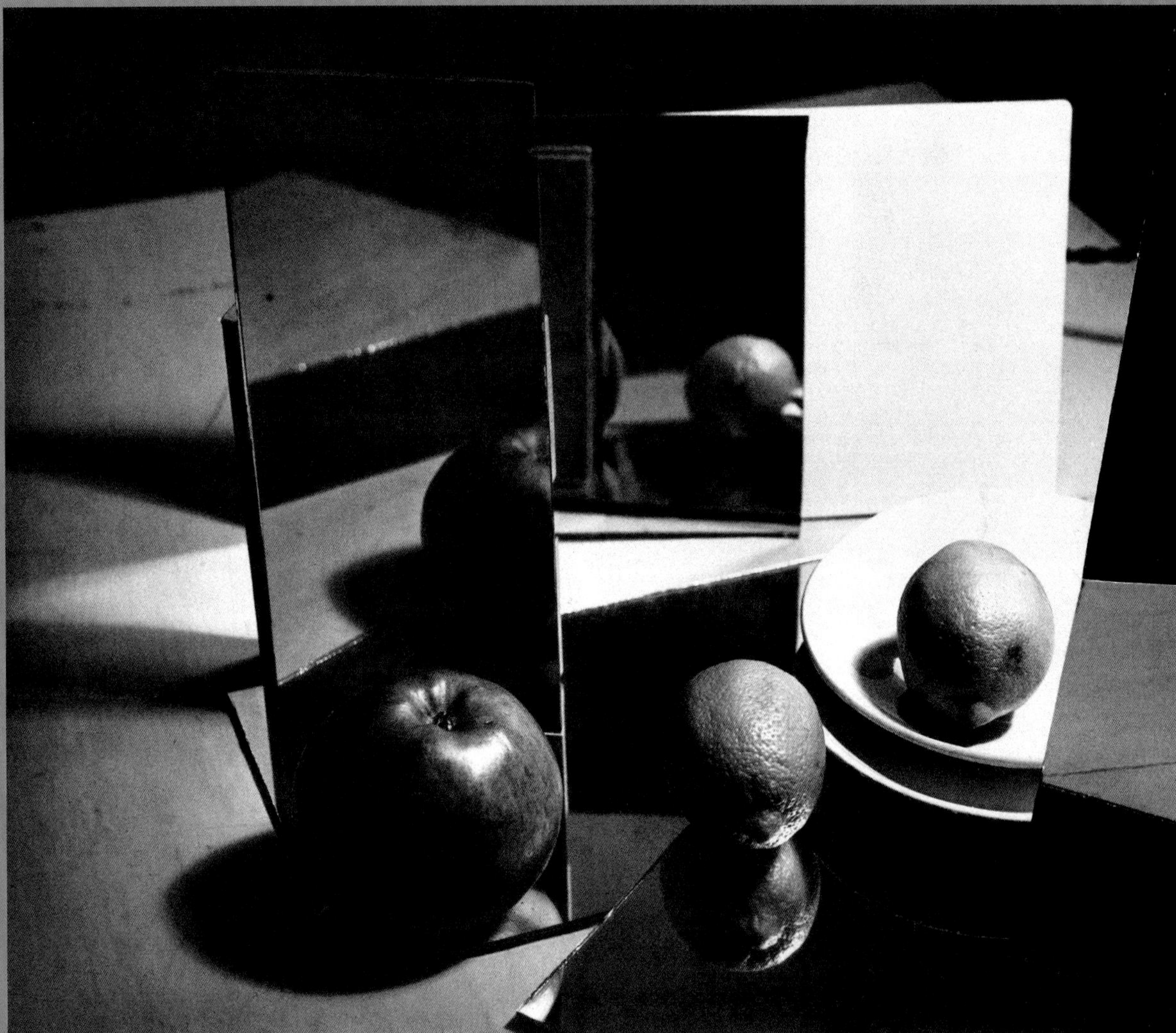

Composition Nature Morte,
Florence Henri, 1929

NADINE

Großbritannien
*1992
Kunst
Mode
Porträt

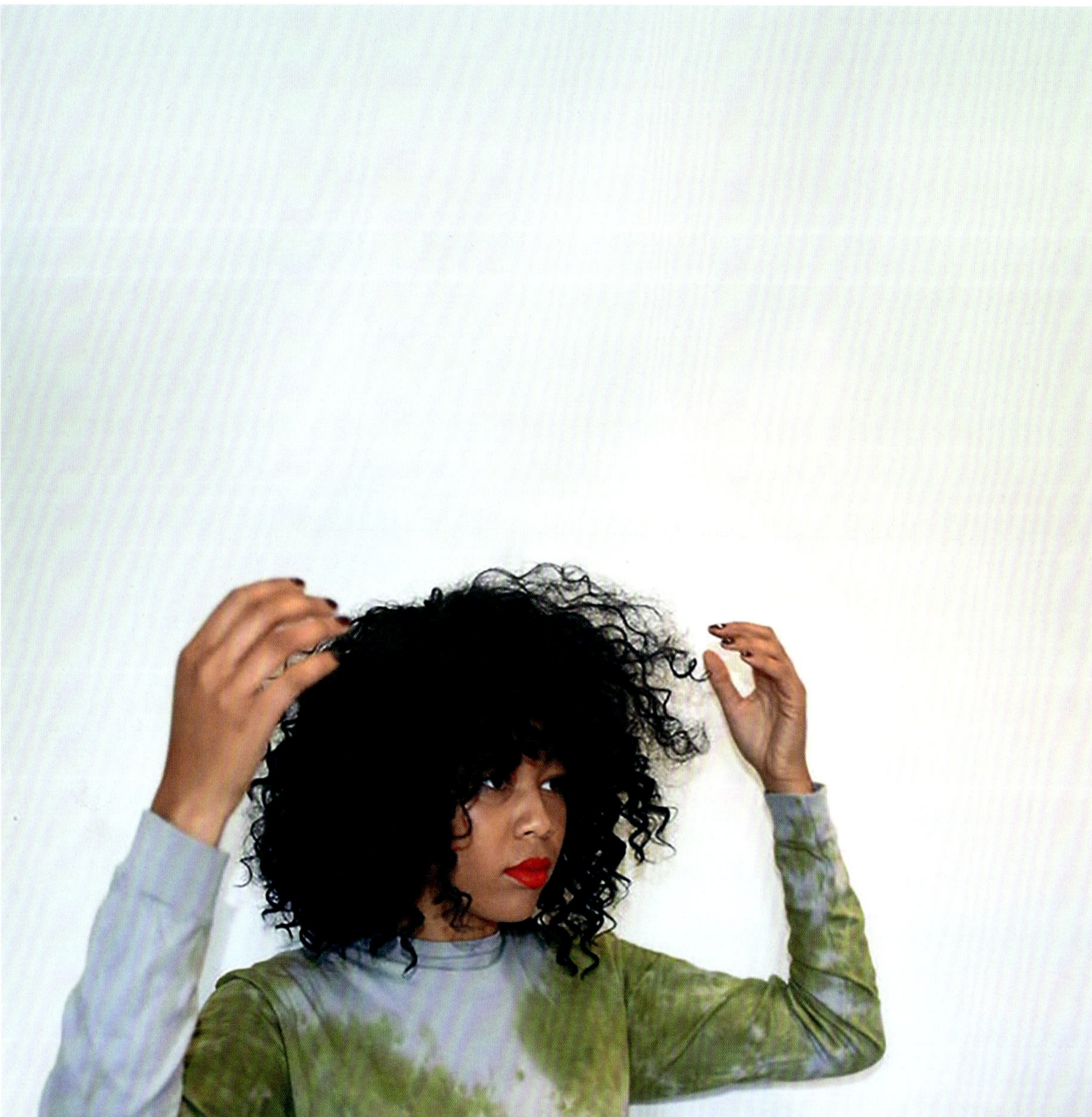

IJEWERE

DIE GESCHICHTEMACHERIN

Nur wenige Fotografinnen können von sich behaupten, vor ihrem 30. Lebensjahr Geschichte geschrieben zu haben. Nadine Ijewere kann das. Die im Süden Londons geborene Fotografin war gerade einmal 26 Jahre alt, als sie das Titelbild für die Januar-Ausgabe 2019 der britischen *Vogue* fotografierte. Damit ist sie die erste Schwarze Fotografin, die in der 125-jährigen globalen Geschichte des Magazins das Cover einer *Vogue*-Ausgabe fotografiert hat. In ihrer geschichtemachenden Titelstory der Sonderausgabe, die nach den Worten des Herausgebers Edward Enninful „den besten Arbeiten der neuen Garde der Fotografie und des Stylings" gewidmet ist, waren die britisch-albanische Sängerin Dua Lipa, das amerikanische Model Binx Walton und die britische Schauspielerin Letitia Wright aus Guyana vertreten.[20]

Vor der Veröffentlichung der Ausgabe hatte sich Ijewere, die am London College of Fashion studiert hat, bereits einen Namen in der Modebranche gemacht, indem sie häufig ihre ethnisch gemischten Freunde fotografierte und die Bilder in den sozialen Medien veröffentlichte. Über Nacht wurde sie eine weltweite Sensation.

Ijewere – Vater Nigerianer, Mutter Jamaikanerin – war schon in jungen Jahren kreativ und studierte bereits neben ihrem Abitur in Naturwissenschaften und Mathematik Fotografie. Eigentlich wollte sie Medizin studieren, entschied sich dann aber doch für die Fotografie.

Angespornt durch die ihrer Meinung nach fehlende Vielfalt in den Modemagazinen und angezogen von „nicht-traditionellen Gesichtern", wie sie es nennt, begann Ijewere, Bilder zu machen, die weniger konventionelle Schönheitstypen zeigen und im Gegenzug traditionelle Schönheitsideale in Frage stellen. Häufig sind Frauen zu sehen, insbesondere Frauen mit unterschiedlichem ethnischen Hintergrund. Im Laufe der Zeit hat Ijewere kontinuierlich konventionelle Darstellungen von Schönheit untergraben, indem sie Plus-Size-Models und Menschen mit unterschiedlichsten Wurzeln fotografierte.

Ihr dynamischer Stil hat sich organisch entwickelt, sagt sie, und beinhaltet oft ein Gefühl von Bewegung, das durch das Spiel mit der Perspektive oder dem Kamerawinkel entsteht, oder durch die Art und Weise, wie die Kleidung fällt oder wie das Modell seinen Körper bewegt. Ein Bild von Ijewere führt das Auge häufig um den Rahmen herum, quer über und durch die Komposition, fast bis zu dem Punkt, an dem das Standbild nicht mehr statisch wirkt. Auch die Farbe ist ein wichtiges Element; sie spielt oft mit warmen Tönen oder kontrastierenden Farben.

Ijewere hat es sich selbst zur Pflicht gemacht, Arbeiten zu produzieren, die zu ihr „sprechen", und sie ist fest entschlossen, ihre Arbeit nie zu ändern, nur um sie den Vorstellungen anderer anzupassen. Trotz ihres rasanten Aufstiegs und der damit verbundenen Aufmerksamkeit bleibt sie bodenständig und sagt bescheiden, sie hoffe, dass ihre Erfolge anderen die Türen in einer Branche öffnen werden, die zwar Fortschritte gemacht hat, aber noch einen weiten Weg vor sich hat, um eine größere Diversität zu erreichen – sowohl hinter als auch vor der Kamera.

MENSCHEN AUS EINER NIEDRIGEN PERSPEKTIVE NACH OBEN FOTOGRAFIEREN

In Nadine Ijeweres fesselndem Bild *Spring Dress* mit Ayobami Okekunle, Elibeidy Dani, Huan Zhou und Yoonmi Sun für das *WSJ Magazine* ist es, als ob wir den Models zu Füßen liegen und nach oben schauen. Die Modefotografie ist voll von ungewöhnlichen Ansätzen, aber es kommt nicht oft vor, dass man Kleidungsstücke auf eine so einzigartige, dynamische Weise abbildet.

Ob Sie nun eine einzelne Person oder eine Gruppe fotografieren: Bringen Sie Überraschung und Spannung in Ihre Bilder, indem Sie sich und die Kamera auf dem Boden positionieren und nach oben fotografieren. Verwenden Sie ein Weitwinkelobjektiv und eine geringe Schärfentiefe. Sie können auch versuchen, die Gesichter der Models mit Blitzlicht aufzufüllen, oder verwenden Sie einen weißen Reflektor, um das Licht in die Gesichter der Models zurückzustrahlen.

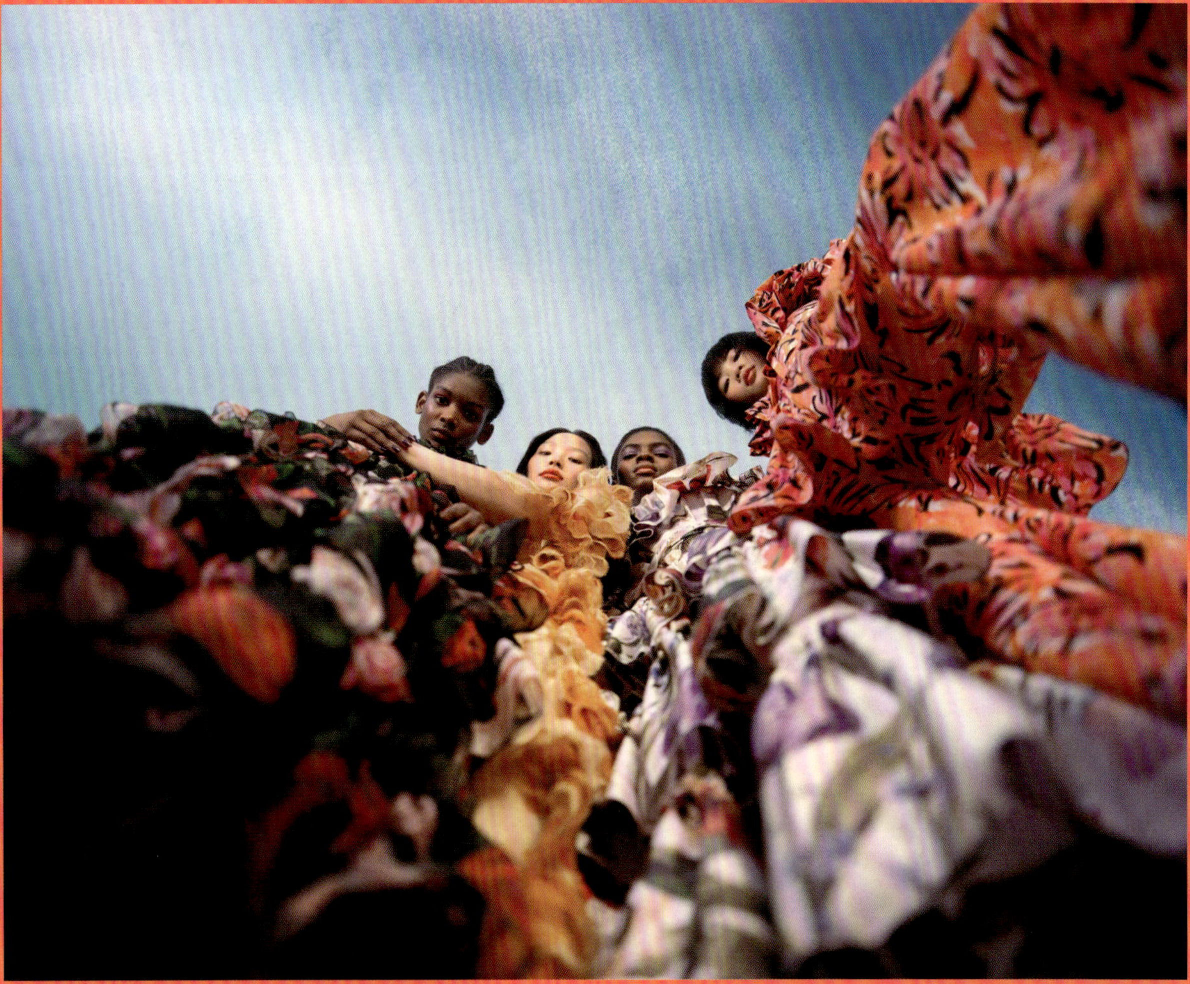

Spring Dress, für das *WSJ Magazine*,
Nadine Ijewere, 2019

JESSIE TARBOX

Kanada / USA
1870–1942
Dokumentarfotografie
Porträt
Pressefotografie

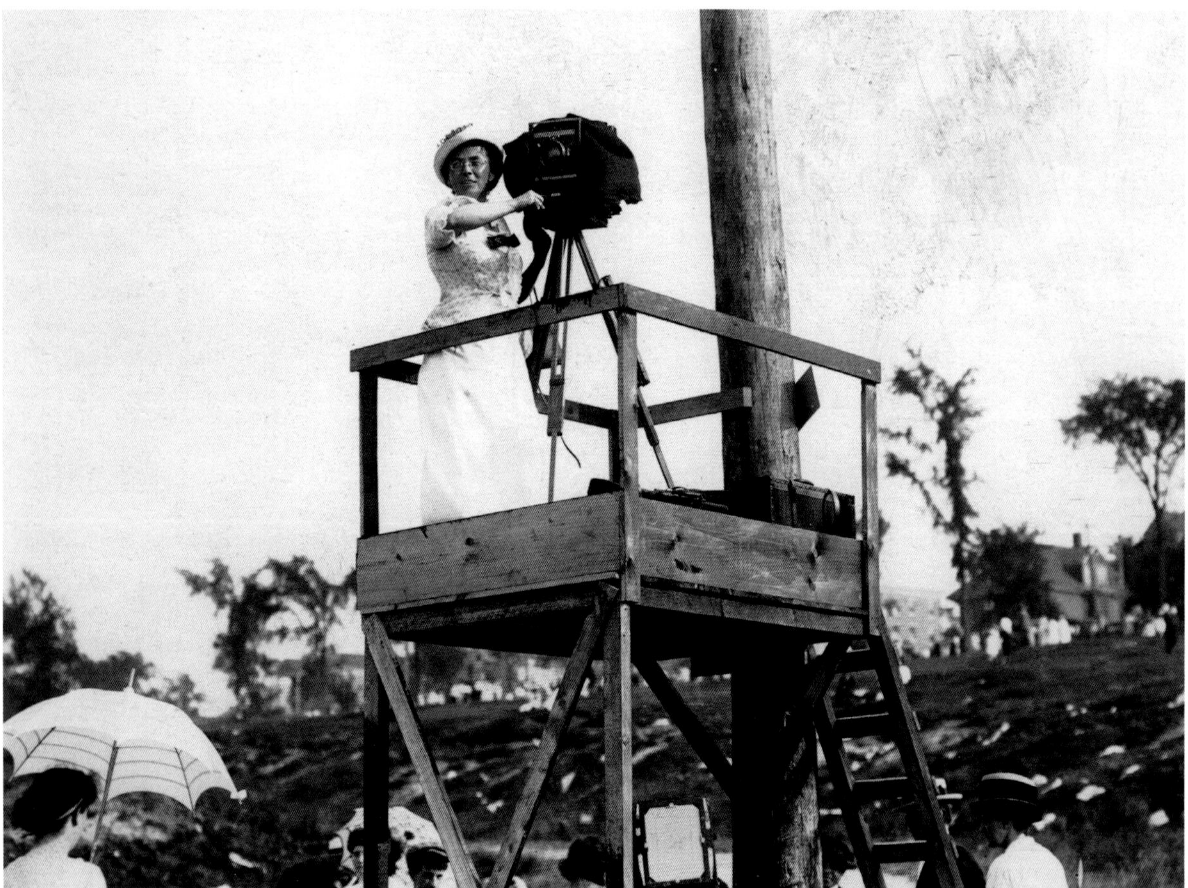

BEALS

DIE BEHARRLICHE SCHLAGZEILENJÄGERIN

Jessie Tarbox Beals, eine Frau, die auf Leitern kletterte, um eine Aufnahme zu machen, und die von einem Heißluftballon aus fotografierte, ist heute kaum noch bekannt, aber sie lebte ihr Leben mit Begeisterung, schlug immer wieder neue Wege ein und akzeptierte kein Nein als Antwort. Die unerbittliche Selbstdarstellerin, die für mehr Publicity auch Fotos von sich selbst inszenierte, war eine der ersten weiblichen Fotojournalisten in den Vereinigten Staaten und soll die erste Frau gewesen sein, die nachts fotografierte und dabei manchmal Blitzlicht benutzte, um eine Szene auszuleuchten. Die Autodidaktin schleppte ihre 8×10-Format-Kamera überall dorthin, wo die Story sie hinführte. Entgegen allen Konventionen stellte sie ihren Ehemann Alfred als Assistenten ein und brachte ihm bei, ihre Platten zu entwickeln und die Abzüge zu machen.

Tarbox Beals war immer bereit, sich auf jedes Ereignis einzulassen, über das es etwas zu berichten gab, und fotografierte alles – Straßenleben, Mordprozesse, Tiere, Architektur, Einheimische, Künstler*innen und vieles mehr. Sie war insofern ungewöhnlich, als sie ein breites Spektrum von Themen abdeckte, während die meisten anderen Frauen sich auf Porträts konzentrierten. Ihre Bereitschaft, jedes Thema abzudecken, verhalf ihr zu einer erfolgreichen Karriere, auch wenn sie später bedauerte, sich nicht spezialisiert zu haben.

Tarbox Beals, die ihre berufliche Laufbahn als Lehrerin begann, fotografierte, nachdem sie 1888 eine einfache Kamera erworben hatte. Wie für viele Amateurfotografinnen im viktorianischen Zeitalter waren alltägliche Begebenheiten, Freunde und Familie ihre Motive. Sie fotografierte lokale Ereignisse und fertigte Porträts an, um sich einen Nebenerwerb zu verschaffen. 1900 gab Tarbox Beals ihre Lehrtätigkeit auf und veröffentlichte noch im selben Jahr ihre ersten Fotos in einer Lokalzeitung. Innerhalb weniger Jahre arbeitete sie hauptberuflich als Pressefotografin, unter anderem für zwei Lokalzeitungen in Buffalo, New York – *The Buffalo Enquirer* und *The Courier*. Unerschrocken und selbstbewusst bahnte sich Tarbox Beals ihren Weg zur Weltausstellung in St. Louis im Jahr 1904 (der Pass, den sie dafür erhalten hatte, gewährte nur begrenzten Zugang) und wurde schließlich zur offiziellen Fotografin für mehrere Zeitungen und die Veranstaltung selbst.

Tarbox Beals, die sich in einem immer stärker umkämpften Bereich zurechtfand, betrieb eine Zeit lang zusammen mit ihrem Mann ein Studio und widmete sich auch der Werbefotografie sowie der Garten- und Innenraumfotografie. Ein Großteil von Tarbox Beals' Arbeiten ist leider der Zeit zum Opfer gefallen, und ihr Name geriet nach ihrem Tod im Jahr 1942 in Vergessenheit. Das ändert sich nun dank Menschen wie dem Fotografen Alexander Alland, der 1978 die Biografie *Jessie Tarbox Beals: First Woman News Photographer* veröffentlichte, und Institutionen, die sich dafür einsetzen, dass ihr Name nicht vergessen wird.

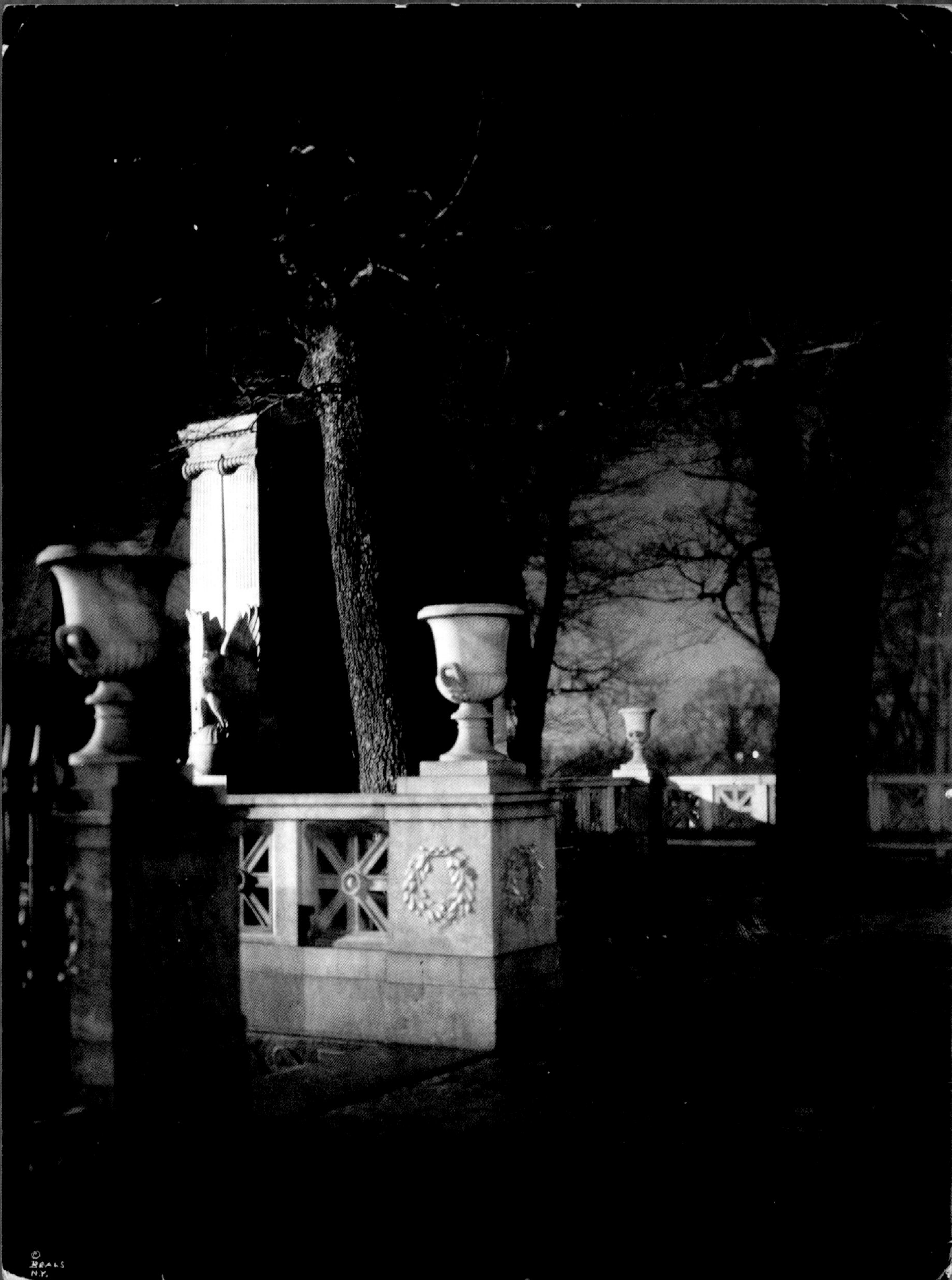
©
BEALS
N.Y.

FOTOGRAFIEREN BEI NACHT MIT BLITZ

Dass Jessie Tarbox Beals nachts zum Fotografieren rausging, ist außergewöhnlich, nicht zuletzt, weil ihre Glasplattenkamera unhandlich und schwer zu transportieren war.

Heute ist das Fotografieren nach Einbruch der Dunkelheit viel unkomplizierter. Stellen Sie sich mit Ihrer Kamera (auf einem Stativ) und einem Blitzgerät an einem Ort auf, der Sie interessiert. Spielen Sie mit dem Bildausschnitt, bis Sie zufrieden sind. Überlegen Sie, welche Bereiche Sie mit dem Blitz beleuchten möchten und welche besser im Schatten bleiben sollten. Experimentieren Sie mit verschiedenen Belichtungszeiten, um das Blitzlicht mit dem Umgebungslicht auszugleichen. Konvertieren Sie Ihre Farbdateien in Schwarz-Weiß und spielen Sie in Photoshop mit dem Kontrast, um die wichtigsten Teile der Szene hervorzuheben.

Shaw Memorial at Night,
Boston, Massachusetts,
Jessie Tarbox Beals, 1906

LYNSEY

USA
*1973
Dokumentarfotografie
Fotojournalismus
Pressefotografie

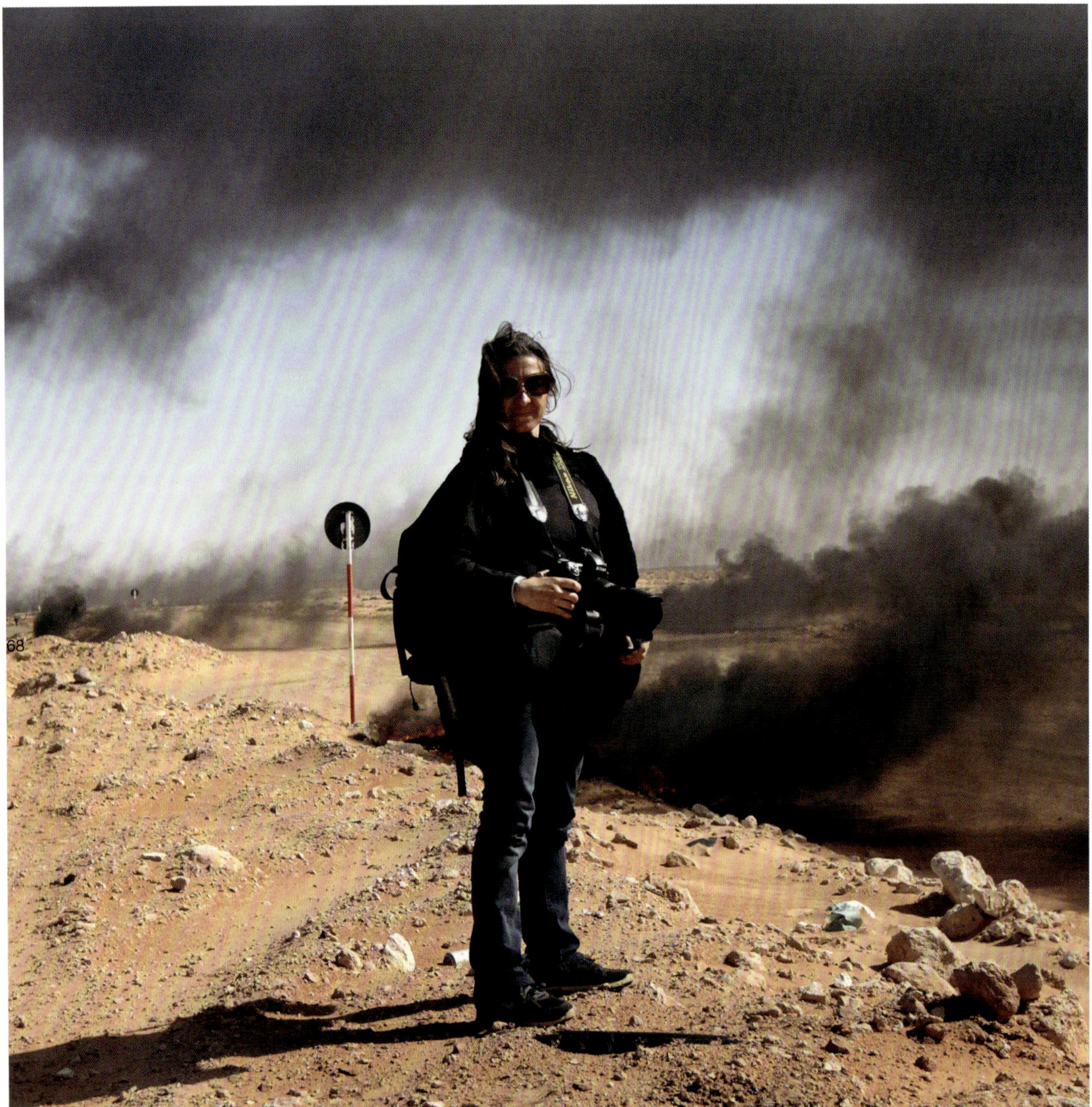

ADDARIO

DIE WAHRHEITSSUCHERIN

Lynsey Addario ist eine der angesehensten Fotojournalistinnen der Gegenwart. Sie hat an vielen der gefährlichsten Orte der Welt fotografiert, von Afghanistan und dem Irak bis hin zu Libyen, Haiti, Syrien, der Ukraine und der Republik Kongo. Als Reporterin an der Front und in humanitären Krisen wurde sie zweimal entführt, doch sie setzt sich weiterhin dafür ein, die Folgen des Krieges aufzuzeigen. In der Überzeugung, dass Bilder die Welt verändern können, bezeichnet Addario ihre Arbeit nicht als Job, sondern als Berufung.[21]

Die in Connecticut in den Vereinigten Staaten als Tochter italienisch-amerikanischer Eltern geborene Addario begann ihre fotografische Laufbahn Mitte der 1990er Jahre beim *Buenos Aires Herald* in Argentinien, nachdem sie an der Universität von Wisconsin-Madison internationale Beziehungen und Italienisch studiert hatte. Nachdem sie eine Zeit lang als „Stringer" (als freie Mitarbeiterin, die von Nachrichtenorganisationen per einzelner Story bezahlt wurde) für die Nachrichtenagentur Associated Press in New York gearbeitet hatte, reiste Addario nach Kuba, wo sie das Leben in dem Inselstaat, der für Amerikaner als „verboten" galt und verschärften Einreisebedingungen unterliegt, fotografierte.[22] Sie knüpfte Beziehungen zu Magazinen wie *TIME, Newsweek, National Geographic, The New York Times* und *The New York Times Magazine* und lieferte in den folgenden Jahren alle Arten von humanitären Geschichten, die Frauen und die Auswirkungen des Krieges auf Zivilisten und Soldaten betrafen. Als eine der wenigen Fotografinnen, die das Leben unter den Taliban in Afghanistan vor der Invasion des Landes durch die Vereinigten Staaten und ihre Verbündeten (und auch danach) dokumentiert haben, berichtete Addario über Müttersterblichkeit, vertriebene Familien und Kinder, Frauen im Kampf, Transsexuelle und sexualisierte Gewalt als Kriegswaffe.

Nachdem sie in ihren Zwanzigern und frühen Dreißigern den großen Nachrichtenmeldungen hinterhergereist war (sie gehörte auch zu jenem Team der *New York Times*, das 2009 den Pulitzer-Preis für internationale Berichterstattung gewann), beschloss sie mit Ende 30, eine Familie zu gründen. Da sie auch während ihrer Schwangerschaft weiterarbeitete – obwohl nicht mehr in Kriegsgebieten – wurde Addario kritisiert und reagierte mit dem Hinweis, dass viele der Frauen, die sie in Krisengebieten fotografierte, ja ebenfalls schwanger waren.[23] Sie hat über Sexismus in der Branche gesprochen und setzt sich für Frauen ein, die als Fotografinnen in Konfliktgebieten arbeiten. „Wenn eine Frau Kriegsfotografin werden will, sollte sie das tun", sagte sie der *New York Times*. „Es ist wichtig. Frauen bieten eine andere Perspektive."[24]

2015 veröffentlichte Addario *It's What I Do: A Photographer's Life of Love and War*, ein Erinnerungsbuch, in dem es unter anderem um die Herausforderung geht, Mutterschaft und das Leben als Kriegsfotografin unter einen Hut zu bringen. Sie sagt, dass es Momente gab, in denen es hilfreich war, Fotografin zu sein, um beispielsweise Zugang zu Familien und Häusern in konservativen muslimischen Ländern wie Afghanistan und Pakistan zu erhalten.

Als Fotografin, die ständig auf der Suche nach neuen Wegen ist, um das Publikum zu fesseln, fotografiert Addario nüchterne, anschauliche Realitäten, die nicht einfach zu betrachten sind. Aber sie sucht auch nach Schönheit, und ihre große Kunst besteht darin, eine Erzählung mit einer dynamischen Komposition zu verbinden, die uns zum Innehalten, Hinschauen und Nachdenken anregt.

INS LICHT FOTOGRAFIEREN, UM DRAMATIK ZU ERZEUGEN

In Basra läuft eine irakische Frau durch den Rauch eines Feuers in einer nahe gelegenen Flüssiggasfabrik. Sie ist auf der Suche nach ihrem Mann. Mehrere Faktoren verleihen dem Bild seine unbestreitbare Kraft. Indem Addario die Frau von hinten fotografiert, nah und tief herangeht und sie mit leichtem Weitwinkel aufnimmt, entsteht der Eindruck, dass wir ihr folgen. Indem sie in das Licht hinein fotografiert, schafft sie eine Silhouette der Frau. Umgeben von Licht wird ihre Präsenz so hervorgehoben. Die anonyme Frau wird zu einem Symbol für alle Frauen in Konfliktregionen.

Versuchen Sie, einen ähnlichen kompositorischen Ansatz zu verwenden. Lassen Sie Ihr Motiv von Ihnen weg ins Licht gehen und sehen Sie, wie die so entstehende Silhouette Ihr Bild zum Leben erweckt.

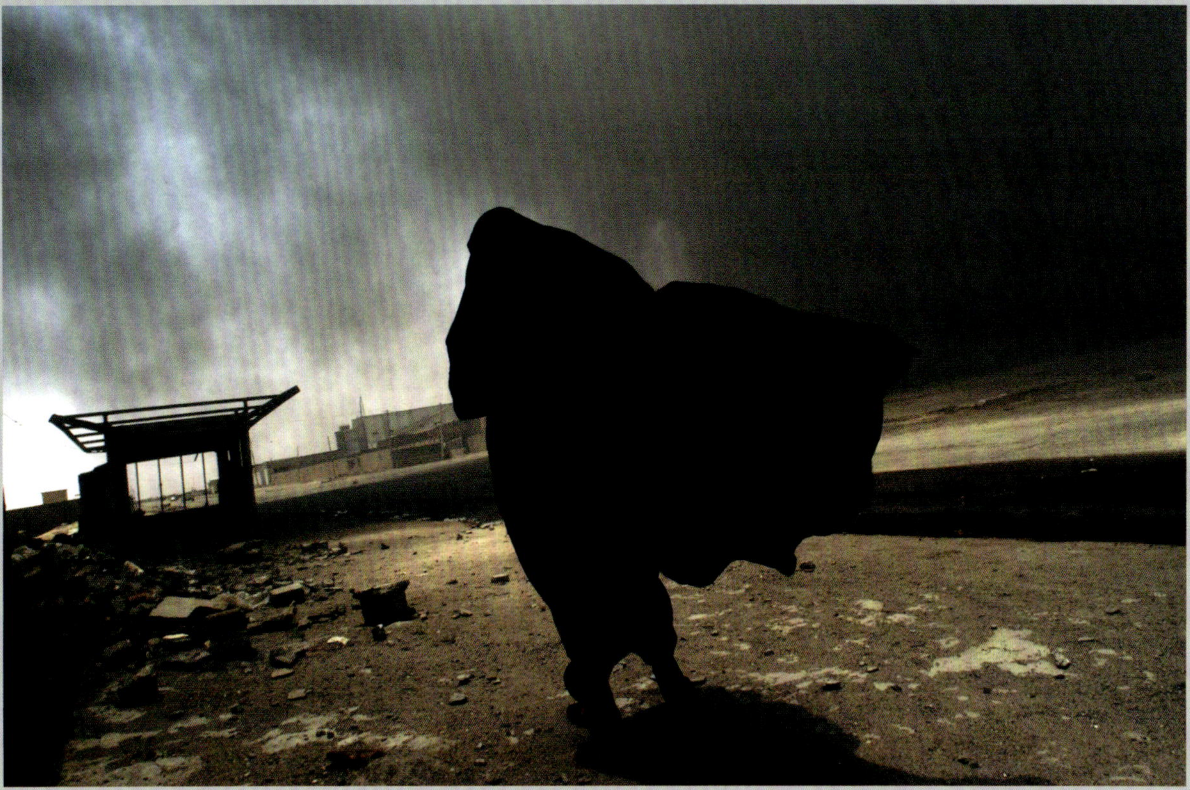

Eine irakische Frau geht durch eine Rauchwolke, die von einem Großbrand in einer Flüssiggasfabrik bei Basra im Irak aufsteigt, während sie in der Nähe des Feuers nach ihrem Mann sucht,
Lynsey Addario, 2003

MADAME

England
1893–1975
Kunst
Porträt
Stillleben

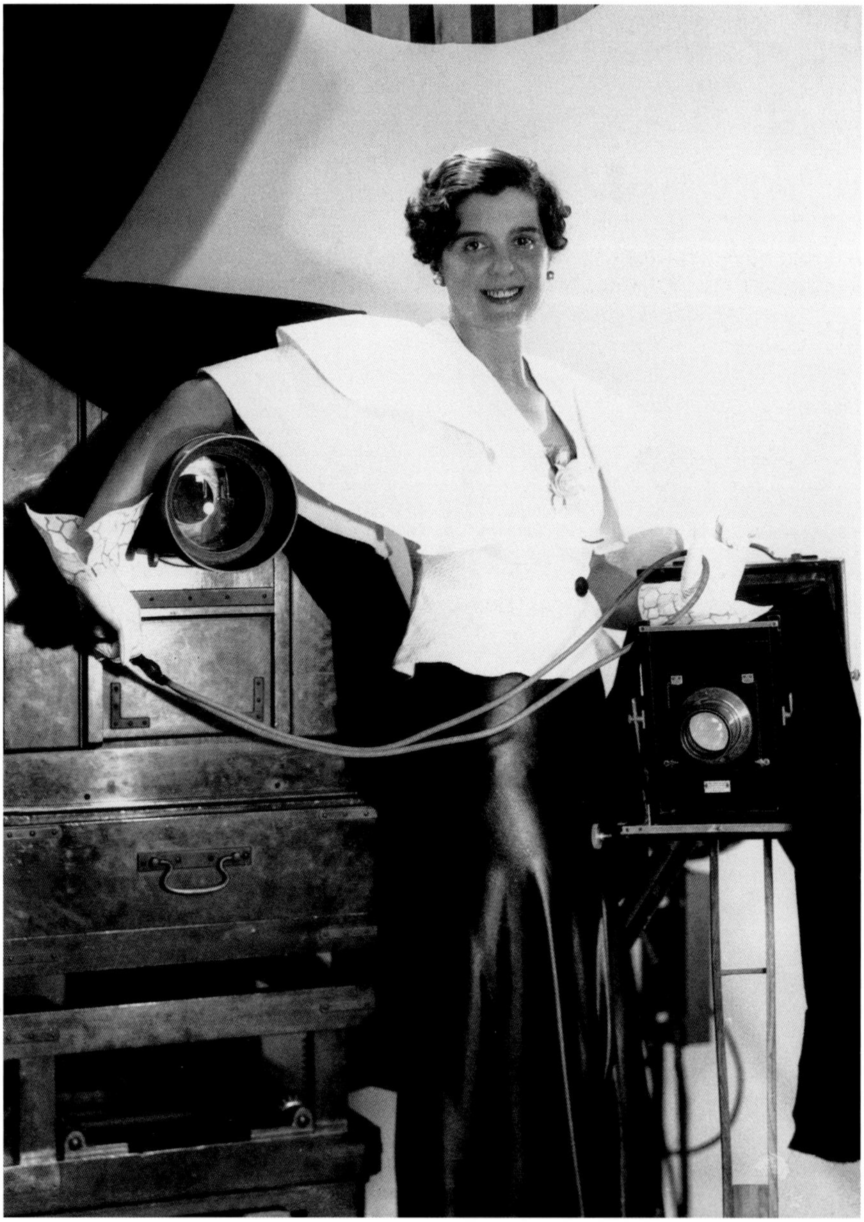

YEVONDE

DIE FARBENVEREHRERIN

Madame Yevonde (geboren als Yevonde Philone Cumbers) ist vor allem dafür bekannt, dass sie in einer Zeit, in der die Farbfotografie nicht ernst genommen wurde und die Schwarz-Weiß-Fotografie noch als das überlegene Medium galt, Farbe verwendete. Sie machte sich in den 1930er Jahren einen Namen als Pionierin der Farbfotografie, aber ihre Geschichte reicht viel weiter zurück.

Madame Yevonde, die sowohl in Kontinentaleuropa als auch in England ausgebildet wurde, schloss sich 1910 der Suffragettenbewegung an, als sie noch ein Teenager war, ihr unbeugsames Temperament und ihre Überzeugung von der Emanzipation der Frau aber bereits fest etabliert waren. Interessanterweise war es die Wahlrechtsbewegung, die ihr Interesse am Beruf der Fotografin weckte: In der Zeitung *The Suffragette* sah sie eine Anzeige, in der nach Fotografenlehrlingen gesucht wurde. Wie Yevonde in ihrer Autobiografie schreibt, begann sie mit der Fotografie in der ausdrücklichen Absicht, unabhängig zu werden und ihren Lebensunterhalt selbst zu bestreiten.

Dieser Weg war für eine Frau zwar nicht völlig ungewöhnlich, aber keineswegs alltäglich.

Sie bewarb sich 1911 erfolgreich um eine Lehrstelle bei dem bedeutenden Porträtfotografen Lallie Charles, lernte dort unter anderem, wie man Negative entwickelt und Abzüge retuschiert, und eröffnete drei Jahre später ihr eigenes Porträtstudio in London. In dieser Zeit nahm sie den Künstlernamen Madame Yevonde an.

Die sich wandelnden Ansprüche der Frauen – insbesondere was ihre Selbstdarstellung betraf – waren Madame Yevonde bewusst, und so entwickelte sie einen kühnen, neuen, zeitgenössischen Ansatz für die Porträtfotografie. Ihr theatralischer Stil war so selbstbewusst und individuell wie sie selbst: Sie war dafür bekannt, ihre Porträtierten (oft Damen der Gesellschaft) auf dramatische Weise zu beleuchten, sie vor kühnen Kulissen in Szene zu setzen oder Requisiten, Kostüme und Versatzstücke zu verwenden, um ihren Bildern eine gewisse Dynamik zu verleihen. Der Ruf von Madame Yevonde wuchs, und es mangelte ihr nicht an Kundinnen. Ihre Bilder wurden in Zeitschriften wie dem *Tatler* veröffentlicht. Als sie 1921 mit ihrem Atelier in ein größeres Gebäude umzog, begann sie, ihre Werke auszustellen. Im selben Jahr wurde ihr die Ehre zuteil, als erste Frau eine Rede vor der Professional Photographers' Association zu halten, in der sie ihre Ansichten darüber darlegte, wie ihrer Meinung nach fotografische Porträts von Frauen aussehen könnten, was die überwiegend männlichen Zuhörer zweifellos verärgerte.

Es scheint, dass nichts sie aufhalten konnte, und sie entwickelte sich kreativ immer weiter. Doch erst mit der Erfindung des Vivex-Farbverfahrens nahm ihre Arbeit richtig Fahrt auf. Die Farbe passte eindeutig zu ihrer innovativen Auffassung von Fotografie und ihrer starken Persönlichkeit. Von den Anfängen des Verfahrens bis zu seiner Einstellung machte Madame Yevonde die Farbfotografie zu ihrer Sache. In ihrer berühmten Serie *Goddesses* (Göttinnen) (1935) setzte sie das Medium mit beeindruckender Wirkung ein, indem sie ihre Porträtierten – schillernde Prominente, die Eleganz und Anmut ausstrahlten – zu mythologischen Figuren machte. Als Innovatorin, die auch ebenso einfallsreiche Stillleben schuf, war Madame Yevonde eine Fotografin, die ihren Überzeugungen folgte und den Weg für künftige Generationen von Bildgestalter*innen ebnete, die die Farbfotografie für sich entdeckten.

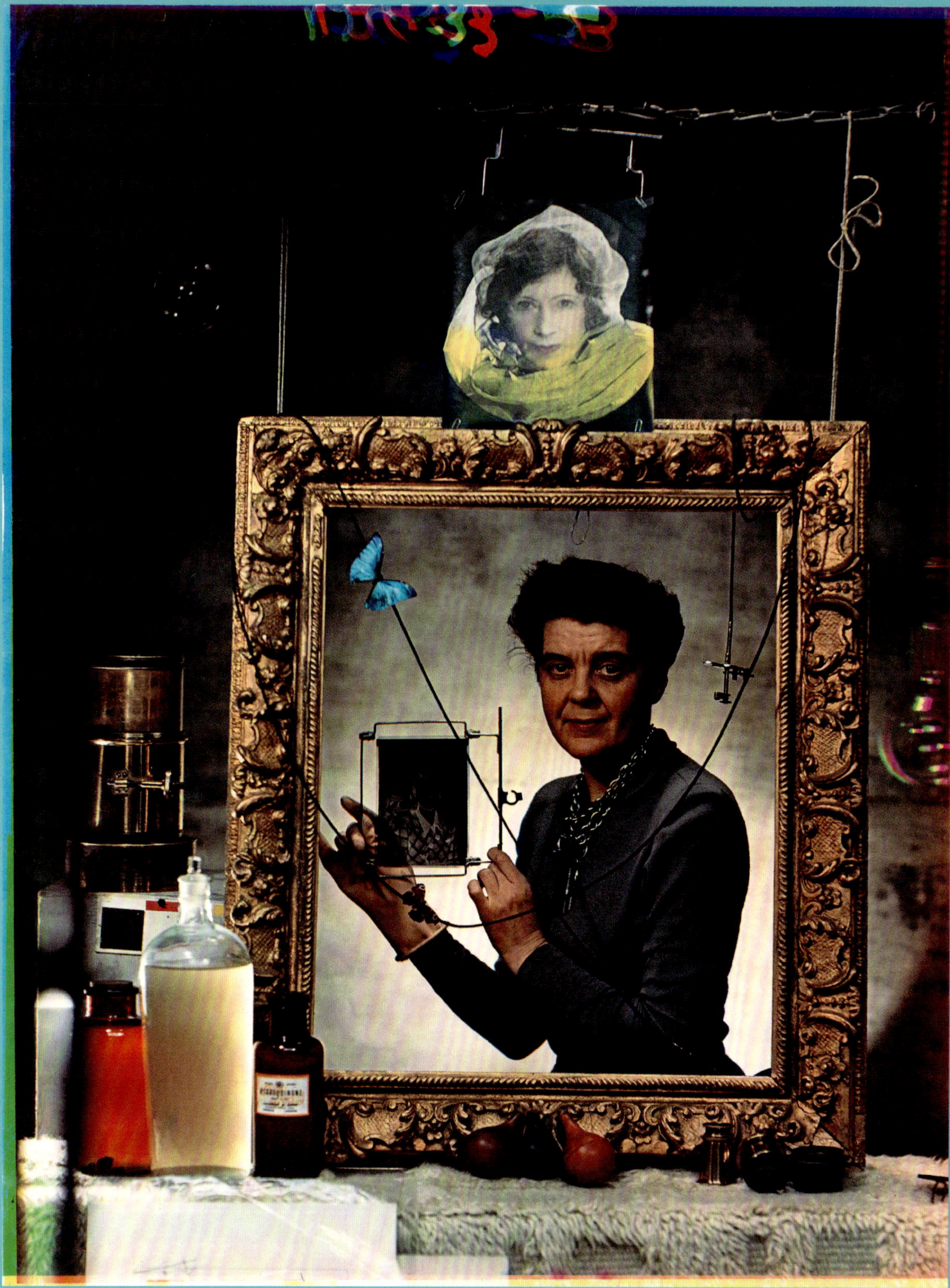

EIN KREATIVES SELBSTPORTRÄT INSZENIEREN

Auf einem ihrer letzten Bilder, die mit dem Vivex-Farbverfahren erstellt wurden, ist Madame Yevonde selbst zu sehen, umgeben von Gegenständen, die ein Bild ihrer Person zeichnen. Fotochemikalien und ein Objektiv sind sorgfältig im Vordergrund platziert, sodass ein lebendiges Stillleben entsteht. Oben im Bild sieht man einen Abzug aus ihrer Serie *Goddesses* (mit der Herzogin von Wellington als Hekate).

Erstellen Sie Ihr eigenes Selbstporträt, indem Sie Gegenstände arrangieren, die etwas über Ihre Person aussagen. Gestalten Sie die Szene so farbenfroh wie möglich und versuchen Sie, mit Requisiten unterschiedliche Ebenen zu erzeugen, um die Illusion von Tiefe zu schaffen. Überlegen Sie insbesondere, wie Sie die verschiedenen Farben in Ihrer Komposition ausbalancieren können: Versuchen Sie zum Beispiel, eine Hauptfarbe und zwei Komplementärfarben zu verwenden.

Yevonde,
Madame Yevonde, 1940

CATHARINE WEED BARNES

USA
1851–1913
Architekturfotografie
Dokumentarfotografie
Landschaftsfotografie

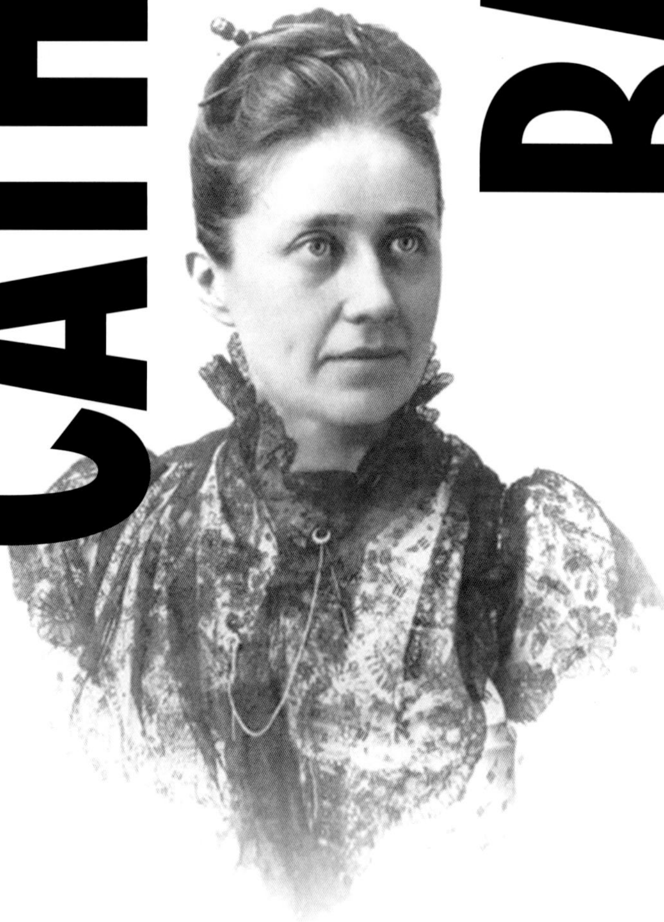

WARD

DIE KÄMPFERISCHE

Catharine (alias Catherine) Weed Barnes Ward war eine der ersten Fotografinnen Amerikas. Sie setzte sich unermüdlich für Frauen in der Fotografie ein, zu einer Zeit, als die Gesellschaft den Platz der Frau im Haus sah. Als öffentliche Rednerin, Schriftstellerin und Zeitschriftenherausgeberin scheute sich Weed Barnes Ward nicht, ihre Ansichten zu äußern. In einem bemerkenswerten Aufsatz mit dem Titel *Photography from a Woman's Standpoint* (Fotografie vom Standpunkt einer Frau)[25], forderte sie, dass Fotografinnen nach ihren Leistungen beurteilt werden sollten: „Gute Arbeit ist gute Arbeit, egal ob sie von einem Mann oder einer Frau stammt, und schlechte Arbeit ist nach der gleichen Regel schlecht." Weed Barnes Ward bezog sich auf die Einreichung von Arbeiten für Ausstellungen und Wettbewerbe, aber ihr Standpunkt, dass Fotografinnen gleichberechtigt mit Männern behandelt werden sollten, galt für alle Bereiche der professionellen Arbeit. Die Wahrheit war, dass Frauen nicht die gleichen Möglichkeiten hatten, professionell zu arbeiten, wie Männer. Doch das schreckte Weed Barnes Ward nicht ab. Im Gegenteil, es zwang sie dazu, noch härter dafür zu kämpfen, dass Fotografinnen die gleiche Wertschätzung erfuhren wie ihre männlichen Kollegen.

Weed Barnes Ward wurde in Albany im Bundesstaat New York geboren und begann im Alter von 35 Jahren mit dem Studium der Fotografie. Ab 1890 arbeitete sie als Redakteurin für die Zeitschrift *American Amateur Photographer* in New York und schrieb eine Kolumne mit dem Titel *Women's Work*. Sie war Mitglied in mehreren Gesellschaften, denen hauptsächlich Männer angehörten, darunter die National Photographers' Association of America.

Als sie 1892 nach Großbritannien reiste, um auf einem Fotokongress zu sprechen, lernte Weed Barnes Ward den Autor, Fotografen und Verleger Henry Snowden Ward kennen und heiratete ihn. Das kreative Ehepaar war Mitherausgeber des von ihnen gegründeten Fotomagazins *The Photogram* und produzierte mit Fotografien illustrierte Reisebücher.

Zu den Motiven von Weed Barnes Ward gehören Landschaften und Gebäude von historischer Bedeutung, die oft mit großen Schriftstellern wie Charles Dickens und William Shakespeare in Verbindung gebracht werden. Die Fotografien, die eher Dokumentationen als Kunstwerke sind, wurden vermutlich so angefertigt, um den Anforderungen der Bücher zu entsprechen, die sie und ihr Mann produzierten. Die Menge des Materials, die Präzision und Konsequenz, mit der Weed Barnes Ward arbeitete, sollten jedoch gewürdigt werden. Gelegentlich arbeitete sie aber auch mit großem künstlerischen Gestus und schuf inszenierte Bilder mit erzählerischem Duktus, in denen sie Gedichtzeilen verbildlichte und charmante Szenen einfing.

Obwohl sie nicht so bekannt war wie ihre Zeitgenossinnen Frances Benjamin Johnston (S. 136) und Gertrude Käsebier, leistete Weed Barnes Ward einen großen Beitrag zur Förderung der Frauen in der Fotografie. Sie ebnete den Weg für zahllose andere Frauen, die die Fotografie nicht nur als Beruf ausübten oder ihre künstlerischen Möglichkeiten erforschten, sondern auch für ihre Bemühungen ernst genommen wurden. Ihr Werk befindet sich in der Sammlung des George Eastman House, International Museum of Photography, in Rochester, New York State. Die Kent Archaeological Society besitzt die vermutlich zweitgrößte Sammlung ihrer Negative.

EINE FIGUR IN DIE LANDSCHAFT STELLEN

Ein Großteil von Catharine Weed Barnes Wards Werk umfasst Fotografien von Architektur und Innenräumen, aber sie hat auch Bilder geschaffen, bei denen das Motiv in einen größeren Kontext eingebettet ist.

Nehmen Sie mit einem Weitwinkelobjektiv ein Bild auf, bei dem die Umgebung und Ihr Modell miteinander in Dialog treten. Suchen Sie sich einen Ort, zum Beispiel eine ländliche Umgebung, und positionieren Sie Ihr Modell darin. Fotografieren Sie tagsüber aus der Hand und verwenden Sie einen niedrigen ISO-Wert. Treten Sie von Ihrem Modell zurück, sodass es im Bildausschnitt klein zu sehen ist. Experimentieren Sie mit der Blende, um die Schärfentiefe zu variieren. Behalten Sie die Belichtung im Auge und passen Sie die Kameraeinstellungen bei Bedarf an. Versuchen Sie es mit dem Modus „Blendenpriorität", bei dem Sie die Blende selbst einstellen und die Kamera dann die Verschlusszeit steuert. Denken Sie darüber nach, wie Sie Laub oder andere Elemente in der Szene nutzen können, um Ihr Motiv einzurahmen.

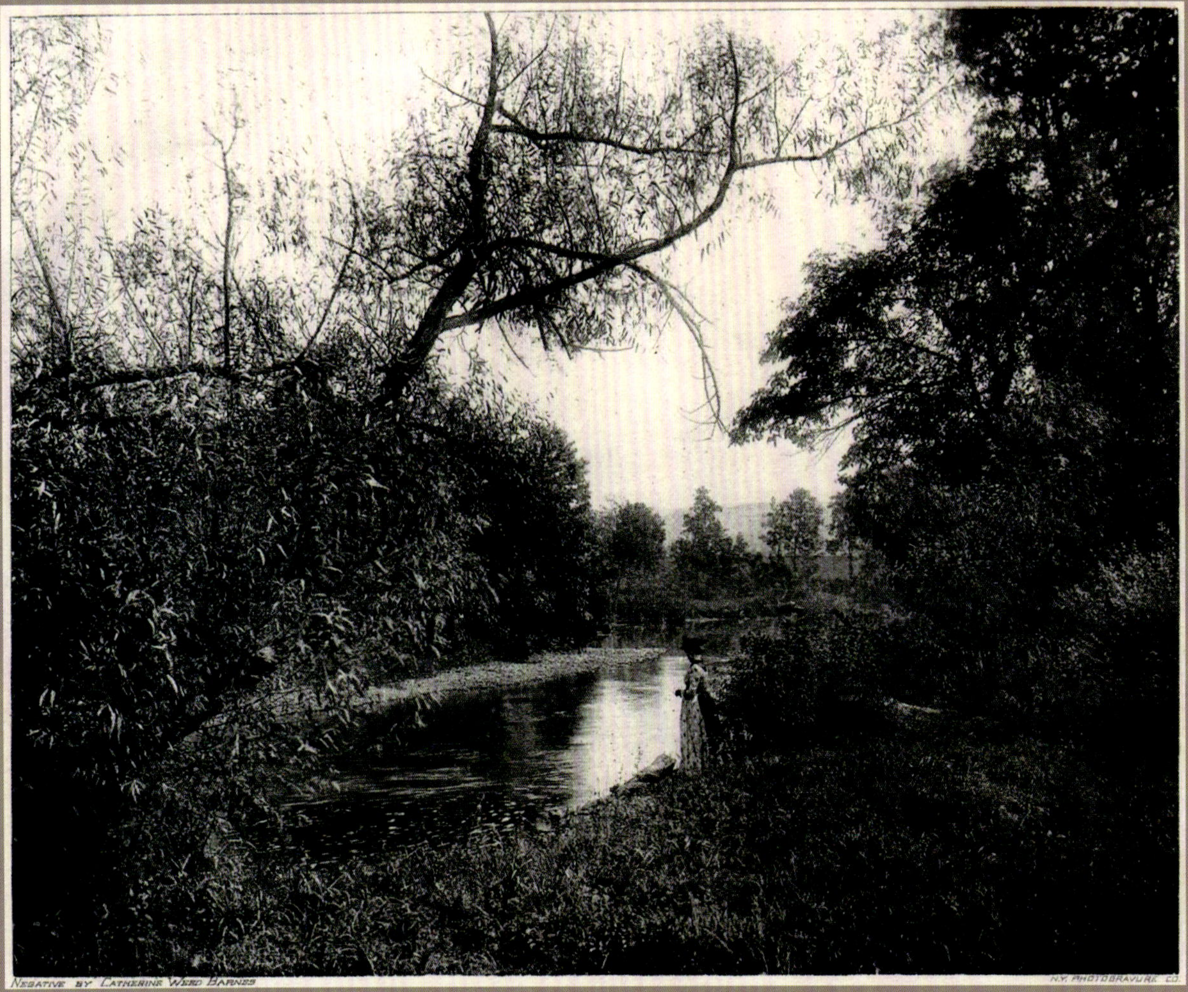

By Still Waters,
Catharine Weed Barnes Ward,
1892

JULIE

Großbritannien
*1966
Kunst
Mixed media

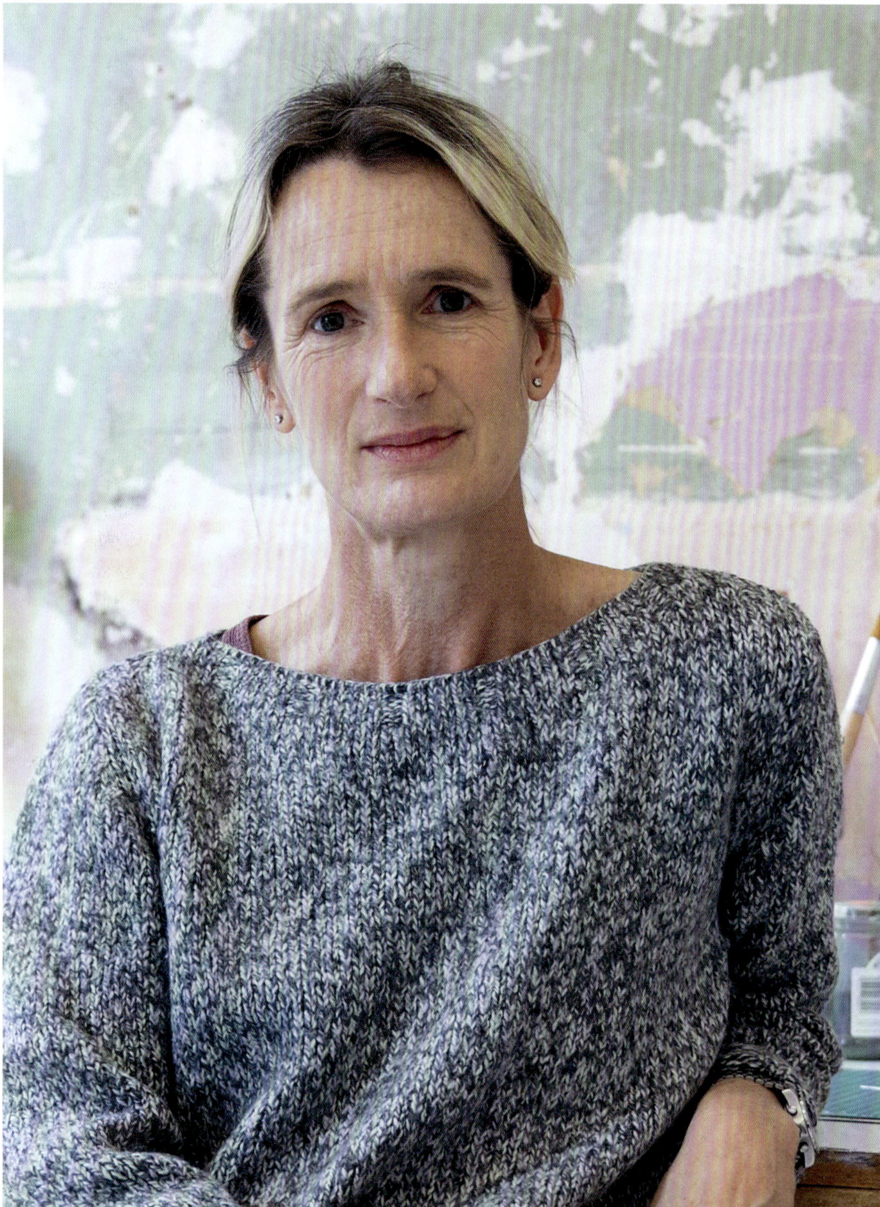

COCKBURN

DIE GESCHICHTENSPINNERIN

Schon in jungen Jahren war Julie Cockburn eine eifrige Zeichnerin, schnitt ihre Zeichnungen aus und verwandelte sie in Skulpturen. Diese „prägenden Jahre bleiben einem im Gedächtnis“ [26], sagt Cockburn, und das war sicherlich der Fall für eine Künstlerin, deren kreative Ambitionen in der Kindheit nicht nur ihre berufliche Laufbahn beeinflussten, sondern auch eine solide Grundlage für ihre zukünftige Kunst legten.

Cockburn arbeitet mit gefundenen Fotos und Gemälden, Postkarten, Landkarten oder einfach mit jedem Objekt, das ihr ins Auge fällt, und erweckt vergessene Bilder zum Leben, indem sie sie bestickt und verschönert. Nach dem Einscannen jedes Fotos und der ersten Bearbeitung der Kopie entwirft Cockburn eine Idee, wie das Kunstwerk aussehen soll. Sobald sie mit einem Entwurf zufrieden ist, überträgt sie ihn auf das Original und beginnt mit dem Sticken, Collagieren oder dem Hinzufügen anderer Verzierungen wie Perlen.

In London aufgewachsen, erinnert sich Cockburn daran, dass sie an den Wochenenden ihre Großmutter in Hampshire besuchte. Sie war es, die Cockburn das Nähen beibrachte. Cockburns Interesse an der Arbeit mit gefundenen Bildern und anderen Objekten wurde geweckt, als sie am College einen Abschluss in Bildhauerei machte. Die meisten ihrer Arbeiten bestanden aus dem Ausschneiden von Fotografien oder der Umwandlung von Fotografien in Skulpturen, wodurch die Bilder dreidimensional wurden. Im Laufe der Zeit begann Cockburn, Flohmärkte zu besuchen und Trödelläden, Secondhandläden und Online-Seiten nach Bildern zu durchsuchen, die sie verwenden konnte. Cockburn arbeitet oft mit formellen Studioporträts aus einer vergangenen Zeit und generischen Landschaftsbildern. Sie fühlt sich von der Stille und dem Raum solcher Bilder angezogen, die gleichzeitig vertraut und vergänglich sind. Innerhalb dieses Raums kann Cockburn ihre eigene „Magie“ oder eine Art von Erzählung hinzufügen. Auch die Farben der Bilder, die wie Technicolor-Farben der 1950er Jahre aussehen, haben eine große Anziehungskraft auf die Künstlerin.

Jedes Bild hat seine eigene Geschichte, sagt Cockburn, deren Arbeit vor allem damit zu tun hat, auf das zu reagieren und mit dem zu arbeiten, was bereits in einem Bild vorhanden ist, sei es eine Grundstimmung oder eine kompositorische Eigenart. Der Prozess ist erstaunlich körperlich und kann emotional sehr anstrengend sein. Geleitet von Intuition und ihrem scharfen Auge für Design, kann Cockburn zwischen einigen Tagen und zwei Wochen an einem Werk arbeiten, je nach dessen Komplexität.

Die im britischen Suffolk lebende Künstlerin setzt auch Siebdruck ein: Sie verfremdet das Gesicht einer Person durch Vergrößerung des Bildes und anschließenden Siebdruck mit Farben, und sie hat auch Malfarben auf Fotos aufgebracht. Cockburn beschäftigt sich mit Fragen der Identität, der Erinnerung und der einzigartigen Fähigkeit der Fotografie, die Zeit einzufrieren. Sie spielt mit der physischen Beschaffenheit von Fotografien und anderen vorgefundenen Bildern, um das Publikum zu ermutigen, sich die fast vergessenen Bilder erneut anzusehen. Wie bei den besten fotografischen Kunstwerken gibt es keine einheitliche Lesart für Cockburns Werk. Vielmehr werden wir eingeladen, uns auf eine Reise in die Bilder und zurück in die Zeit zu begeben und dabei die Bilder neu zu erleben.

EIN FOTO VON HAND BESTICKEN

Im digitalen Zeitalter kann es Spaß machen, sich an die physischen Eigenschaften der Fotografie zu erinnern, indem man ein Kunstwerk schafft, das sowohl ein Objekt als auch ein Bild ist. Suchen Sie im Internet oder in Trödelläden nach alten Fotos und fertigen Sie Kopien an, um damit zu üben. Bevor Sie mit der Arbeit an dem Originalfoto beginnen, legen Sie, wie Julie Cockburn, eine Lage Stoff auf die Rückseite des Fotos, um es zu schützen.

Wenn Sie Ihr Motiv festgelegt haben, beginnen Sie mit dem Sticken. Nehmen Sie eine feine Nadel, damit Sie so genau wie möglich arbeiten können. Überlegen Sie, welche Teile des Bildes Sie betonen möchten, und bauen Sie die Stiche sorgfältig auf. Weniger ist mehr, also seien Sie anspruchsvoll.

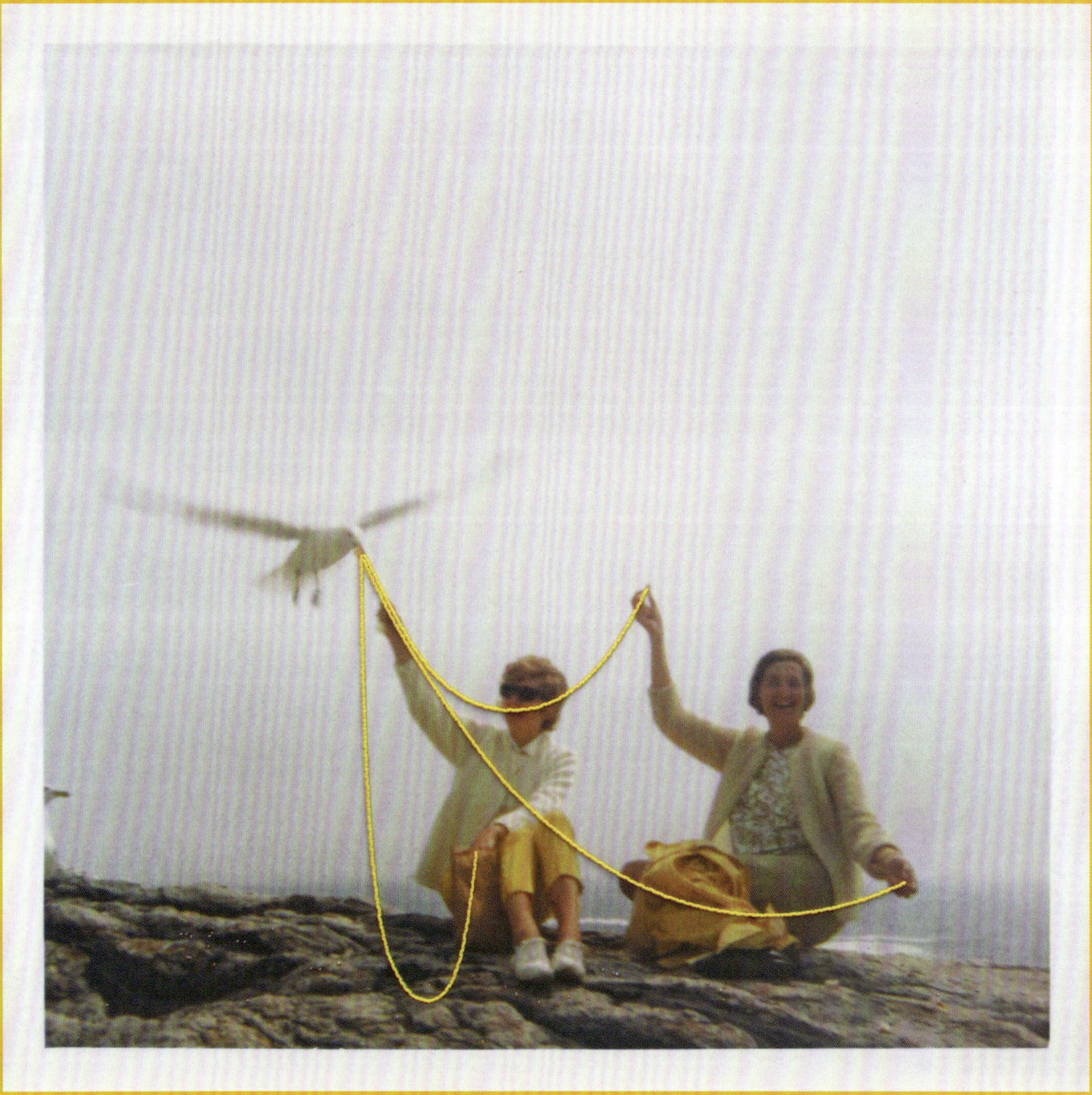

Feed the Birds (Women),
Julie Cockburn, 2019

LOLA ÁLVAREZ

Mexiko
1907–1993
Architekturfotografie
Dokumentarfotografie
Porträt

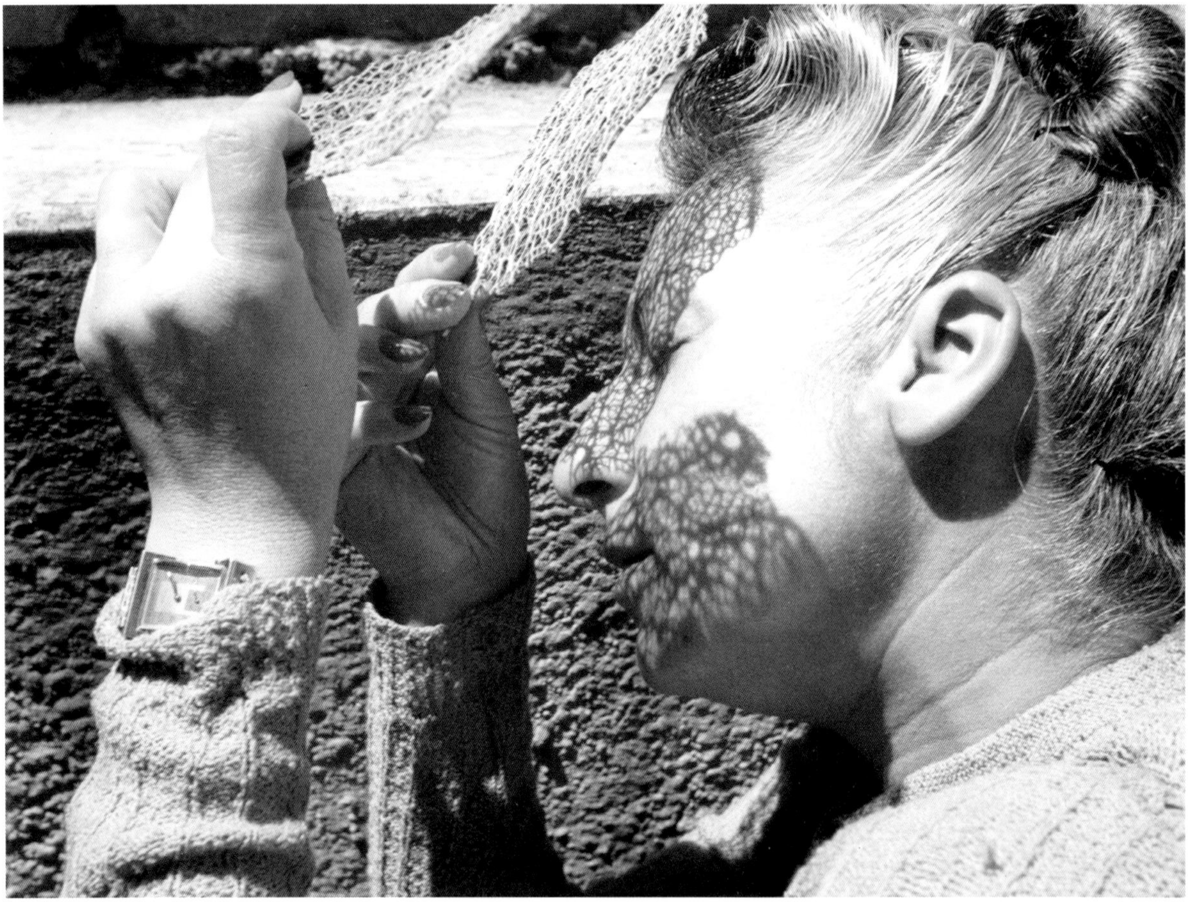

BRAVO

DIE REBELLIN

In der Vergangenheit wurden die Leistungen von Lola Álvarez Bravo von ihrem berühmten Ehemann Manuel, ebenfalls Fotograf, in den Schatten gestellt. Jetzt nicht mehr. Álvarez Bravo, die als eine der ersten weiblichen Fotografen Mexikos gilt, erhält endlich die Anerkennung, die sie verdient.

Álvarez Bravo, die für enigmatische Porträts prominenter Künstler*innen, Schriftsteller*innen und Denker*innen ihres Heimatlandes bekannt ist, darunter als Berühmteste Frida Kahlo, war auch eine hoch angesehene Architekturfotografin und arbeitete viele Jahre lang als Dokumentarfotografin für verschiedene staatliche Stellen. Ihr ganz persönliches Werk ist jedoch am beeindruckendsten. Als führende Persönlichkeit der aufkeimenden modernistischen Bewegung in Mexiko fotografierte Álvarez Bravo während ihrer Auftragsarbeiten auch für sich selbst. Mit dem Auftrag, alles zu dokumentieren, vom Leben auf dem Land bis hin zur Industrialisierung und Urbanisierung, legte sie eine Sammlung von ganz individuellen Bildern an, die den einzigartigen Charakter Mexikos einfangen. Sie sprach vor allem von der Einzigartigkeit und Intensität des Lichts in Mexiko, das sie in vielen ihrer Bilder wirkungsvoll einsetzte, darunter Porträts gewöhnlicher Menschen, die ihrem Leben nachgehen, dynamische Landschaften und Straßenszenen mit einem ausgeprägt konzeptionellen Flair. Sie hatte ein Händchen dafür, abstrakte Formen und Muster zu erkennen und in aufregender Weise einzufangen, wobei sie Licht und Schatten immer sorgfältig ausbalancierte. Viele ihrer Bilder besitzen so eine ansprechende skulpturale Qualität.

Geboren in der kleinen Stadt Lagos de Moreno im Bundesstaat Jalisco, zog Álvarez Bravo als Kind mit ihrer Familie nach Mexiko-Stadt. Nachdem sie als Waise bei Verwandten aufgewachsen war, heiratete Álvarez Bravo 1925 ihren Jugendfreund Manuel, von dem sie die grundlegenden Techniken der Fotografie erlernte. Álvarez Bravo assistierte ihm oft in der Dunkelkammer, fotografierte aber auch selbst und begann, ihren eigenen Stil zu entwickeln. Als einflussreiche Persönlichkeiten in der blühenden Kulturszene Mexikos eröffnete das Paar eine Galerie, in der sie eigene und fremde Arbeiten ausstellten, und war Mitbegründer eines Filmclubs zur Unterstützung der mexikanischen Filmindustrie. Nach ihrer Trennung im Jahr 1934 setzte Álvarez Bravo ihre Arbeit als Fotografin fort und machte eine erfolgreiche Karriere, nicht nur als gefragte Fotojournalistin, Werbe- und Porträtfotografin, sondern auch als Kuratorin und Lehrerin. Sie trat der Liga de Escritores y Artistas Revolucionarios (LEAR: Liga der revolutionären Schriftsteller und Künstler) bei, organisierte eine Ausstellung mit Werken von Künstlerinnen und nahm Aufträge von verschiedenen Verlagen an. Ihr Werk war ebenso vielfältig und innovativ wie umfangreich und umfasste insbesondere auch avantgardistische Fotomontagen, die häufig politische Themen behandelten. Álvarez Bravo, die von 1951 bis 1958 eine eigene Galerie in Mexiko-Stadt betrieb, organisierte eine Ausstellung von Werken Frida Kahlos – die einzige Einzelausstellung, die zu Lebzeiten der Künstlerin in ihrem Geburtsland gezeigt wurde.

Als Frau, die sich in der von Männern dominierten Welt der Fotografie nicht nur irgendwie durchgeschlagen hat, sondern auch erfolgreich war, hatte sie als „einzige Frau, die auf der Straße mit einer Kamera herumhantierte" auch mit Reportern zu tun, die sich über sie lustig machten, und stellte fest: „Ich wurde zur Kämpferin."[27]

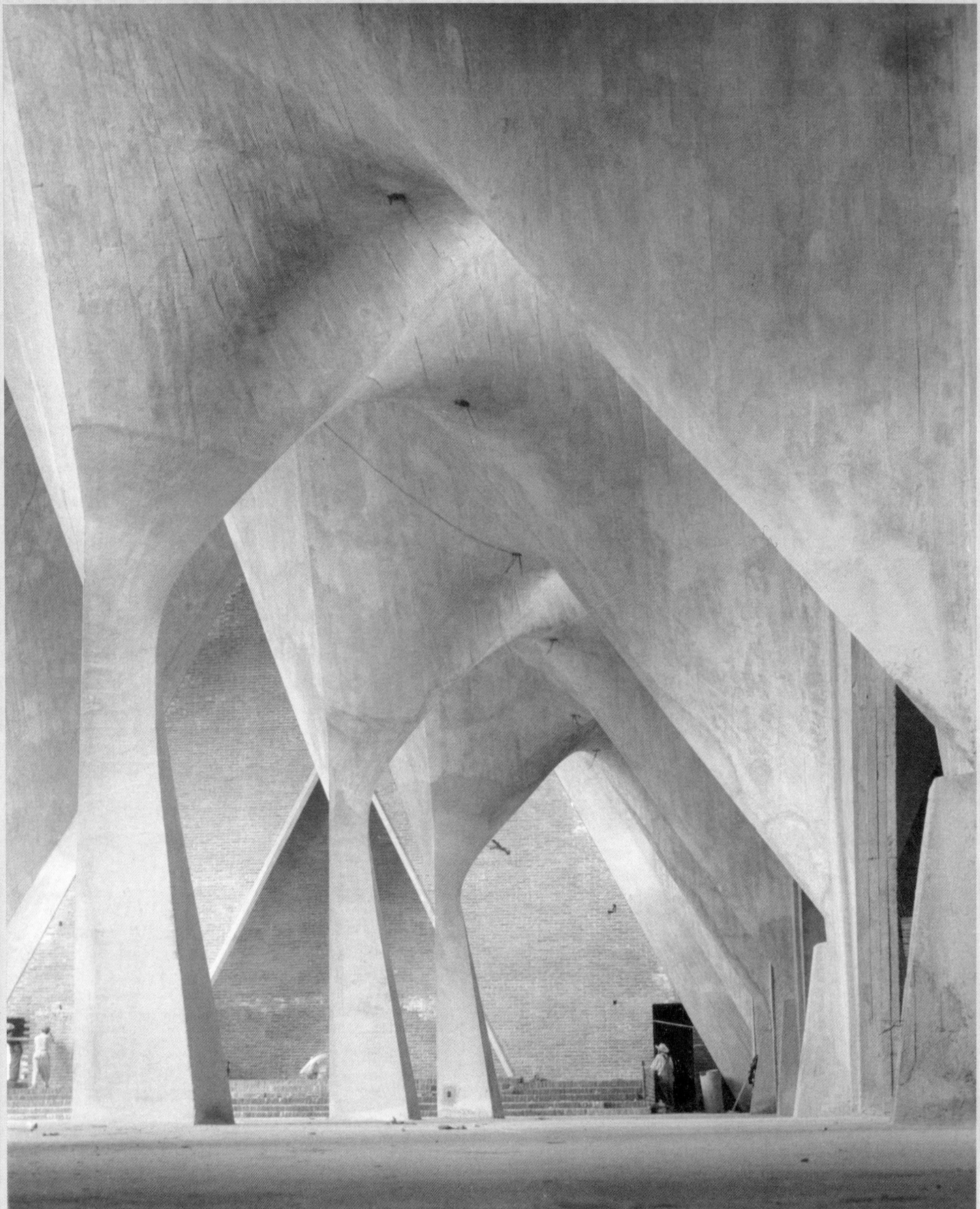

ARCHITEKTUR FOTOGRAFIEREN, UM IHRE ENORME GRÖSSE ZU DEMONSTRIEREN

Es ist Lola Álvarez Bravos exquisiter Umgang mit dem Zusammenspiel von Licht, Schatten und geometrischen Formen, der ihrem Foto der Iglesia de la Medalla Milagrosa (der Kirche Unserer Lieben Frau von der Wundertätigen Medaille, 1953–55) in Mexiko-Stadt den „Wow-Faktor" verleiht. Beachten Sie die beiden Figuren am unteren Rand des Bildes, die vor der gewaltigen Größe des Bauwerks winzig erscheinen.

Versuchen Sie einen ähnlichen Ansatz bei einem hoch aufragenden Gebäude in Ihrer Nähe. Sie können draußen oder drinnen fotografieren (mit den entsprechenden Genehmigungen). Fotografieren Sie mit Stativ, und experimentieren Sie mit einem Weitwinkelobjektiv, um so viel wie möglich von der Szene einzufangen. Füllen Sie das Bild mit Ihrem Motiv und achten Sie auf Verzerrungen.

Ohne Titel,
Lola Álvarez Bravo, 1954

BERENICE

USA
1898–1991
Architekturfotografie
Porträt
Wissenschaftliche Fotografie

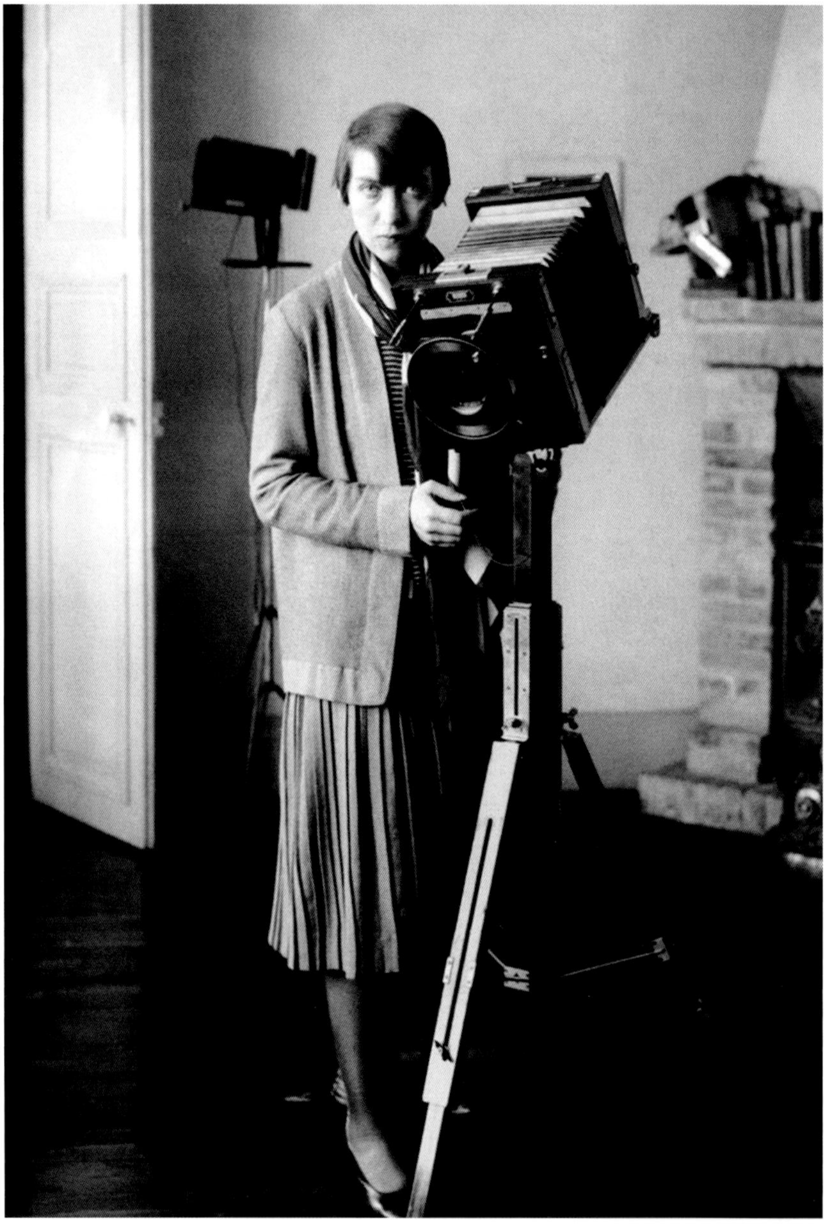

ABBOTT

DIE BILDWISSENSCHAFTLERIN

Berenice Abbott beherrschte die Porträt-, Dokumentar- und Architekturfotografie, aber die wissenschaftliche Fotografie war, wie sie sagte, der spannendste Teil ihrer langen fotografischen Karriere.[28] In ihren Bildern wissenschaftlicher Phänomene, die in den 1940er und 1950er Jahren entstanden, machte Abbott das Unsichtbare sichtbar. Ihre Arbeit brachte Klarheit und Verständnis für komplexe wissenschaftliche Ideen. Abbott entwickelte Ansätze, die es ihr ermöglichten, wissenschaftliche Prozesse festzuhalten. So zeigte sie, wie Glas das Licht in verschiedene Wellenlängen aufspaltet, wie eine Kugel über einen Tisch rollt und wie ein Pendel schwingt. Ästhetisch anspruchsvoll und gleichermaßen innovativ wie informativ sind Abbotts wissenschaftliche Fotografien nicht so weit von ihren früheren Arbeiten entfernt, wie man annehmen könnte. Die markanten Linien und der raffinierte Umgang mit Licht und Dunkelheit, die der modernistischen Fotografie entstammen, erinnern an die exquisit komponierten, dynamischen New-York-Bilder, für die Abbott am meisten bekannt ist. Mit ihrer akribischen Wiedergabe von Formen sind Abbotts wissenschaftliche Studien eindeutig das Werk einer Fotografin mit einem wissbegierigen Geist und dem Willen, die Grenzen der Fotografie zu erweitern.

Nach eigener Aussage kam Abbott durch Zufall zur Fotografie. Die in Ohio geborene Künstlerin wollte eigentlich Journalistin werden, doch als sie 1918 nach New York zog, um Malerei und Bildhauerei zu studieren, öffnete sich für sie ein anderer Weg. Abbott bewegte sich in avantgardistischen Kreisen und reiste 1921 wie viele andere junge Künstler*innen nach Paris, wo sie sich eine Existenz aufbaute und ihr Interesse an der Bildhauerei verfolgte. Ab 1923 arbeitete sie für den Künstler Man Ray als dessen Assistentin in der Dunkelkammer und eröffnete 1926 ihr eigenes Fotostudio. Während ihrer Zeit in der französischen Hauptstadt perfektionierte Abbott die Kunst der Porträtfotografie. Ihre Motive reichten von schillernden Persönlichkeiten der Gesellschaft bis hin zu Bohème-Künstler*innen und Schriftsteller*innen.

Als sie 1929 nach New York zurückkehrte, nahm Abbott ein episches Projekt in Angriff, um das sich wandelnde Gesicht der Stadt zu dokumentieren. Als sie in Paris lebte, war sie auf die Arbeit des bahnbrechenden Dokumentarfotografen Eugène Atget gestoßen. Zu dieser Zeit waren Atgets Fotos, die die Straßen von Paris dokumentierten, außerhalb der französischen Hauptstadt wenig bekannt, doch mit Abbotts Hilfe änderte sich das. Abbott, die nach dem Tod von Eugène Atget einen Teil seines Archivs erworben hatte, förderte sein Werk, veröffentlichte es und vermachte es später dem Museum of Modern Art. Offensichtlich inspiriert von Atgets Bildern von Paris, hielt Abbott die Veränderungen fest, die sich in New York vollzogen, als das große neue Zeitalter der Modernisierung anbrach. Mit finanzieller Unterstützung war Abbott in der Lage, eine umfassende fotografische Bestandsaufnahme von New York zu erstellen. Die rund 300 Fotografien stellen das Alte und das Neue gekonnt nebeneinander. Als Dozentin für Fotografie an der New School for Social Research (der heutigen New School) in New York, machte Abbott Fotos für das Massachusetts Institute of Technology (MIT) und setzte sich dafür ein, die Fotografie als Instrument zur Entmystifizierung der Wissenschaft zu nutzen. Sie schuf Bilder, die nicht nur Wissen vermittelten, sondern auch ästhetisch waren. Indem sie die Prinzipien der Wissenschaft zum Leben erweckt, zelebriert Abbott in ihren Bildern die Grundlagen der Fotografie selbst: Licht, Bewegung und Zeit.

LICHT MANIPULIEREN

Mit einfachen, alltäglichen Gegenständen lassen sich auch eigene konzeptionelle Bilder schaffen. Versuchen Sie, gebrochenes Licht durch einen transparenten Haushaltsgegenstand wie ein Weinglas zu fotografieren. Stellen Sie Ihre digitale Spiegelreflexkamera ohne Objektiv auf einem Stativ in einem dunklen Raum auf. Befestigen Sie Ihre Lichtquelle (eine LED-Taschenlampe eignet sich gut) auf einem Stativ und positionieren Sie sie zwei Meter von Ihrer Kamera entfernt. Kleben Sie ein Stück Pappe mit einem kleinen Loch an die Vorderseite der Lichtquelle, um einen feinen Lichtstrahl zu erzeugen.

Befestigen Sie das Weinglas an einem anderen Stativ oder Halter und positionieren Sie es vor der Kamera. Vergewissern Sie sich, dass die Lichtquelle in einem rechten Winkel zur Kamera steht und dass der Lichtstrahl direkt auf das Glas (das als Kameralinse dient) gerichtet ist und in dieses eintritt. Machen Sie jetzt eine Aufnahme! Sie können auch farbige Gels benutzen, um bunte Muster zu erzeugen.

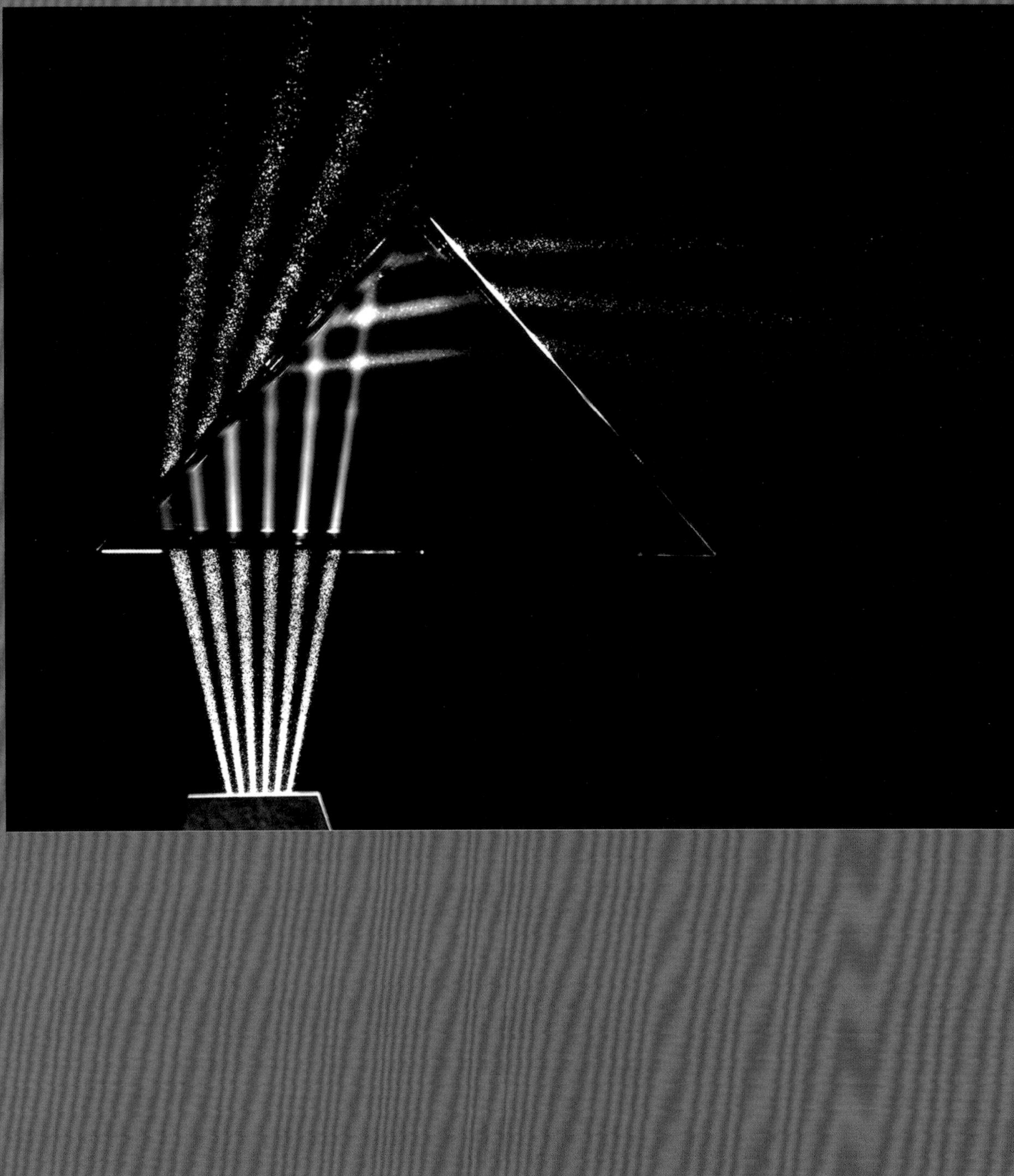

Beams of Light through Glass,
Berenice Abbott, ca. 1940–1960

CONSUELO

USA
1894–1978
Kunst
Dokumentarfotografie
Porträt

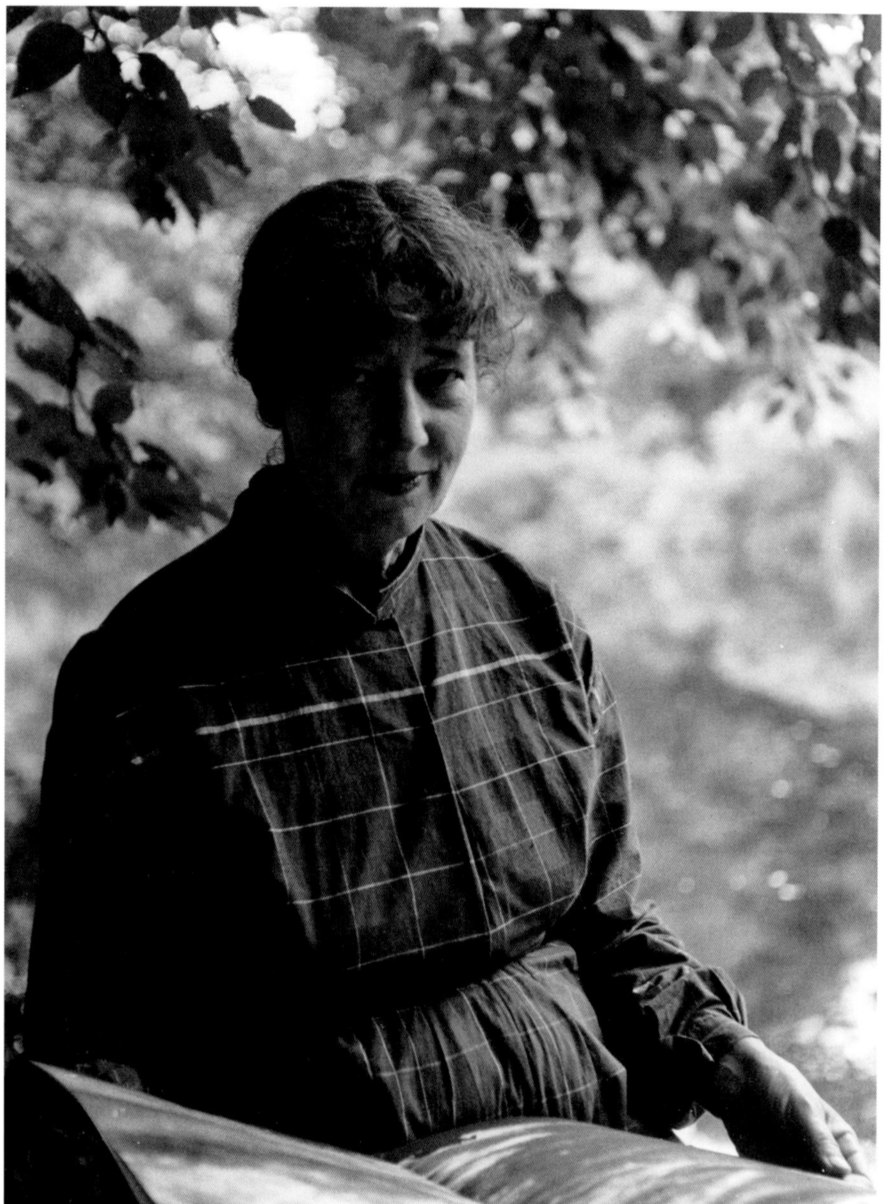

KANAGA

DIE LICHT-BILDHAUERIN

Im Gegensatz zu ihren Zeitgenossen, den Fotograf*innen Imogen Cunningham, Dorothea Lange und Edward Weston, ist die in den USA geborene Consuelo Kanaga in der Geschichte der Fotografie nicht sehr bekannt. Doch ihr Beitrag zur Fotografie – insbesondere die von Mitgefühl geprägten Bilder, die sie ab den 1930er Jahren von Afroamerikanern machte – verdient es, bekannter zu werden.

Die in Astoria, Oregon, geborene Kanaga, die schweizerische Wurzeln hatte, begann ihre Karriere 1915 als Reporterin für den *San Francisco Chronicle*. Nachdem sie von den Fotografen der Zeitung gelernt hatte, wie man Negative abzieht, wurde sie zur Fotografin ernannt. In dieser Zeit lernte sie Mitglieder der lokalen Fotografengemeinschaft kennen, darunter Lange, Weston und Cunningham. Die Fotografen gehörten der angesehenen Gruppe f/64 an, einem Kollektiv, dessen Mitglieder den Weichzeichner-Ansatz des Piktorialismus ablehnten und stattdessen Fotos mit sorgfältig gewähltem Bildausschnitt und scharfem Fokus machten. Obwohl Kanaga kein offizielles Mitglied war, stellte sie ihre Arbeiten mit der Gruppe aus.

Anfang der 1920er Jahre zog Kanaga nach New York und begann für die von Hearst gegründete Tageszeitung *New York American* zu arbeiten. Sie lernte Alfred Stieglitz kennen, dessen tiefe Überzeugung von den künstlerischen Möglichkeiten der Fotografie die junge Fotografin beeindruckt haben muss. In der Tat entwickelte Kanaga einen Stil, der nicht nur die Welt um sie herum dokumentierte, sondern auch die Emotionen der von ihr Porträtierten, ihre Menschlichkeit, zum Ausdruck bringen wollte. Ihre besten Bilder sind diejenigen, die ein Gefühl für die Person, die sie fotografiert, und deren Erfahrungen vermitteln. Kanagas Bilder, die oft einen engen Bildausschnitt haben und so einen größeren Kontext vermeiden, sind durchdacht, regen zum Nachdenken an und bringen uns nah an ihre Motive heran.

In den Augen der Porträtierten sehen wir Ausdauer, Hoffnung und Stolz. Die Natürlichkeit und Sensibilität, mit der Kanaga ihre Motive porträtiert, zeichnet ihre Arbeit aus. Edward Steichen wurde darauf aufmerksam und nahm Kanagas Werke 1955 in seine bahnbrechende Ausstellung *The Family of Man* auf.

Kanaga lernte den Kampf der Afroamerikaner gegen den Rassismus kennen und widmete von den frühen 1930er bis in die 1960er Jahre hinein einen Großteil ihrer Zeit dem Fotografieren der Menschen. Zu den Porträtierten, die von einfachen Leuten bis hin zu Künstler*innen und Dichter*innen reichten, baute sie bedeutungsvolle Beziehungen auf. Sie porträtierte sie in einer Zeit, in der negative Stereotypen über Schwarze weit verbreitet waren, auf positive Weise. Neben ihren Porträts schuf Kanaga auch poetische Stillleben, oft von Blumen und Pflanzen, beeindruckende Architekturbilder und wunderschöne abstrakte Fotografien von der Natur und von ländlichen Szenen. Die Sozialaktivistin richtete ihr Objektiv auch auf die Bürgerrechtsbewegungen der 1960er Jahre.

Geleitet von einem tiefen Engagement für soziale Gerechtigkeit sagte Kanaga, es seien die „einfachen Dinge", die sie faszinierten und die sie in ihren Fotografien zeigen wolle. In einem kurzen, aber aufschlussreichen Text drückt Kanaga aus, was Fotografie für sie bedeutet: „Stieglitz fragte immer: ‚Was hast du zu sagen?'. Ich denke, in einigen kleinen Fällen habe ich ein paar Dinge gesagt, ausgedrückt, was ich fühlte. [...] Wenn ich ein einziges wahres, stilles Foto machen könnte, wäre mir das viel lieber als viele Antworten zu haben." [29]

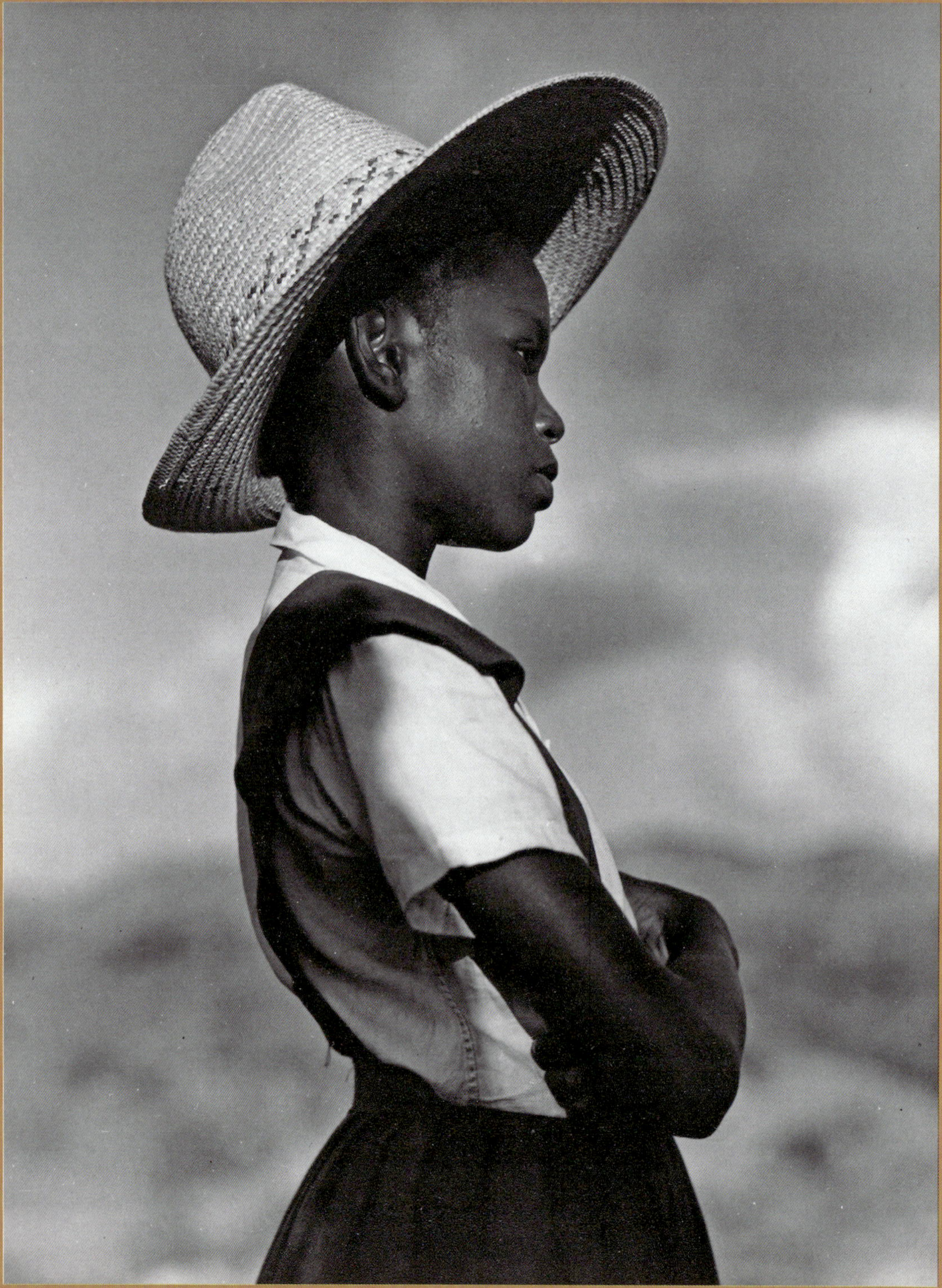

EIN PORTRÄT MIT ENGEM BILDAUSSCHNITT UND STARKEM KONTRAST KREIEREN

Eine Möglichkeit, mit einem Porträt Eindruck zu machen, besteht darin, die Umgebung der Person mit einzubeziehen. Dadurch erfahren wir etwas über diese Person. Ein ebenso effektiver Ansatz ist es, die Umgebung der Person vollständig zu entfernen, indem man ganz nah herangeht, wie es Consuelo Kanaga tat. Sie schuf oft solche Porträts mit starkem Kontrast und einem engen Bildausschnitt, um Wirkung zu erzielen.

Fotografieren Sie an einem sonnigen Tag, wenn das Licht von Natur aus kontrastreich ist. Verwenden Sie einen Brennweitenbereich zwischen 85 und 110 mm, wenn Sie ein Zoomobjektiv haben, oder arbeiten Sie mit einem 85-mm-Standardobjektiv, und positionieren Sie Ihr Motiv vor einem möglichst schlichten Hintergrund. Verwenden Sie natürliches Tageslicht, um Ihr Motiv zu beleuchten, und einen Reflektor, um das Licht auf das Gesicht und den Körper der porträtierten Person zu werfen. Achten Sie besonders darauf, wo sich Licht und Schatten überschneiden. Drehen Sie Ihr Motiv leicht von der Kamera weg, um das Bild interessanter zu machen.

School Girl, St. Croix,
Consuelo Kanaga, 1963

INGRID

Großbritannien
*1953
Kunst
Landschaftsfotografie
Mixed media

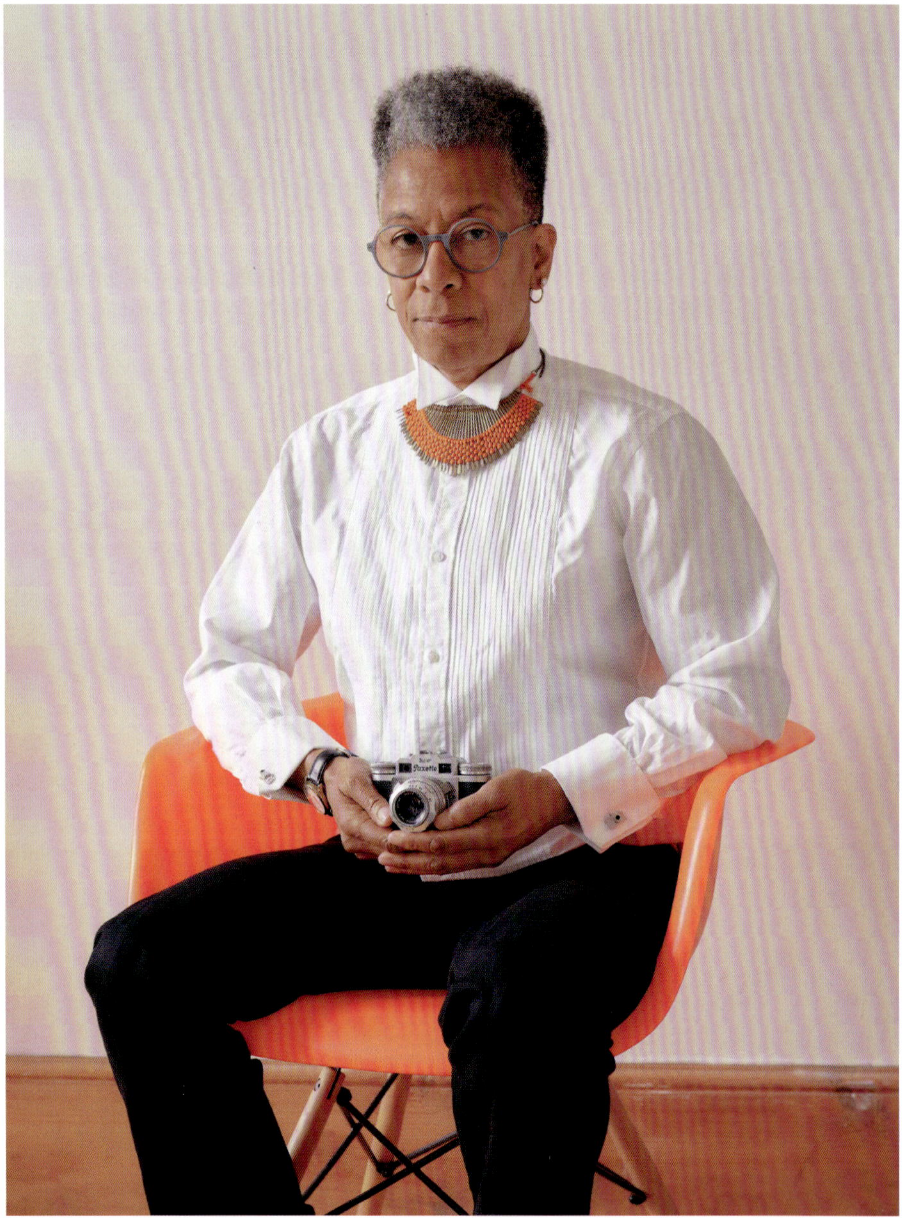

POLLARD

DIE LANDSCHAFTSFORSCHERIN

Ingrid Pollards vielschichtiges, breit gefächertes Werk ist weder leicht zu durchschauen noch zu definieren, aber gerade das macht einen großen Teil seines Reizes aus. Seit 40 Jahren beschäftigt sich die in Guyana geborene, in London aufgewachsene Künstlerin, Fotografin und Forscherin mit vielen verschiedenen, aber eng miteinander verbundenen Ideen und Themen, darunter die sozialen Konstrukte des Englischseins, die Ethnie, die Vorstellung von Heimat und Zugehörigkeit oder „Sein", Gemeinschaft, Ort, Begegnung, nationale Identität oder Nationalität, koloniale Geschichte, das Unsichtbare, Verborgene und „Unverborgene" und vieles mehr, das in der Landschaft sichtbar wird. Schwarze Menschen kommen häufig vor, aber die Arbeit der 2022 für den Turner Prize nominierten Künstlerin hat mehr mit der britischen Identität als mit der Ethnie zu tun, sagt sie,[30] obwohl letztere ein wichtiges Element ist.

Pollard, die ihren Background in den Bereichen Film, Video und Performance sowie Fotografie hat, ist immer „in" ihrer Arbeit, so die Künstlerin, weil sie selbst es ist, die etwas über eine Landschaft, eine Person oder ein Thema ausdrückt.[31] In ihrem Werk, das Fotografie, einschließlich handkolorierter Fotografien, und Text umfasst, geht es auch um die Fotografie als Medium, ihre Geschichte, Methoden und Materialität. In letzter Zeit hat sich Pollard der Bildhauerei zugewandt, fasziniert von deren Verbindungen zur Fotografie, und verwendet in der Ausstellung *Carbon Slowing Turning* (2022) Filmstills, Ton und Installation.

Pollard wurde in Georgetown, Guyana, geboren und zog im Alter von vier Jahren mit ihrer Schwester nach London zu ihren Eltern. London war für viele Jahre ihr Zuhause, heute lebt sie in Northumberland. Pollard erinnert sich daran, dass ihr Vater ihr für ein Geografieprojekt in der Schule eine Kamera lieh, und dass sie sich die Familienfotoalben ansah, die er für ihre Mutter gemacht hatte. Als sie erwachsen wurde, bewegte sich Pollard in „Künstlerkreisen", wo die Fotografie häufig präsent war. Sie lieh sich ein Vergrößerungsgerät, zog ihre eigenen Fotos ab und fuhr mit Freunden in den Urlaub in den Lake District, wo es reichlich Gelegenheit zum Fotografieren gab. Eine der ersten Arbeiten, die Pollard zum Thema Ethnie und Landschaft anfertigte – *Pastoral Interlude* (1988) –, entstand aus diesen Reisen und Erfahrungen. Es zeigt handkolorierte Urlaubsfotos von Schwarzen in einer „traditionellen", „idyllischen" englischen Landschaft neben Textfragmenten. Die Arbeit lenkt die Aufmerksamkeit auf die Komplexität der britischen Landschaft und hinterfragt sie, indem sie Fragen über die Bildung von Grenzen und Besitzverhältnissen, die Privatisierung und Industrialisierung der Landschaft, verborgene ländliche Geschichten und Verbindungen zu einer kolonialen Vergangenheit sowie die Konstruktion der romantischen englischen Landidylle aufwirft. Das Werk ist heute Teil der nationalen Sammlung im Victoria and Albert Museum (V&A) in London.

Pollard schloss sich in den frühen 1980er Jahren einem feministischen Fotografie- und Siebdruckkollektiv im Osten Londons an und engagierte sich in Graswurzelbewegungen, die sich mit Fragen von Herkunft, Gender und Sexualität befassten. Im Jahr 1988 wurde sie Gründungsmitglied von Autograph ABP (früher bekannt als Association of Black Photographers). Ihr Studium absolvierte sie am London College of Printing und der University of Derby und entwickelte eine Praxis, „die sich an der Politik der Herkunft und des Feminismus orientierte"[32]. Dabei hat sie zahlreiche Werke geschaffen, darunter *The Cost of the English Landscape* (1989), *Seaside Series* (1989) und *The Valentine Days* (2017).

HANDKOLORIERTE FOTOS

Bilder werden seit den Anfängen der Fotografie koloriert. Die Farben wurden mit kleinen Pinseln aufgetragen, und auch weiche Bleistifte wurden dazu benutzt. Wenn Sie eine Kiste mit alten Schwarz-Weiß-Familienfotos haben, können Sie ausprobieren, gescannte Kopien von Hand zu kolorieren oder Ihre Farbfotos in Schwarz-Weiß umzuwandeln und stattdessen mit diesen zu arbeiten. Sie können spezielle Farben kaufen oder Buntstifte verwenden, wenn Sie auf einer matten Oberfläche arbeiten.

Verwenden Sie ein Foto mit vielen hellen Bereichen. Tragen Sie vorsichtig Farbe auf einige ausgewählte Bereiche auf, um wichtige Teile des Bildes zu betonen, zum Beispiel Haare, Augen, Wangen und Accessoires, oder interessante Bereiche wie Bäume oder Blumen. Achten Sie darauf, den Effekt nicht zu übertreiben. Gehen Sie behutsam vor und bauen Sie langsam Farbschichten auf.

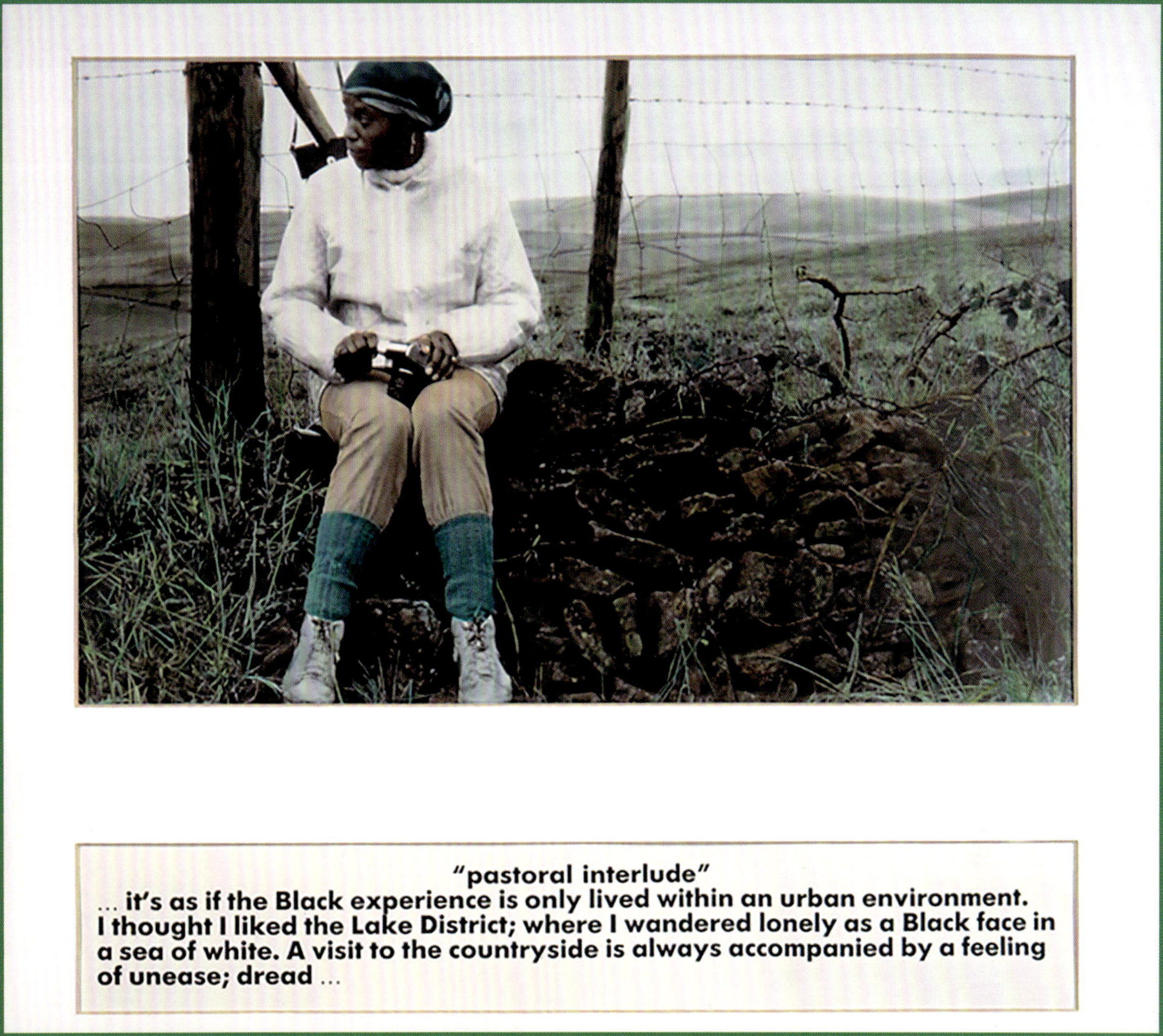

Pastoral Interlude,
Ingrid Pollard, 1988

ANNE WARDROPE

USA
1869–1950
Landschaftsfotografie
Aktfotografie
Selbstporträt

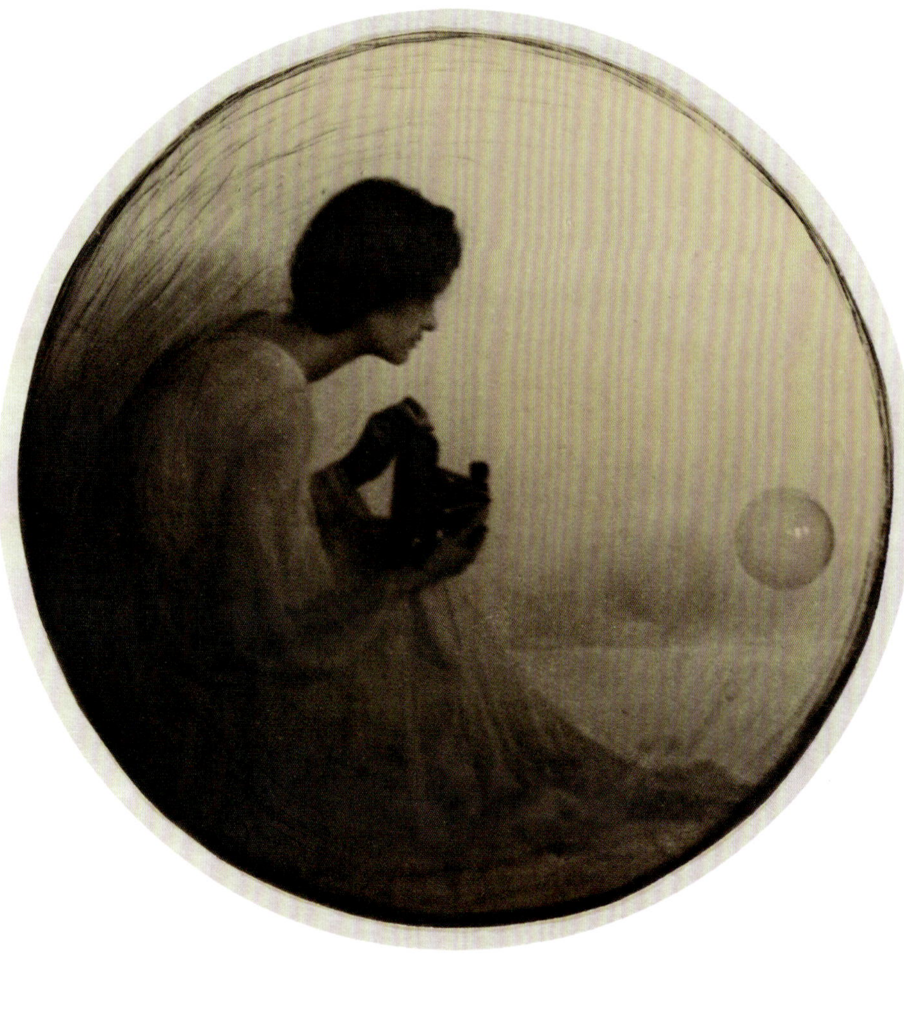

BRIGMAN

DER WILDE NATURGEIST

Etwas Geheimnisvolles umgibt Anne Wardrope Brigman und ihre überraschend zukunftsweisenden Fotografien von weiblichen Akten in der Landschaft. Als Tochter christlicher Missionare wurde Brigman auf der Insel O'ahu, Hawaii, geboren und wuchs im Nu'uanu Valley nördlich von Honolulu auf. Ihre Kindheit war geprägt von den Mythen der Eingeborenen und den Geschichten über verschiedene Götter, und sie wuchs inmitten grüner Berge und üppiger Vegetation auf. So begann ihre lebenslange Verbundenheit mit der Natur.

Als junge Erwachsene zog Brigman mit ihrer Familie nach Los Gatos, Kalifornien, und tauchte in die kulturelle Bohème von Berkeley und Oakland ein. Nachdem sie eine Zeit lang als Malerin gearbeitet hatte, wandte sich die abenteuerlustige Brigman in ihren frühen Dreißigern der Fotografie zu. Wie ihre Zeitgenössinnen, die sich mit der Fotografie beschäftigten, benutzte sie zunächst eine Handkamera, um Frauen und Kinder in idyllischer Umgebung zu fotografieren, und später eine 4×5-Kamera, um ihre ikonischen Aktfotos aufzunehmen.

Als begeisterte Bergsteigerin zog es Brigman in die Berge der Sierra Nevada, ein Ort, der für Frauen nicht als geeignet galt. Dort, inmitten des zerklüfteten Geländes und der weiten Ausblicke, warf Brigman die Fesseln ihrer Geschlechterrolle ab und fotografierte allein und mit Freund*innen. Ihre kühnen Aktionen waren wirklich bahnbrechend – Brigman gilt sogar als die erste Frau in Amerika, die ihren eigenen nackten Körper fotografierte.

Als Anhängerin des Piktorialismus, eines fotografischen Ansatzes, der Ausdruck und malerische Schönheit in den Vordergrund stellt, manipulierte Brigman ihre Negative und Abzüge. Durch die Verwendung von Graphit und das Kratzen an der Oberfläche ihrer Bilder schuf sie stimmungsvolle und träumerische Bilder der Figur in der Landschaft. Die so entstandenen fotografischen Abzüge waren spirituell und romantisch, spielten aber auch auf die dunklen Seiten der Natur an. Sie waren anders als alles andere, was zu dieser Zeit geschaffen wurde.

Brigman war in der kalifornischen Fotografengemeinde der Bay Area fest verankert und genoss bei vielen ihrer Kolleg*innen hohes Ansehen. Vor allem die Foto-Ikone der Zeit, der Gründer der Photo-Sezession Alfred Stieglitz, war von ihrer Arbeit begeistert. Er lud Brigman ein, Mitglied der Gruppe zu werden, die sich für die Fotografie als Kunst einsetzte. Die beiden tauschten über viele Jahre hinweg Briefe aus, und Stieglitz veröffentlichte Brigmans Bilder in der angesehenen Zeitschrift *Camera Work*. Er setzte sich an der gesamten Ostküste, wo er ansässig war, für ihre Arbeit ein.

Mit ihrem radikalen Ansatz in der Fotografie war Brigman eine Pionierin in dem Sinne, dass sie die Ideen des weiblichen Empowerments förderte, lange bevor sich die feministische Kunst etablierte. Wie die Wissenschaftlerin Kathleen Pyne dargelegt hat, wollte Brigman mit ihrer Fotografie die „soziale, politische und wirtschaftliche Befreiung" der Frauen einfordern [33], aber man spürt in Brigmans Werk auch deutlich, dass sie auf der Suche nach etwas ist oder einer Art spiritueller Berufung folgt. Was auch immer ihre Beweggründe waren, Brigman ging entschlossen ihren eigenen Weg in der Fotografie.

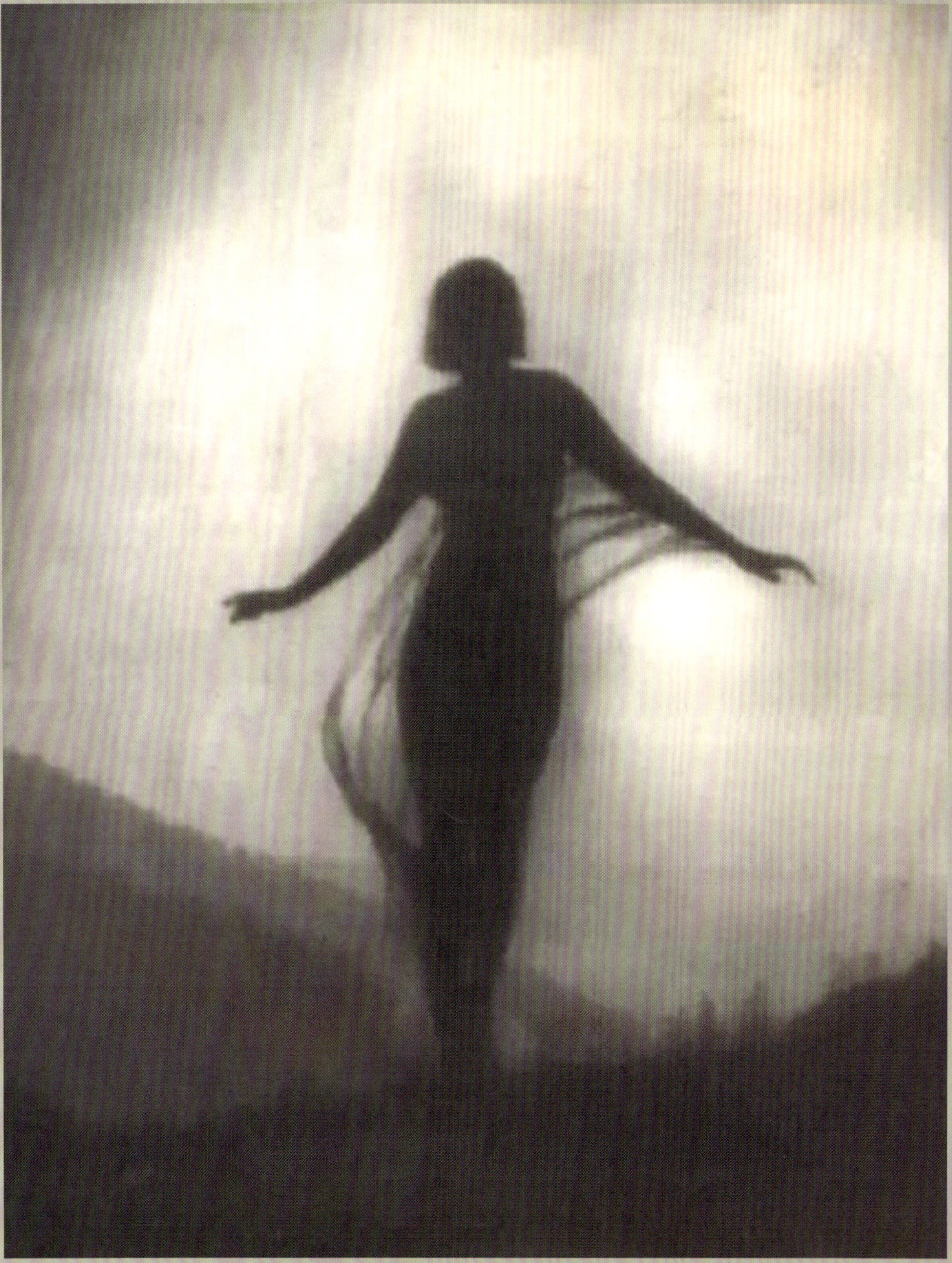

EINE FIGUR IN DER LANDSCHAFT AUS DER NÄHE FOTOGRAFIEREN

Die Technik, eine Figur in der Landschaft zu platzieren, die Brigman sich zu eigen gemacht hat, lässt sich auf verschiedene kreative Weise anwenden. Wählen Sie eine Landschaft, die Sie inspiriert, und lernen Sie sie kennen, indem Sie sich bei allen möglichen Licht- und Wetterverhältnissen dort aufhalten. Beginnen Sie mit dem Fotografieren und studieren Sie die Bilder, um zu sehen, was eine starke Komposition ausmacht. Wenn Sie sich mit der gewählten Landschaft vertraut gemacht haben, holen Sie Ihr Modell hinzu.

Denken Sie sorgfältig darüber nach, wie diese Person in ihrer Umgebung „sitzt", und achten Sie dabei besonders auf das Verhältnis von Motiv und Hintergrund, wie es Brigman tat: Ihre Figuren scheinen aus ihrer Umgebung hervorzugehen oder in ihr zu verschwinden. Ermuntern Sie Ihr Modell, verschiedene Posen auszuprobieren. Behalten Sie den Fokus im Auge und achten Sie auf das Zusammenspiel von Licht, Figur und Landschaft. Probieren Sie, gegen das Licht zu fotografieren, um Ihr Modell als Silhouette abzubilden.

The Breeze,
Anne Wardrope Brigman,
um 1910

VERA

Deutschland
*1960
Architekturfotografie
Kunst
Landschaftsfotografie

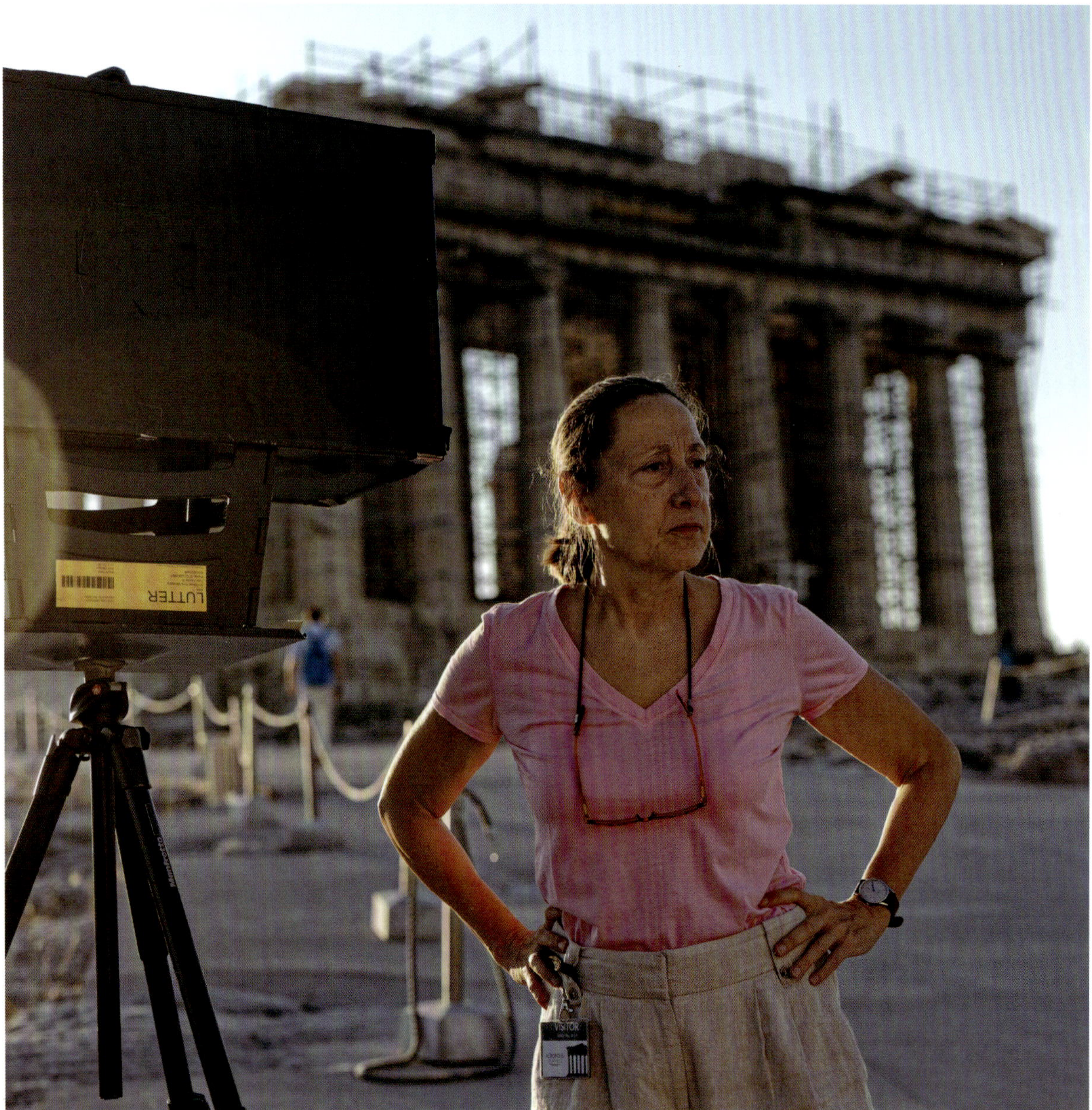

LUTTER

DIE MEISTERIN DER CAMERA OBSCURA

Ein Blick auf die Arbeiten der renommierten Camera-obscura-Künstlerin Vera Lutter entführt uns in ein anderes Universum. Was wir sehen, wenn wir eines ihrer geisterhaften Kunstwerke betrachten, ist ein umgekehrtes Bild, bei dem Helles dunkel und dunkle Bereiche hell werden. Seit Jahrzehnten produziert die in Kaiserslautern geborene Vera Lutter ihre unwirklichen Bilder mit der Camera-obscura-Technik, deren Wurzeln bis in die Antike zurückreichen. Sie entdeckte dieses Verfahren in den 1990er Jahren, als sie in New York lebte und studierte. Fasziniert von der Architektur der Stadt und dem Lichteinfall auf die Gebäude um sie herum, begann die in München ursprünglich als Bildhauerin und Keramikerin Ausgebildete, zu experimentieren und verwandelte ihre Wohnung in eine Camera obscura.

Eine Camera obscura ist ein abgedunkelter Raum mit einer winzigen Öffnung in einer Wand, durch die das Licht eindringt und ein seitenverkehrtes und auf dem Kopf stehendes Bild auf die gegenüberliegende Wand projiziert. Dieser Prozess kann auch in einer Kiste oder in jeder Art von verdunkeltem Behälter oder Verschlag stattfinden. In ihrer langen Karriere hat Lutter Objekte unterschiedlicher Größe und Form als Camera obscura verwendet, darunter einen Schiffscontainer, eine Hütte, einen Holzschuppen und einen Reisekoffer.

Schon zu Beginn ihrer Experimente mit dieser alten Technik projizierte Lutter Bilder der Außenwelt auf große Stücke lichtempfindlichen Papiers. Auf diese Weise konnte sie die Unmittelbarkeit des Bildherstellungsprozesses bewahren – ein wesentlicher Bestandteil ihrer Arbeitsweise. Anschließend entwickelt sie das belichtete Papier in der Dunkelkammer ihres Ateliers. Jeder Abzug – ein Negativbild in verschiedenen Grautönen, Schwarz und Weiß – ist ein Unikat.

Im Laufe der Jahre hat Lutter zahlreiche großformatige Camera-obscura-Bilder von verschiedenen urbanen, industriellen und historischen Landschaften und Monumenten unter anderem in New York, London, Frankfurt und Venedig gemacht. Zu ihren berühmtesten Motiven gehören die Battersea Power Station in London, der Times Square, das ikonische Pepsi-Cola-Zeichen in Queens, New York, das Radioteleskop Effelsberg in Deutschland und der Skulpturengarten des Museum of Modern Art (MoMA) in New York; außerdem hat sie Baustellen, Museen, die Natur und Verkehrsinfrastrukturen wie Flughäfen abgebildet.

Der Vorgang ist arbeitsintensiv und mit Unsicherheiten behaftet, trotz der aufwändigen Planung, Entwicklung und Recherche, die viele Monate dauern kann. Auch die Dauer der einzelnen Aufnahmen variiert von einigen Stunden bis zu Wochen oder sogar Monaten.

Lutter geht es weniger darum, „einfache Dokumentationen“ [34] zu schaffen, sondern vielmehr darum, Bilder zu machen, die „das Unheimliche darstellen“ oder beim Publikum Gefühle der Unsicherheit auslösen. Während die Fotografie oft mit dem Einfrieren eines Moments in der Zeit assoziiert wird, ist Lutters Arbeit wohl eher mit der Verlangsamung der Zeit oder der Aufzeichnung des Prozesses der Zeitentfaltung vergleichbar. Ihre geheimnisvollen und mysteriösen Arbeiten laden uns nicht nur dazu ein, die Szene vor unseren Augen zu betrachten, sondern auch über den Prozess der Bilderstellung selbst nachzudenken.

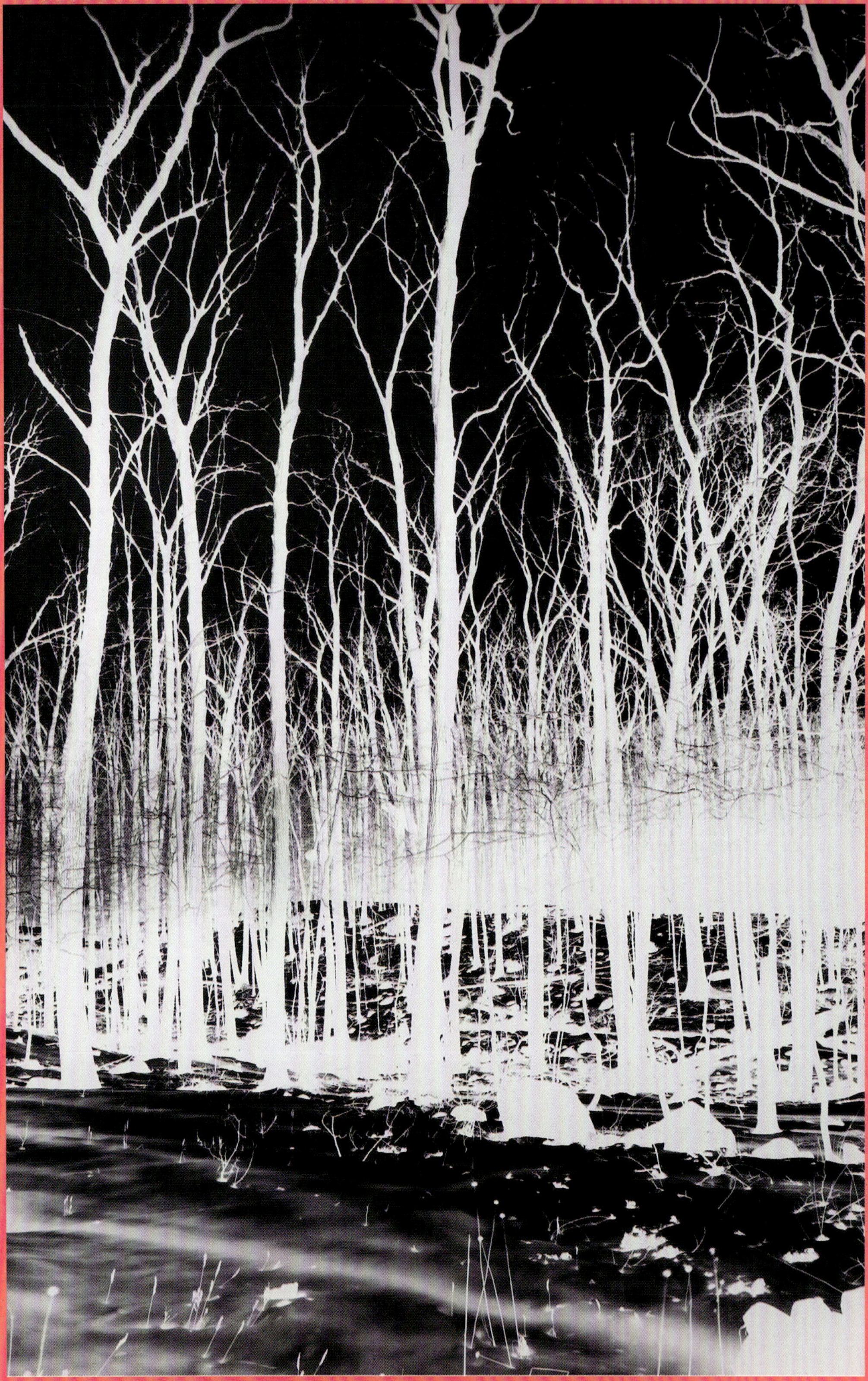

IHR EIGENES CAMERA-OBSCURA-BILD MACHEN

Um Ihr eigenes „Lochbild“ zu erstellen, benötigen Sie einen lichtdichten Karton mit einem winzigen Loch an einer Seite und etwas Fotopapier. Fertigen Sie also eine Schachtel aus schwarzem Karton an und fügen Sie eine Lochblende ein. Viele Online-Quellen erklären, wie man das macht. Legen Sie in der Dunkelheit Ihr Fotopapier ein. Vergewissern Sie sich, dass die gesamte Einheit lichtdicht abgeschlossen ist, bevor Sie das Licht wieder einschalten.

Gehen Sie mit Ihrer Kamera nach draußen, um Ihr Foto zu machen. Probieren Sie es an einem sonnigen Tag mit einer Belichtungszeit von 30 Sekunden, aber passen Sie die Länge der Belichtung nach Bedarf an. Nehmen Sie sich unbewegte Motive vor, die einen guten Kontrast aufweisen. Nachdem Sie Ihr Bild belichtet haben, bewahren Sie es im Dunkeln auf, bis Sie es entwickeln wollen.

Cold Spring XIII: February 25, 2013,
Vera Lutter, 2014

JULIA MARGARET

Großbritannien
1815–1879
Kunst
Porträt

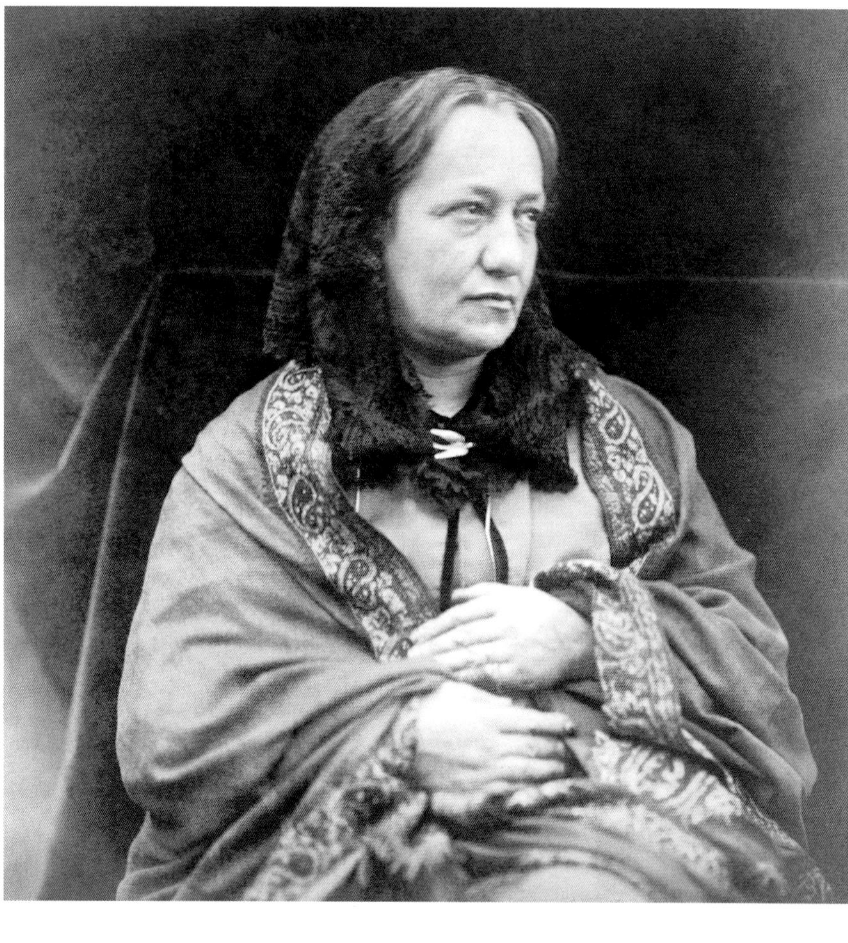

CAMERON

DIE ROMANTIKERIN

Julia Margaret Cameron, deren Name geradezu ein Synonym für die frühe Porträtfotografie ist, hatte die Gabe, etwas Undefinierbares in ihren Bildern einzufangen, eine Essenz von etwas oder jemandem. Cameron war 48 Jahre alt, als sie von ihrer Tochter und ihrem Schwiegersohn eine Kamera geschenkt bekam und zu fotografieren begann. Sie lebte damals auf der Isle of Wight und stürzte sich in ihr neues Hobby: Sie baute den Kohlenschuppen der Familie in eine Dunkelkammer und das Gewächshaus in ein Studio um.

Cameron war bereits mit der Fotografie vertraut, da sie schon 1841 von ihrem engen Freund, dem angesehenen Chemiker und Astronomen Sir John Herschel, Beispiele für fotografische Bilder oder „Talbotypen" (benannt nach deren Erfinder William Henry Fox Talbot) gezeigt bekommen hatte. Die experimentierfreudige Künstlerin fertigte auch Alben an und kombinierte einen Abzug, den sie von einem Negativ des berühmten schwedischen Fotografen Oscar Gustave Rejlander angefertigt hatte, mit einem Fotogramm (einer kameralosen Technik), das Farne zeigte. Am bekanntesten aber ist sie für ihre faszinierenden, eindrucksvollen Porträts, die sich von allen anderen Bildern dieser Zeit unterscheiden.

Cameron bewegte sich in Literatur- und Künstlerkreisen und fotografierte häufig ihre engen Freunde, ihre Familie, aber auch das Hauspersonal. Zu ihren Porträtierten gehören bekannte Persönlichkeiten der damaligen Zeit wie der Dichter Alfred Lord Tennyson und der Naturforscher Charles Darwin. Cameron wurde für ihre unerschütterliche Überzeugung gelobt, dass die Fotografie eine Kunstform sei. Außerdem hat sie ihre Fotos urheberrechtlich geschützt, ausgestellt, veröffentlicht und vermarktet und damit einen ganz eigenen professionellen Weg beschritten.

Sie inszenierte häufig biblische und allegorische Szenen mit ihren Modellen als Figuren, füllte den Bildausschnitt mit ihren Motiven und experimentierte mit Weichzeichnern, um emotional aufgeladene Porträts zu schaffen, die gerade deshalb gegen die Konventionen verstießen, weil sie ästhetisch nicht „perfekt" waren. Bei der Verwendung von Nasskollodium-Glasnegativen und der Herstellung von Albuminabzügen akzeptierte sie „Fehler" wie Streifen und Schlieren, die während des Prozesses entstanden. Die Herstellung eines fotografischen Porträts mit dem Nasskollodium-Verfahren war eine Herausforderung, nicht nur, weil der oder die Porträtierte während der Belichtung mehrere Minuten lang stillhalten musste (was zu Bewegungsunschärfen geradezu einlud), sondern auch, weil sich bei der Handhabung der chemisch beschichteten Glasplatten leicht Fingerabdrücke oder andere Spuren einschleichen konnten. Cameron zerkratzte auch ihre Negative, um Bilder zu verändern oder zu verbessern, und machte Abzüge von beschädigten Negativen. Obwohl sie für ihre unkonventionelle Arbeitsweise kritisiert wurde, lässt sich vermuten, dass solche „Unvollkommenheiten" ihre fotografischen Porträts eher aufwerten als beeinträchtigen und die Handschrift der Künstlerin für alle sichtbar machen.

Für eine Frau im viktorianischen Großbritannien war es höchst ungewöhnlich, als Fotografin so viel Anerkennung und Erfolg zu haben. Von stimmungsvollen erzählerischen und allegorischen Tableaus, die uns in traumhafte Welten entführen, bis hin zu eindringlichen Porträts – Camerons fotografische Porträts sind heute genauso verblüffend wie zu der Zeit, als sie ihre Aufnahmen machte.

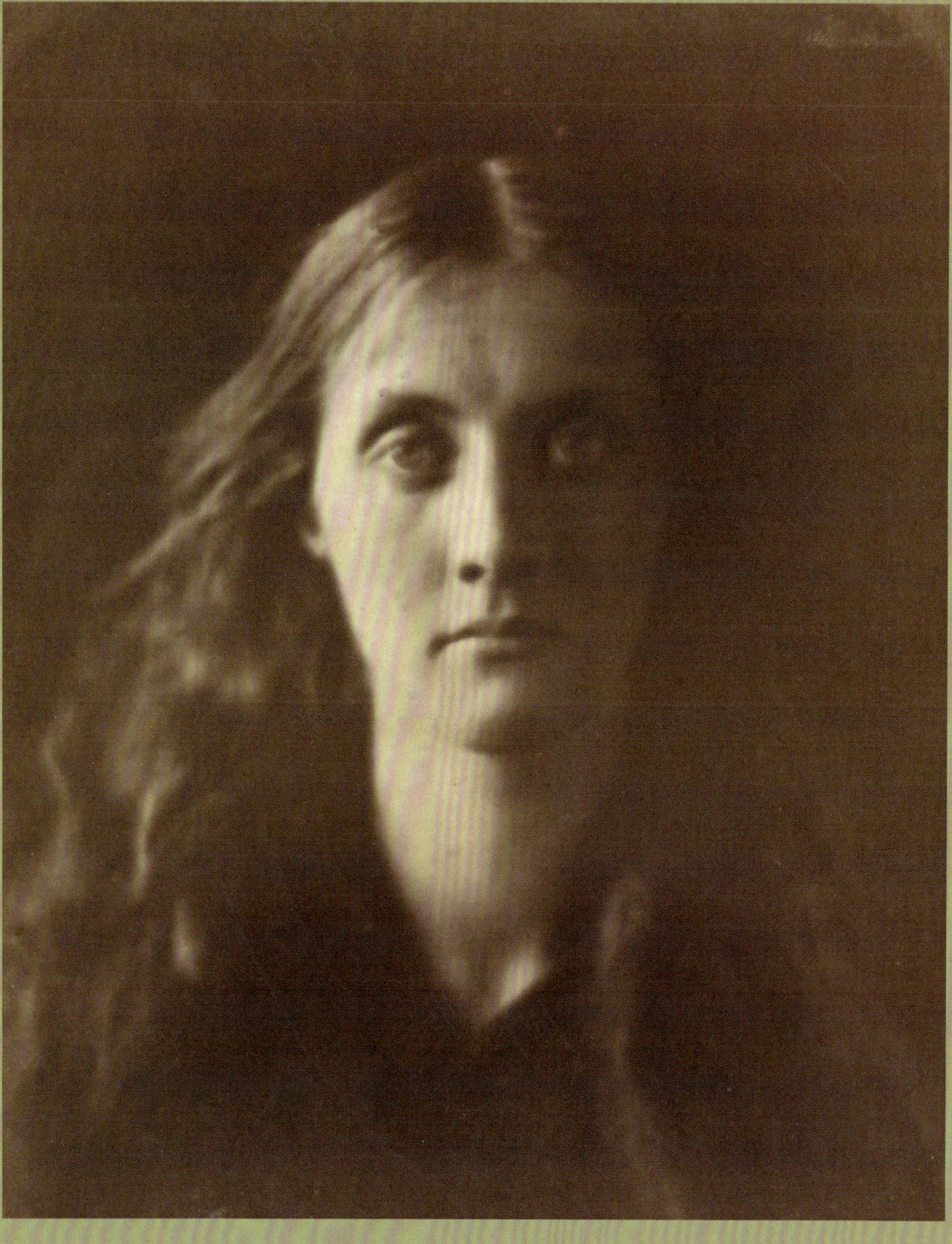

LANGZEITBELICHTUNG EINSETZEN, UM EIN STIMMUNGSVOLLES PORTRÄT ZU KREIEREN

Auch wenn Sie nicht mit dem Nasskollodiumverfahren arbeiten, können Sie mit ein paar einfachen Tipps ansprechende Porträts erstellen, die denen von Julia Margaret Cameron ähneln.

Ziehen Sie die Vorhänge in dem Raum zu, in dem Sie Ihr Porträt machen wollen. Setzen Sie die Person auf einen Stuhl und stellen Sie die Kamera auf einem Stativ vor die Person. Verwenden Sie vielleicht einen dunklen Hintergrund – ein Stück Pappe oder Stoff genügt. Stellen Sie ein einfaches Licht oder eine Lampe seitlich von Ihrem Modell in Gesichtshöhe auf (zum Beispiel auf einem Beistelltisch). Verwenden Sie auf der anderen Seite einen weißen oder silbernen Reflektor, um das Licht auf Ihr Motiv zu reflektieren. Probieren Sie verschiedene Verschlusszeiten aus, um den Look des Bildes zu variieren.

Julia Jackson Duckworth (1846–1895),
Julia Margaret Cameron, 1867

ANJA

Deutschland
1965–2014
Dokumentarfotografie
Fotojournalismus

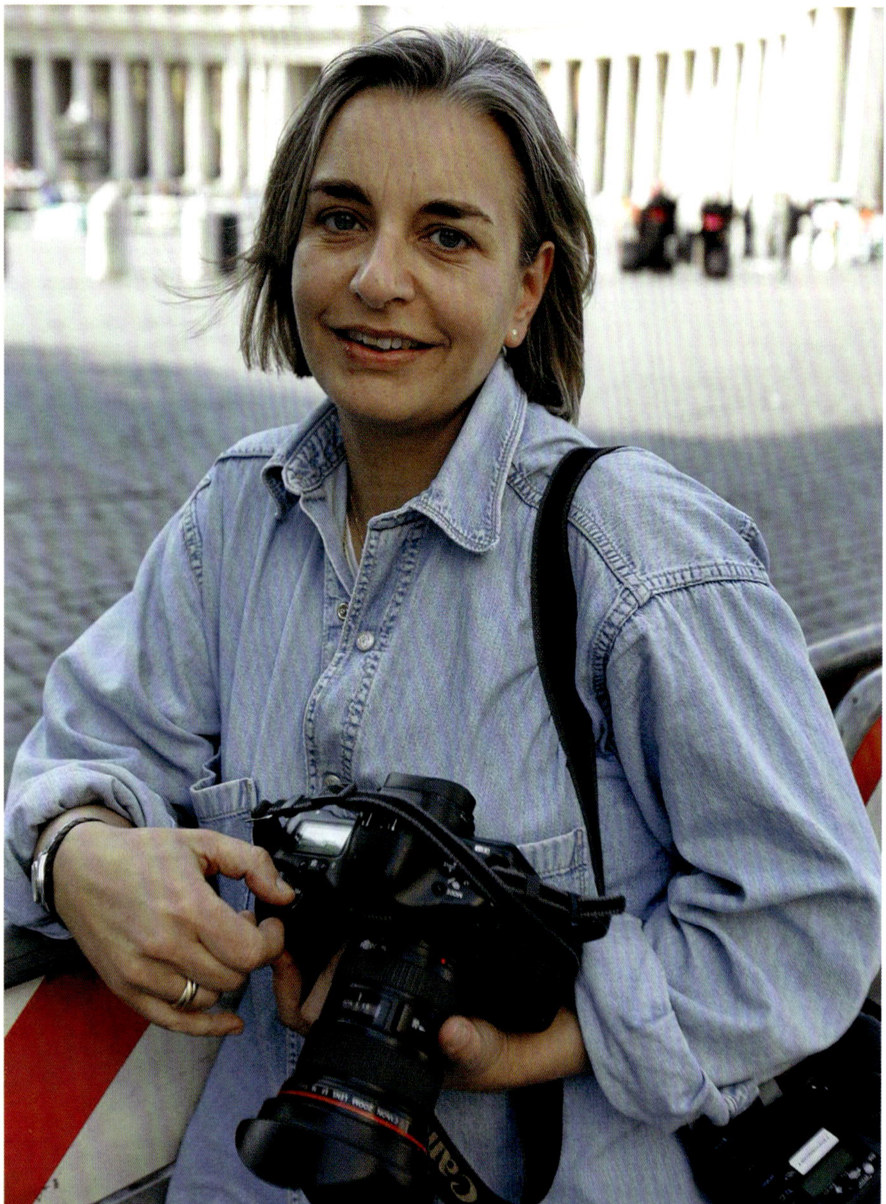

NIEDRINGHAUS

DIE FURCHTLOSE MENSCHENFREUNDIN

Am 4. April 2014 wurde Anja Niedringhaus in der Provinz Khost im Osten Afghanistans erschossen. Sie war 48 Jahre alt. Die erfahrene Pressefotografin saß mit ihrer Kollegin Kathy Gannon von Associated Press in einem Auto, als ein afghanischer Kämpfer das Feuer auf ihr Fahrzeug eröffnete. Niedringhaus war auf der Stelle tot, während Gannon den Angriff überlebte. Die beiden, die ersten „embedded journalists" in der afghanischen Nationalarmee,[35] hätten am folgenden Tag über die Präsidentschaftswahlen berichten sollen. Beide hatten Jahre in Afghanistan verbracht und über die Erfahrungen der dort lebenden Menschen berichtet.

Engagiert, unerschrocken und mitfühlend, war Niedringhaus keine gewöhnliche Fotografin des Krieges (die Bezeichnung „Kriegsfotografin" mochte sie offenbar nicht). Sie versuchte immer, über Bilder von Kämpfen und Blutvergießen hinauszugehen und schuf Fotos, die einem Ort wirklich nahekamen. Die deutsche Fotografin, die in ihrer jahrzehntelangen Karriere aus großen Konfliktgebieten wie Sarajewo, Kuwait, Irak, Libyen, Gaza und dem Westjordanland berichtet hatte, machte es sich zur Aufgabe, mit ihrer Kamera die Auswirkungen der Ereignisse auf die einfachen Menschen zu zeigen. Sie wollte die Geschichten der Menschen zu erzählen.

Niedringhaus „fühlte sich verpflichtet, das alles zu dokumentieren", sagte die Galeristin Dr. Silke von Berswordt-Wallrabe drei Jahre nach Niedringhaus' Tod.[36] Es sei ihre Fähigkeit, die individuelle Erfahrung zu zeigen, die ihre Fotografien so besonders mache. Niedringhaus' scharfsinniges und sensibles Gespür für die Kleinigkeiten des täglichen Lebens zeigt sich in ihren bewegenden Bildern von Kindern, die in Trümmern herumtollen oder Fußball spielen, in einem stillen Moment der Besinnung oder einer kurzen Interaktion. Sie hatte ein Händchen dafür, das Aufflackern von Freude bis Verzweiflung (und alles, was dazwischen liegt) darzustellen. In ihren nuancierten und ergreifenden Bildern hat man das Gefühl, dass der Krieg nie weit weg ist, aber in diesem Moment nur ein entferntes Brummen. Was zählt, ist die menschliche Erfahrung.

Die in Höxter geborene Niedringhaus begann bereits während ihrer Schulzeit als freiberufliche Fotografin zu arbeiten. Nachdem sie 1989 den Fall der Berliner Mauer fotografiert hatte, kam sie im folgenden Jahr zur European Pressphoto Agency in Frankfurt, deren Cheffotografin sie wurde und für die sie ein Jahrzehnt lang aus dem ehemaligen Jugoslawien berichtete. Im Jahr 2002 kam Niedringhaus zur Associated Press und arbeitete im gesamten Nahen Osten sowie in Afghanistan und Pakistan. Sie war Mitglied des AP-Teams (und die einzige Frau), das 2005 den Pulitzer-Preis für Nachrichtenfotografie für die Berichterstattung über den Irak erhielt, und berichtete außerdem über neun Olympische Spiele und andere internationale Sportereignisse.

Als Vorreiterin in ihrem Fachgebiet gehörte Niedringhaus zur „ersten Generation von Frauen ..., die in den Beruf eintrat, als gehöre sie dazu", so die Fotografin und Autorin Kael Alford. [37] Sie hat auch unzählige andere inspiriert, darunter Adriane Ohanesian, die 2016 den IWMF Anja Niedringhaus Courage in Photojournalism Award gewann, der nach Niedringhaus' Tod ins Leben gerufen wurde. Im Jahr 2017 sagte Ohanesian dem *TIME Magazine*: „Sie hat mich als Frau ermutigt, [zu wissen], dass man in jede Situation hineingehen und mit einer starken, bedeutungsvollen Arbeit herauskommen kann, so wie jeder andere auch." [38]

ETWAS INTERESSANTES EINBAUEN, DAS DIE AUFMERKSAMKEIT AUF SICH ZIEHT

Anja Niedringhaus hatte ein Auge dafür, im Chaos des Konflikts bedeutungsvolle, intime Momente zu entdecken. Die Komposition ihrer Bilder war stets perfekt durchdacht und präzise ausgeführt – ein Zeugnis ihres immensen Könnens als Fotografin.

Oft platzierte Niedringhaus ihr Hauptmotiv in einer Ecke oder am Rand des Bildes, um den Blick in das Bild hinein und im Bild herum zu führen. Auf diese Weise erzeugte sie eine gewisse Dynamik, wobei das Hauptmotiv auch als eine Art Ankerpunkt diente. Die Technik, das Auge in ein Bild hineinzuziehen, die Niedringhaus so wirkungsvoll einsetzte, lässt sich auf unzählige Themen und Umgebungen anwenden. Wenn Sie ein Bild komponieren, entscheiden Sie sich für ein Thema und machen Sie es zum Fokus Ihres Bildes. Alles andere hängt dann davon ab.

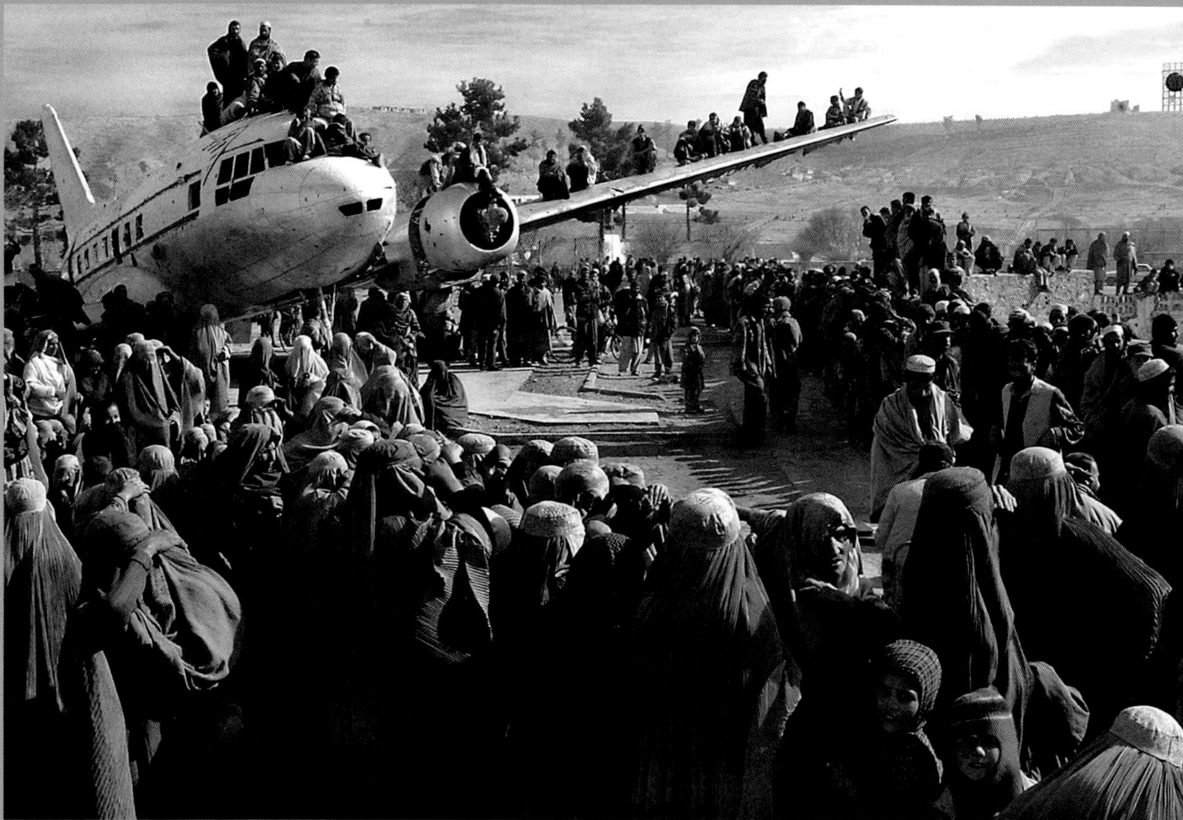

*Afghan*innen versammeln sich um ein zerstörtes Passagierflugzeug, während sie in der Nähe des Stadions von Kabul auf eine humanitäre Hilfslieferung warten, Kabul, Afghanistan,*
Anja Niedringhaus, 2002

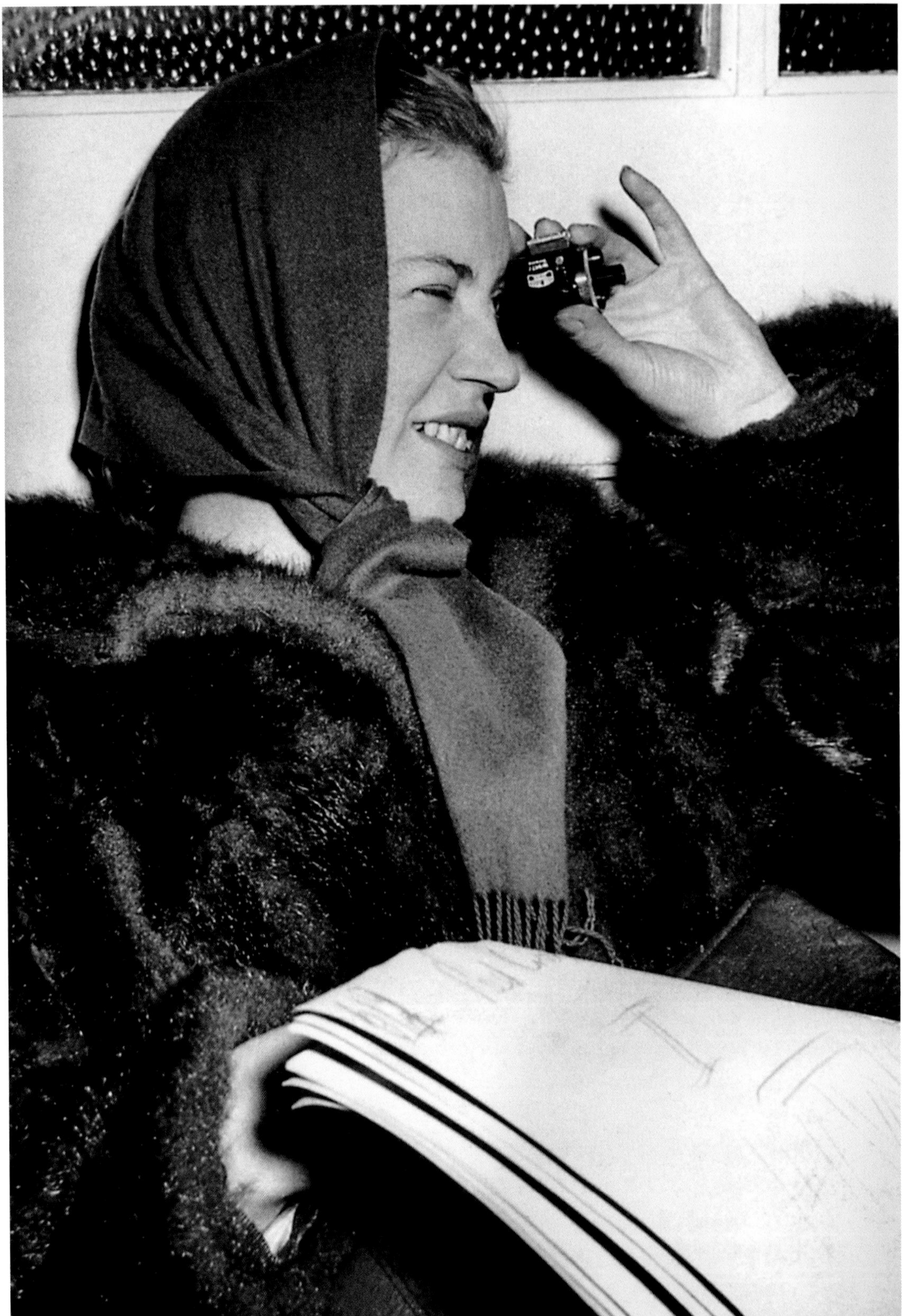

LEE MILLER

DIE SURREALISTIN

Lee Miller hat die Erfahrung gemacht, auf beiden Seiten der Kamera zu stehen – zunächst als Modell und Muse, dann als Fotografin, die eine gefeierte surrealistische Künstlerin werden sollte. Miller, die in den späten 1920er Jahren für die amerikanische *Vogue* fotografiert wurde, hatte ein künstlerisches Auge, nachdem sie einige Jahre zuvor in Paris Beleuchtung, Kostümgestaltung und Design studiert hatte. Von dem Fotografen Edward Steichen ermutigt, sich der Fotografie zu widmen, zog Miller 1929 von New York City in die französische Hauptstadt und lernte die Surrealisten kennen, darunter den Künstler Man Ray, der nicht nur ihr Lehrer, sondern auch ihr Geliebter und Geschäftspartner wurde. Eine Zeit lang arbeiteten die beiden zusammen, vor allem bei der gemeinsamen Wiederentdeckung der Solarisation, einer Technik, die ihre Wurzeln im 19. Jahrhundert hat und bei der ein Entwicklungsnegativ dem Licht ausgesetzt wird, wodurch sich Bereiche des Bildes farblich verändern.

Miller wurde in Poughkeepsie, New York, geboren. Als rastlose Seele, die sich ständig neu erfinden wollte, gründete sie erfolgreiche Fotostudios in Paris und später in New York, bevor sie den ägyptischen Geschäftsmann Aziz Eloui Bey heiratete und mit ihm nach Kairo zog. In Ägypten setzte sie ihre Arbeit fort und schuf oft surreal anmutende Fotografien, aber schließlich wuchs sie über ihr Leben dort hinaus. Nachdem sie den englischen surrealistischen Maler Roland Penrose kennengelernt hatte, zog Miller am Vorabend des Zweiten Weltkriegs mit ihm nach London und später nach Sussex. In den ersten Kriegsjahren fotografierte sie den „Blitz" in London, bevor sie eine Akkreditierung erhielt und von der britischen *Vogue* nach Kontinentaleuropa geschickt wurde. Miller gehörte zu den ersten Fotograf*innen, die bei Kriegsende nach Deutschland einreisten, als eine von nur vier Frauen, die offiziell mit der US-Armee unterwegs waren. Als Kriegsberichterstatterin begleitete Miller die alliierten Truppen bei der Befreiung von Buchenwald und Dachau, berichtete über die Schlacht von Saint-Malo (sie soll die einzige Journalistin gewesen sein, die in den ersten Tagen der Belagerung vor Ort war) und fotografierte Hitlers verlassene Wohnung in München. Ein von ihrem Kollegen David E. Scherman aufgenommenes Foto von Miller in Hitlers Badewanne ist eines der ikonischsten Bilder des 20. Jahrhunderts. Einzigartig, überraschend, und einigermaßen schaurig, verrät das Foto viel über Millers kühne Persönlichkeit, die sie dazu trieb, die Fotos zu machen, die sie machte, von denen die besten witzig, aufschlussreich, freimütig und zuweilen schräg, verblüffend und seltsam sind. Miller hatte einen Blick für das Surreale, was sich in den traumhaften Porträts und Aktstudien zeigte, aber auch in den Straßenfotografien, die sie in der französischen Hauptstadt aufnahm, und in ihren Ägypten-Fotografien, von denen dieses Bild (siehe Abbildung) eines der eindrucksvollsten ist. Die ovale Öffnung, die an ein Auge erinnert – ein klassisches surrealistisches Symbol/Motiv – rahmt die zusammengewürfelten Beine perfekt ein. Unsere Aufmerksamkeit wird durch den Schatten, der sich den Figuren zu nähern scheint, auf brillante Weise auf diese Beine gelenkt, und es entsteht das Gefühl, dass wir die Perspektive von Spionen oder Voyeuren einnehmen. Das Foto ist eine wunderbare Mischung aus Humor und Skurrilität.

Miller führte ein so facettenreiches Leben, dass immer die Gefahr bestand, ihre Biografie könnte ihr Werk überschatten. Vor allem den Bemühungen ihres Sohnes Antony Penrose ist es zu verdanken, dass Millers Erbe als eine der faszinierendsten und ikonischsten Künstlerinnen des 20. Jahrhunderts bewahrt wurde.

USA
1907–1977
Kunst
Fotojournalismus
Porträt

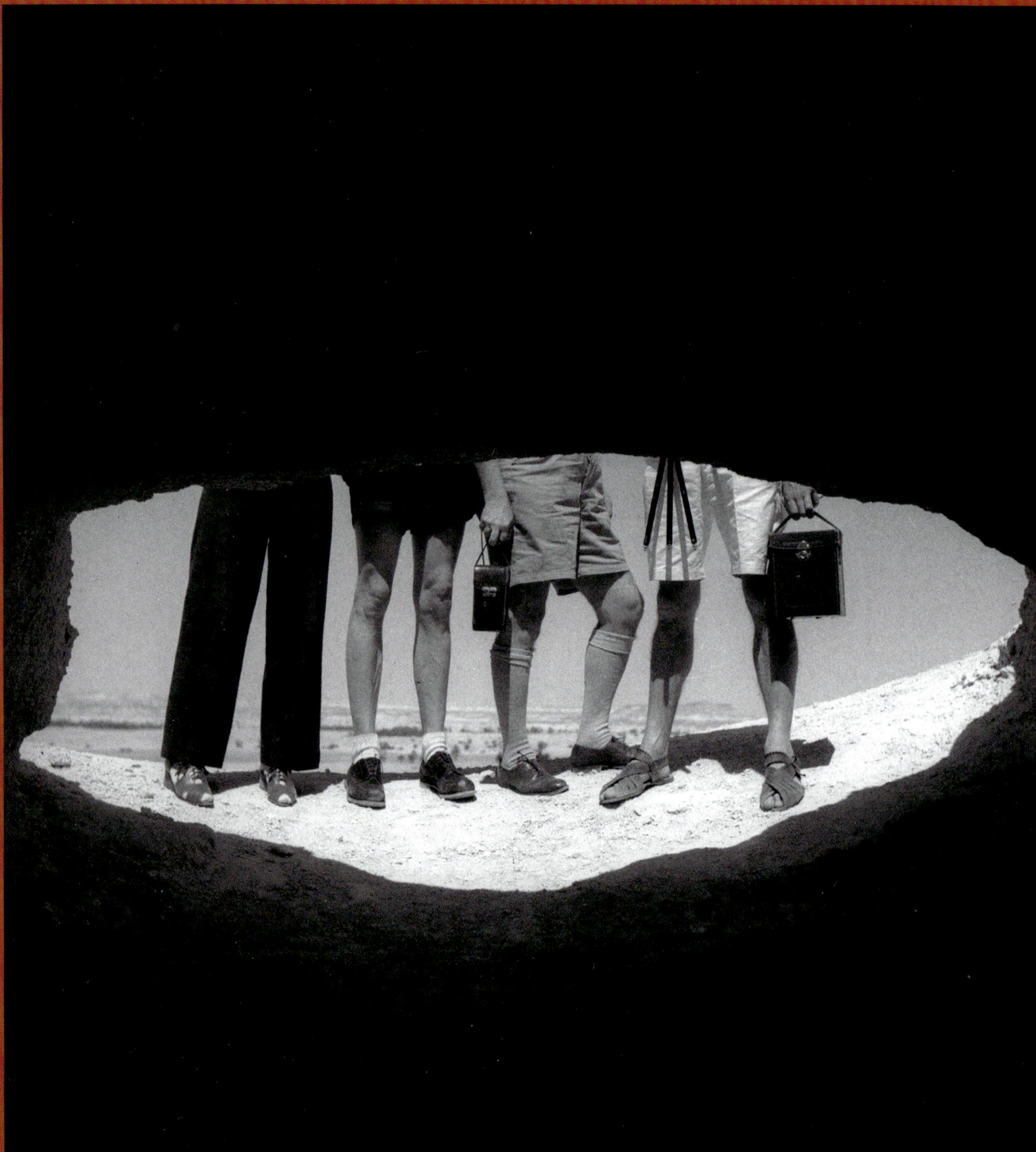

DAS SURREALE IM ALLTÄGLICHEN FOTOGRAFIEREN

Miller ließ keine Gelegenheit aus, ein Bild zu schaffen, das mehr Fragen als Antworten aufwarf. Sie konzentrierte sich auf Details und kippte ihre Kamera manchmal, sodass das Bild weniger leicht zu entziffern war. Sie nutzte auch den Raum in ihren Bildern, um ihre Motive im Bild hervorzuheben.

Gehen Sie mit Ihrer Kamera hinaus und nehmen Sie sich einen Moment Zeit, um Ihre Umgebung zu betrachten. Fällt Ihnen etwas Interessantes auf? Dann beginnen Sie mit dem Fotografieren, indem Sie ungewöhnliche architektonische Details heraussuchen oder Ihren Bildausschnitt so wählen, dass nur Teile von Passanten zu sehen sind. Grundsätzlich ist es nicht verboten, im öffentlichen Raum zu fotografieren, aber denken Sie daran, die Privatsphäre anderer zu respektieren.

Ohne Titel [Beine, Mafy Miller, dann vermutlich Dimitri Papadimos, George Hoyningen-Heuné und Roland Penrose], Gebel Mawta, Siwa, Ägypten, Lee Miller, 1939

PAZ

Chile
*1944
Dokumentar-
fotografie
Fotojournalismus
Porträt

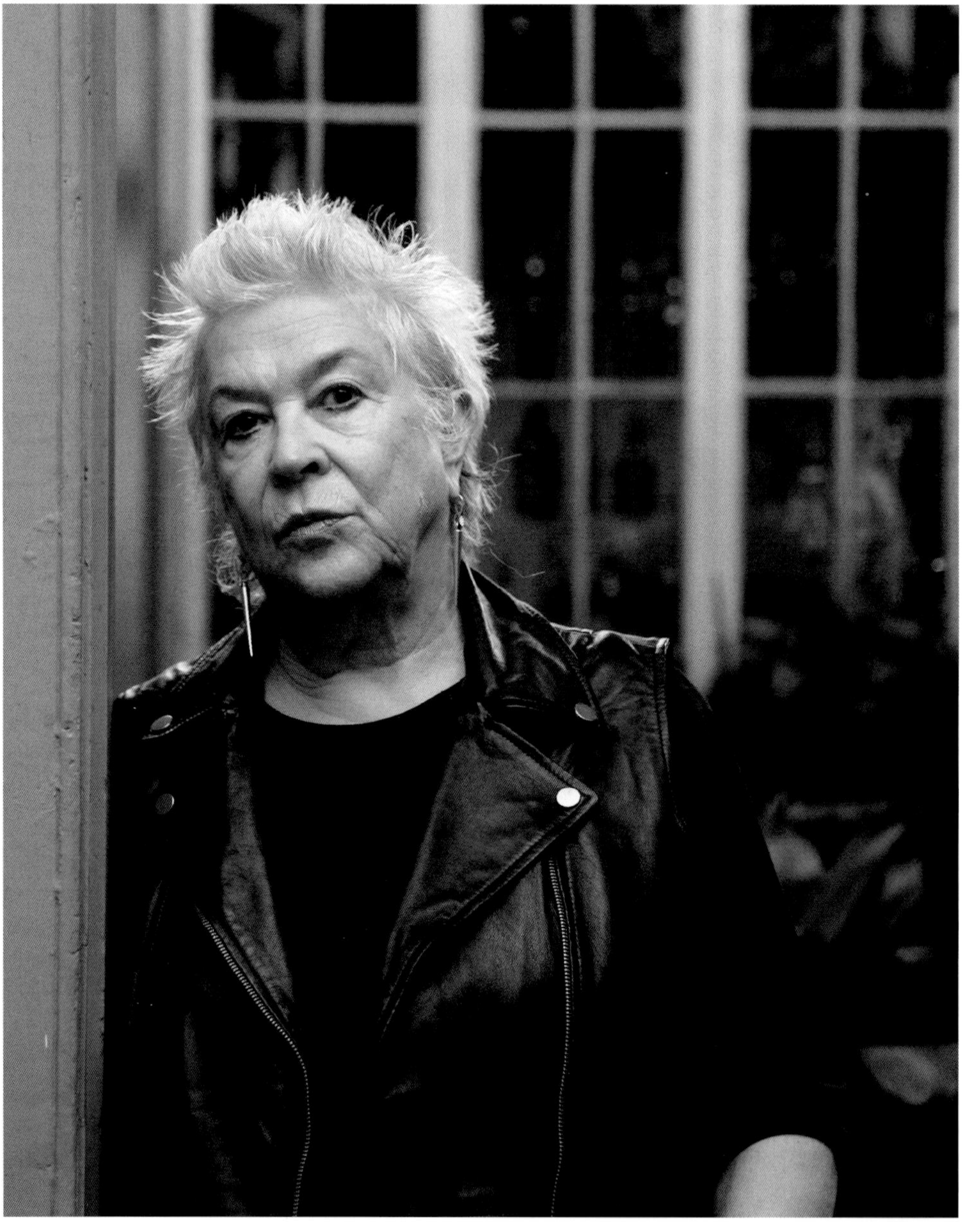

ERRÁZURIZ

DIE DIKTATURVERÄCHTERIN

Zu fotografieren, obwohl man sich damit in Lebensgefahr begibt, erfordert ein fast unvorstellbares Maß an Mut. Paz Errázuriz tat genau das, als sie begann, während des Pinochet-Regimes die Geschehnisse um sie herum zu dokumentieren. Für die chilenische Fotografin war das eine Notwendigkeit und eine moralische Verpflichtung. Die Fotografie wurde für Errázuriz schnell nicht nur zu einem Akt des persönlichen Ausdrucks, sondern auch des politischen Widerstands, ein Mittel, um die Aufmerksamkeit auf diejenigen zu lenken, die an den Rand der Gesellschaft gedrängt worden waren.

Errázuriz arbeitete als Grundschullehrerin und brachte sich nebenbei das Fotografieren bei, als die Diktatur begann. Man schrieb das Jahr 1973. General Augusto Pinochet hatte durch einen Militärputsch die Macht an sich gerissen, was den Beginn einer 17-jährigen Unterdrückungsherrschaft markierte. Da sie ihren Beruf nicht mehr ausüben konnte, fasste Errázuriz den mutigen Entschluss, sich als Fotografin selbstständig zu machen. Das war ein gefährlicher Schritt, nicht zuletzt, weil die Fotografie vom Staat als ein Akt der Auflehnung angesehen wurde. In marginalisierten Gemeinschaften zu fotografieren, vor allem als Frau (die bürgerlichen Freiheiten von Frauen wurden während des Regimes stark eingeschränkt), war noch riskanter.

Errázuriz und eine Gruppe von Gleichgesinnten begannen, als Fotojournalist*innen auf den Straßen Santiagos zu arbeiten. Gleichzeitig begann Errázuriz, Foto-Essays zu Themen zu machen, die sie interessierten – Geschichten, die oft auf das zentrale Thema der Identität zurückgingen. Man musste Metaphern verwenden, so Errázuriz, vorsichtig sein und klug überlegen, wie und wann man fotografierte. In den kommenden Jahren fotografierte Errázuriz Psychiatriepatient*innen, Blinde, Prostituierte, Transvestiten, alternde Körper, Zirkusartist*innen und viele andere Menschen, die von der Gesellschaft als wertlos angesehen wurden. Auch Frauen aus allen Lebensbereichen waren ihr Thema.

Immer neugierig und mitfühlend, nahm sie sich die Zeit, die Menschen vor ihrer Kamera kennenzulernen und Vertrauen zu ihnen aufzubauen. Sie arbeitete sensibel und respektvoll, um ihre Motive mit Würde zu porträtieren. Eines ihrer berühmtesten Werke ist die Serie *Adam's Apple* (1982–1987) – intime und zärtliche Porträts von Cross-Dressing- und Transgender-Sexarbeiter*innen. Indem sie in diese Gemeinschaft eintauchte, dokumentierte Errázuriz den Alltag von Pilar, Mercedes und Evelyn, wobei sie oft das vorhandene Licht nutzte, was den Bildern eine schöne naturalistische Qualität verleiht. Errázuriz hat sich dafür entschieden, ihre Motive nicht in Pose zu setzen, sondern mit ihnen in einen Dialog zu treten. Sie hat über die Notwendigkeit gesprochen, den Menschen zu zeigen, „was sie nicht sehen, damit sie lernen, hinzusehen“[39]. Ihre Bilder besitzen die Art von Ehrlichkeit, die nur möglich ist, wenn eine Person die Fotografin in ihre Welt lässt. Jedes Foto ist für Errázuriz auch ein Spiegelbild, eine Art Selbstporträt.[40]

Trotz der ständigen Bedrohung ihrer Sicherheit und ihres Wohlergehens trotzte Errázuriz einer brutalen Diktatur und schuf viele kraftvolle und tief berührende Bilder, die auch in den Jahren nach dem Ende des Regimes noch von Bedeutung waren. Das Werk, das sie so furchtlos geschaffen hat, wirkt heute noch genauso nach wie damals.

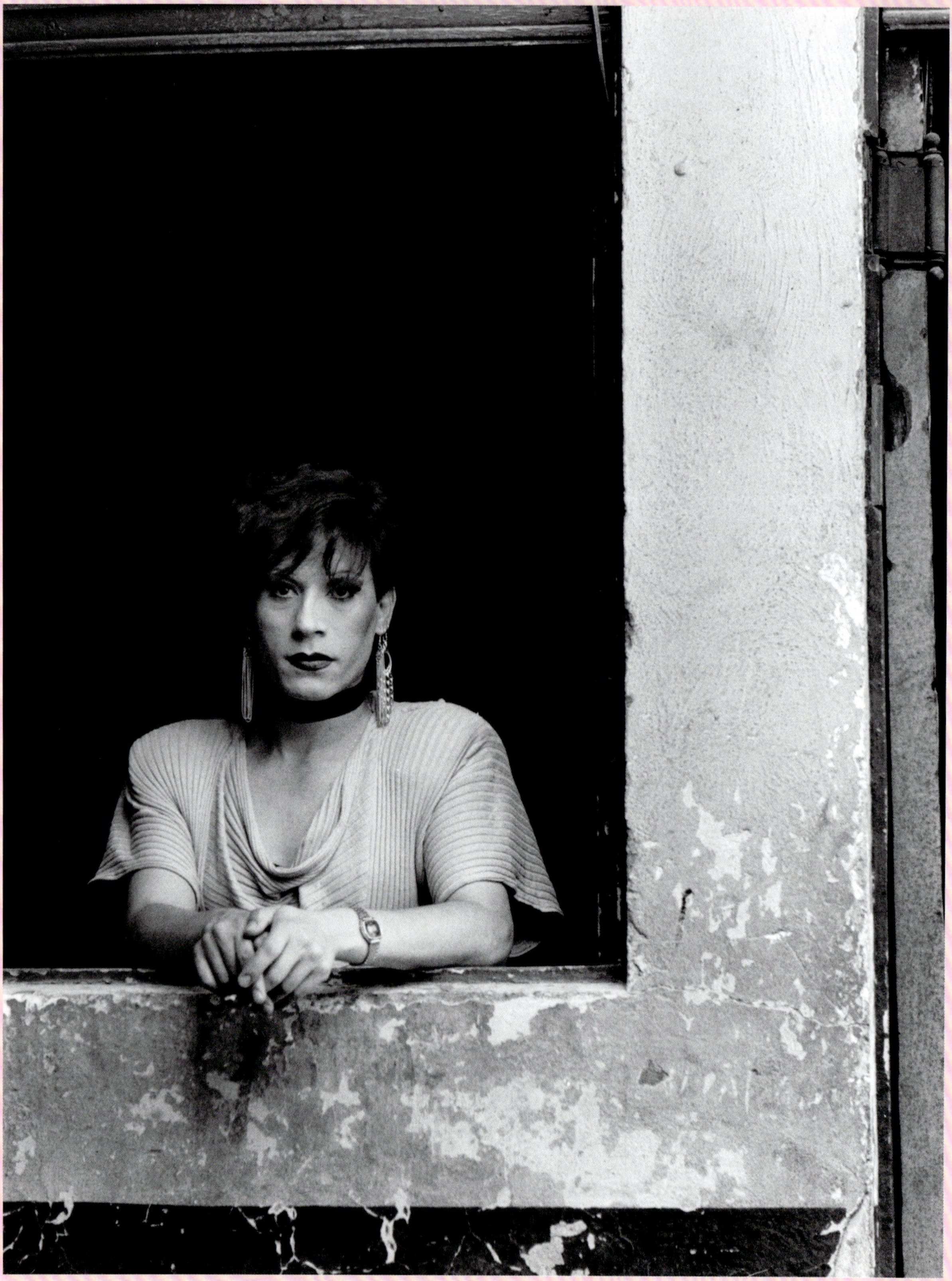

DAS VERFÜGBARE LICHT FÜR INTIME SCHWARZ-WEISS-PORTRÄTS NUTZEN

Paz Errázuriz, die in der Zeit vor der Digitalfotografie analog fotografierte, wusste, wie sie mit Schwarz-Weiß-Fotografie Bilder schaffen konnte, die genau die Stimmung und das Gefühl vermittelten, das sie wollte. Heute wie damals geht es darum, zu erkennen, wie das Licht auf Gesicht und Körper trifft, und zu verstehen, wie es gestaltet werden kann.

Achten Sie bei jeder Gelegenheit, bei der Sie Menschen fotografieren, darauf, wie sich unterschiedliche Farben in Schwarz-Weiß umsetzen lassen. Ein 85-mm-Objektiv ist ein vielseitiges und schmeichelhaftes Porträtobjektiv, aber auch mit einem 50- oder 135-mm-Objektiv lassen sich gute Ergebnisse erzielen. Wählen Sie ein Weitwinkelobjektiv, wenn Sie mehr von der Umgebung der Person zeigen möchten. Positionieren Sie Ihr Motiv an einem Fenster und versuchen Sie, den Rahmen als kreatives Element in der Komposition zu verwenden.

Evelyn,
Paz Errázuriz, 1982

SALLY

USA
*1951
Kunst
Landschaftsfotografie
Porträt

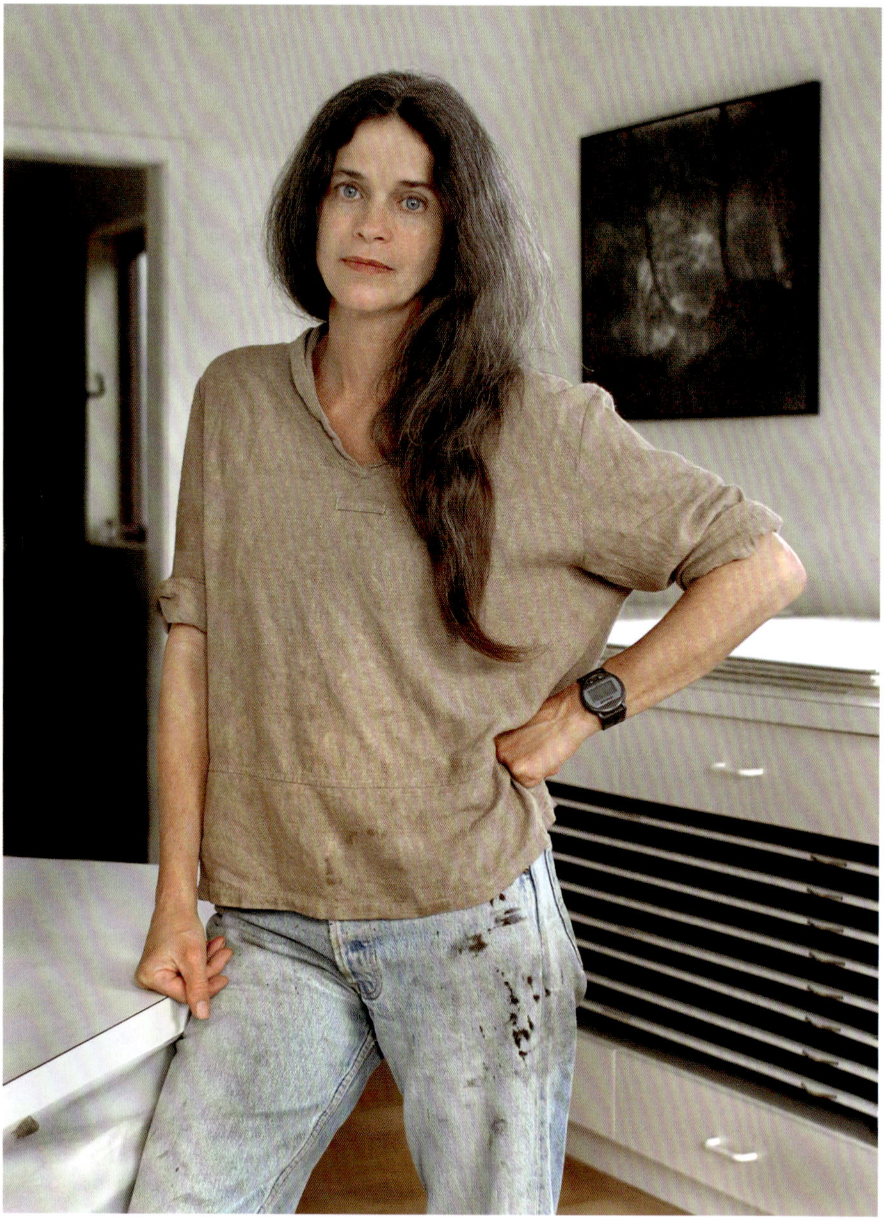

MANN

DIE LOKALCHRONISTIN

Ein undefinierbares Gefühl von Magie oder Mysterium durchdringt die Fotografien von Sally Mann, seien es die von ihren Kindern, ihrem Mann oder einer Landschaft in ihrem geliebten amerikanischen Süden. Gleichzeitig sind ihre Bilder – die sie mit verschiedenen analogen Verfahren herstellt – fest in der Realität verwurzelt, so physisch und zeitlich, wie Fotografien nur sein können. Dies ist jedoch nicht die einzige Zweideutigkeit, die im Spiel ist; hinter der scheinbaren Ruhe liegt ein Hauch von Dunkelheit oder Unbehagen.

Während ihrer jahrzehntelangen Karriere war Mann stets von den Bereichen des menschlichen Lebens fasziniert, in die das Licht nicht vordringt: die Erschütterungen, Leiden und Traumata der Kindheit; der langsame, unbarmherzige Fortschritt einer Krankheit (Mann hat ihren an Muskeldystrophie erkrankten Ehemann fotografiert); die schreckliche Geschichte der Sklaverei und des Rassismus, in der sie aufgewachsen ist und immer noch lebt; und das Ende, das uns alle erwartet – der Tod (ihre Serie *What Remains* zeigt Bilder von verwesenden Leichen, die allmählich in der Erde verschwinden). Mann hat nie die unbequemen Wahrheiten gescheut, die ihr Medium so schonungslos in den Fokus nimmt, sondern sich ihnen gestellt.

Geboren in Lexington, Virginia, begann Mann schon in der Schule mit der Fotografie. Ihr Vater war ein Arzt, der auch künstlerisch tätig war und ihr Interesse am Fotografieren förderte. Ihre Mutter führte eine Buchhandlung. Nach dem Studium der Literaturwissenschaft erwarb Mann einen Master in kreativem Schreiben und verfeinerte ihre Fähigkeiten in der Fotografie in Workshops. Mit einer 8×10-Kamera erforschte sie in ihren frühen Arbeiten das Heranwachsen, einschließlich der komplexen Emotionen und Erfahrungen, die mit dem Erwachsenwerden einhergehen – ein Thema, mit dem sie sich in den Fotografien ihrer drei kleinen Kinder, die zwischen 1985 und 1994 entstanden, ausführlich befasste. Alltägliche Aktivitäten wie Essen, Spielen und Schlafen sowie die Höhen und Tiefen der Kindheit waren in dieser Zeit ihr Thema, wobei jede Szene – makellos inszeniert – irgendwie aus der Alltäglichkeit herausgehoben wurde, aus der sie entstanden war. Mann veröffentlichte Bilder aus dieser Zeit in dem bahnbrechenden Buch *Immediate Family* (1992), das ihr Ruhm und Bewunderung einbrachte, aber auch Kontroversen auslöste.

Mitte der 1990er Jahre, nachdem sie bereits den Platindruck für ihre Arbeiten verwendet hatte, begann Mann mit der Herstellung von Kollodiumabzügen von Landschaftsfotografien, die sie in ihrer Heimat Virginia, Georgia und weiten Teilen der Südstaaten, einschließlich Mississippi und Louisiana, aufgenommen hatte. Diese Landschaften sind stark von Geschichte geprägt. Obwohl sie ebenso betörend und scheinbar zeitlos sind wie ihre Familienbilder, verweisen die oft als unheimlich oder gespenstisch beschriebenen Fotografien auf eine tragische, blutige Vergangenheit, in der unermessliches Leid und Unrecht geschahen. Stets bereit, sich auf die Launenhaftigkeit ihres Mediums einzulassen, nahm Mann einige der Fotos mit einem altmodischen Objektiv auf, was die Unvorhersehbarkeit der Ergebnisse noch verstärkt hat. Andere Bilder wurden auf kontrastreichem Film aufgenommen, um helle und dunkle Bereiche zu akzentuieren.[41]

Manns Fotografien bilden ein unvergleichliches Werk. Ihre Schönheit liegt in ihrer Fähigkeit, die alltäglichsten und vertrautesten menschlichen Erfahrungen und Gefühle anzusprechen und uns dennoch an Orte zu versetzen, von denen wir nur träumen können.

EINE LANDSCHAFT ALS SILHOUETTE ABBILDEN

Der Sonnenuntergang ist eine magische Zeit zum Fotografieren, nicht nur wegen des schönen goldenen Lichts, sondern weil es möglich ist, dieses Licht zu nutzen, um markante Silhouetten von Bäumen in der Landschaft zu schaffen.

Wählen Sie ein Motiv mit starken, grafischen Formen. Versuchen Sie, tief zu gehen und nach oben zu fotografieren, um so viel Himmel wie möglich ins Bild zu bekommen. Nehmen Sie bei manueller Belichtung eine Lichtmessung für den Himmel vor. Machen Sie eine Belichtung und sehen Sie sich diese auf dem Bildschirm auf der Rückseite Ihrer Kamera an (wenn Sie eine digitale Spiegelreflexkamera verwenden). Erhöhen Sie die Belichtung, um die Schatten zu verdunkeln, oder verringern Sie sie, um einen überbelichteten Himmel auszugleichen.

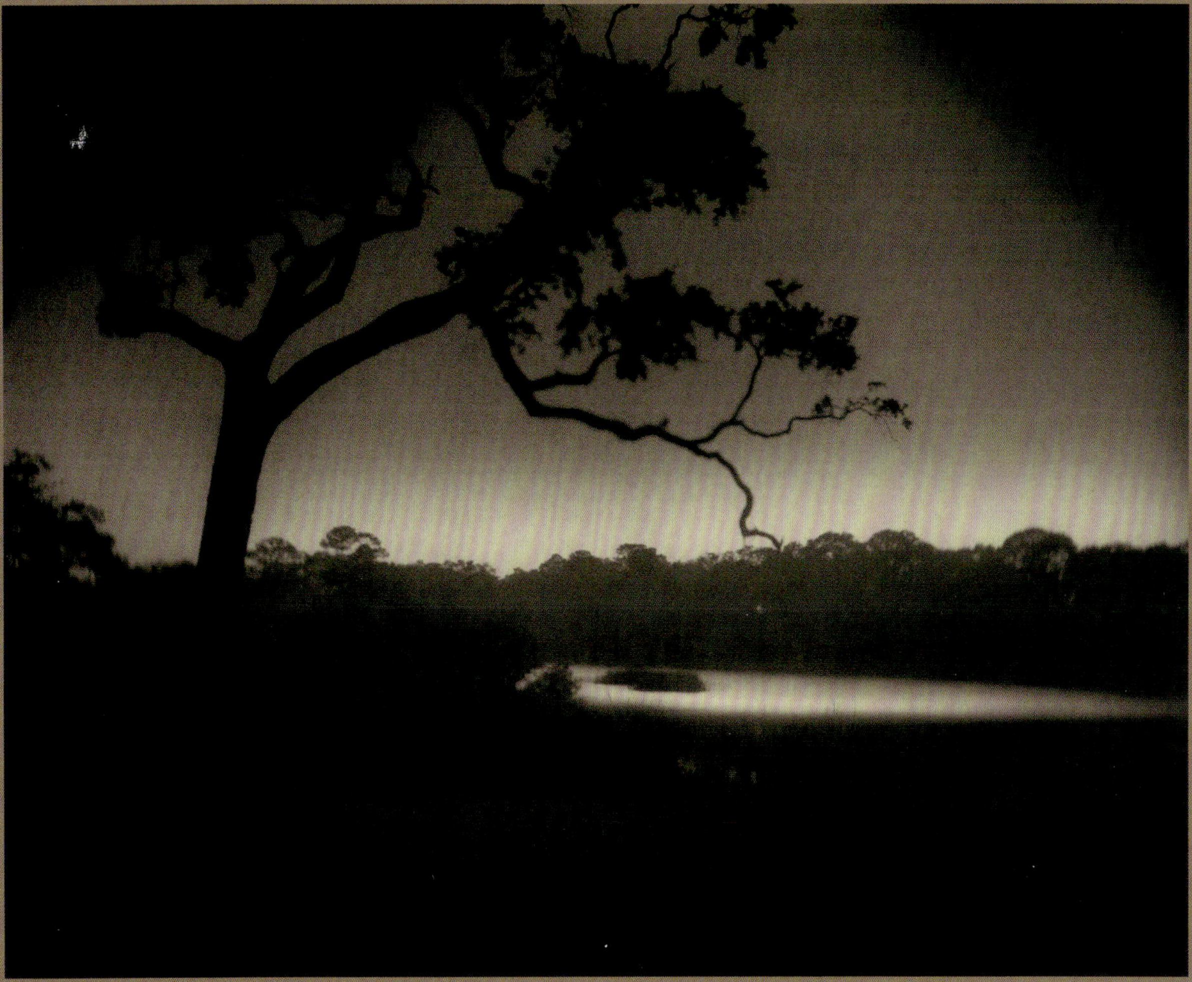

Ohne Titel (Weyanoke Estate, Louisiana)
aus *Deep South*, Sally Mann, 1998

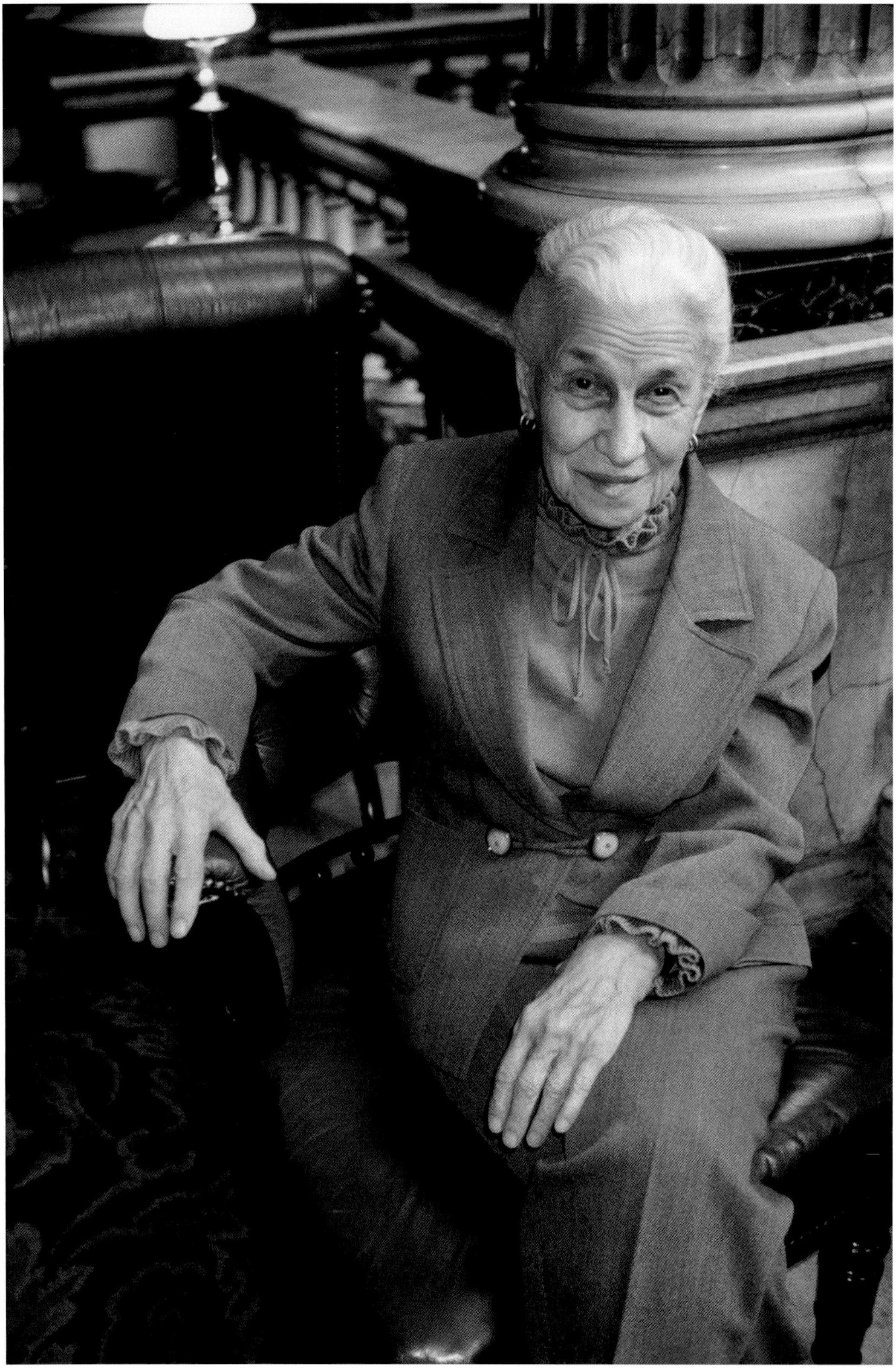

EVE ARNOLD

DIE VERTRAUTE

Tina Modotti war nicht die einzige Fotografin, die von Händen fasziniert war (S. 24). Die Fotojournalistin und Dokumentarfotografin Eve Arnold hat in ihrer langen und bedeutenden Karriere, die sie in die ganze Welt führte, ebenfalls die Hände (und manchmal die Füße) von Menschen fotografiert. Am bekanntesten sind ihre Aufnahmen der Hände einer Mutter und ihres Neugeborenen für die Zeitschrift *LIFE*. Sie fotografierte Hände so, wie sie jedes Motiv fotografierte: mit großem Mitgefühl und echtem Interesse an ihrem Gegenstand. Diese Eigenschaften und die intime und naturalistische Herangehensweise, die sie wählte, wurden zu den Markenzeichen ihrer zutiefst menschlichen Fotografie.

Arnold, die als Tochter russischer Einwanderer in den Vereinigten Staaten geboren wurde, begann ihre fotografische Laufbahn als Abteilungsleiterin in einem Fotofinishing-Betrieb. Sie hatte Medizin studiert, dieses Studium aber für die Fotografie aufgegeben. Nach einer kurzen Ausbildung bei dem berühmten Art Director Alexey Brodovitch begann Arnold mit einem Fotoprojekt, das sie hinter die Kulissen einer Modenschau in Harlem, New York, führte. Obwohl in Harlem jedes Jahr rund 300 Modenschauen stattfinden,[42] richten sich die Augen der Modepresse häufig auf andere Orte. Arnolds Reportage über Schwarze amerikanische Models zeigte eine andere Seite der Modeindustrie und war sehr bestrebt, sich über die traditionellen Codes hinwegzusetzen. Ihre Arbeit trug dazu bei, die Aufmerksamkeit auf eine Szene zu lenken, über die zu wenig berichtet wurde. Die ungeschönten, ehrlichen Bilder, die sie in Harlem machte, unter anderem von der Black-Power-Bewegung, begründeten ihre Karriere. Eine Auswahl wurde in der *Picture Post* in London veröffentlicht, und später wurde sie von der Fotoagentur Magnum Photos aufgenommen. Arnold gehörte zu den ersten Fotografinnen, die dem Fotografenkollektiv beitraten.

Es sollte nicht das letzte Mal sein, dass Arnold Frauen fotografierte. Im Laufe ihrer Karriere machte sie Bilder von Frauen aus allen Lebensbereichen: ein Mädchen in einem Bordell in Havanna, Frauen und ihre unterernährten Babys in Südafrika, eine Wanderarbeiterin in New York und, am berühmtesten, Marilyn Monroe, die sie über ein Jahrzehnt lang fotografierte. Auch die Schauspielerinnen Elizabeth Taylor, Joan Crawford und Marlene Dietrich gehörten zu ihren Motiven.

Dabei spielte es keine Rolle, wie bekannt die Person war: Arnold fotografierte immer mit der gleichen Hingabe und Sorgfalt. Sie hatte die einzigartige Fähigkeit, das kleinste Flackern von Emotionen aufzuspüren und einzufangen, und schuf so oft zarte Bilder, die uns in die Welt ihrer Motive hineinziehen. Viele dieser Bilder wurden in ihrem ersten Buch, *The Unretouched Woman*, veröffentlicht, als Arnold in ihren Sechzigern war. Mit dieser Publikation wollte sie die Erfahrung, eine Frau zu sein, erkunden. In ihrer charakteristischen Offenheit schrieb sie: „Ich bin eine Frau und wollte etwas über Frauen wissen".[43] Es waren diese „einzigartig weiblichen, aber auch einzigartig menschlichen"[44] Geschichten, die Arnold so geschickt zu erzählen verstand.

USA
1912–2012
Fotojournalismus
Dokumentarfotografie
Porträt

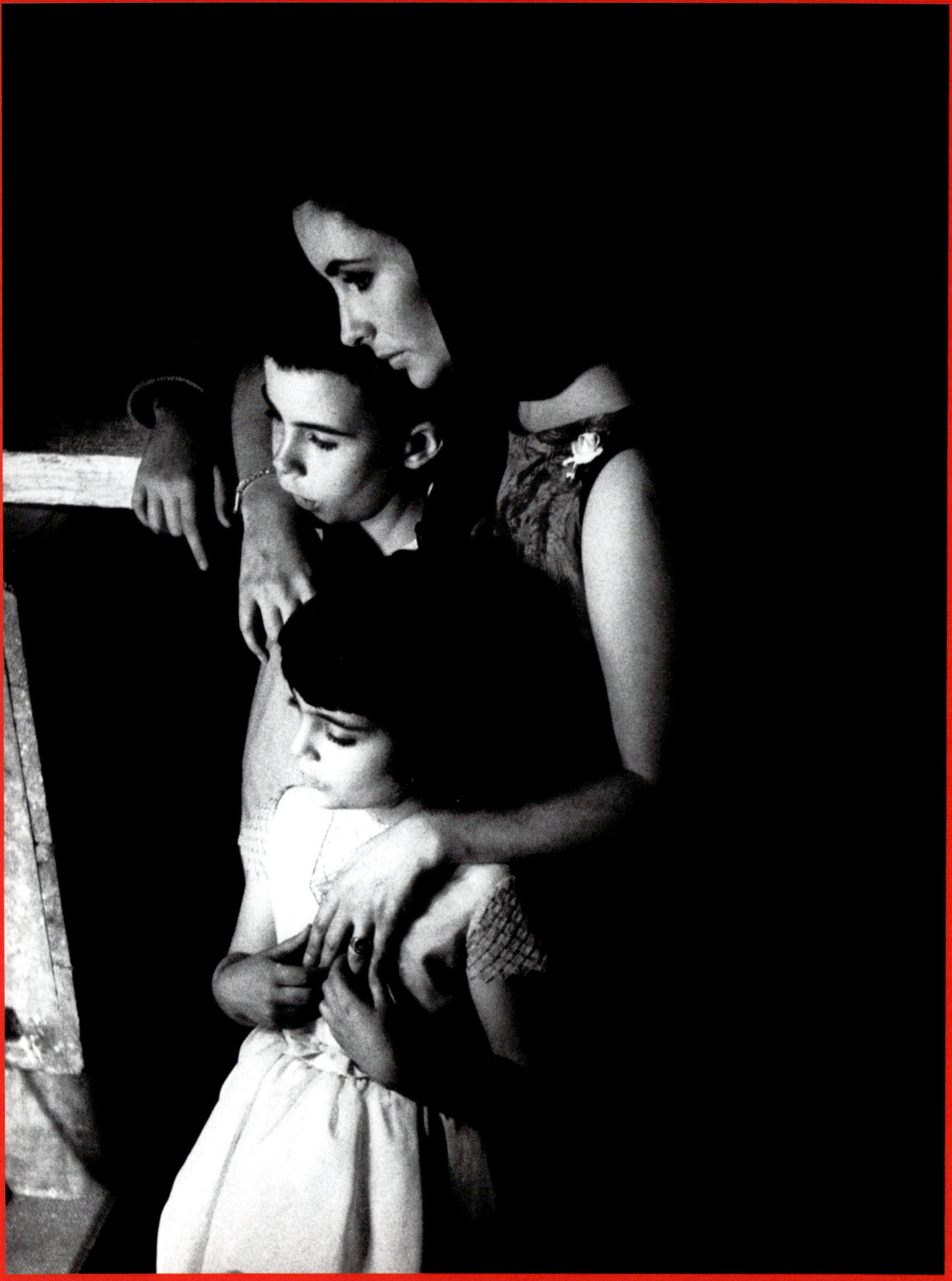

EHRLICHE FAMILIENPORTRÄTS EINFANGEN

Eve Arnold glaubte, dass eine Person, die mit Sorgfalt behandelt wird, der Fotografin etwas von sich selbst preisgibt. Sie hatte recht: Je mehr man dem Motiv hilft, sich wohlzufühlen, desto wahrscheinlicher ist es, dass man authentisch wirkende Fotos bekommt. Während Alice Austen uns zeigt, wie man gestellte Porträts aufnimmt (S. 32), zeigt Arnold, wie man ein spontaneres Bild mit mehreren Personen machen kann.

Das Wichtigste ist, dass Sie Zeit mit Ihren Modellen verbringen, bevor Sie mit dem Fotografieren beginnen. Achten Sie darauf, wie sie interagieren. Schaffen Sie eine Umgebung, in der sich die Porträtierten wohlfühlen – Sie sollen sich an Sie und die Kamera gewöhnen. Wenn es Kinder sind, zeigen Sie ihnen Ihre Kamera und beziehen Sie sie in den Prozess mit ein. Achten Sie auf Gesichter und Hände und stellen Sie sicher, dass die Augen der Personen scharf zu sehen sind.

Elizabeth Taylor mit ihrer Tochter am Set des Films Becket*, während sie beobachten, wie Richard Burton eine Todesszene spielt,*
Eve Arnold, 1963

CINDY

USA
*1954
Kunst
Porträt
Performance

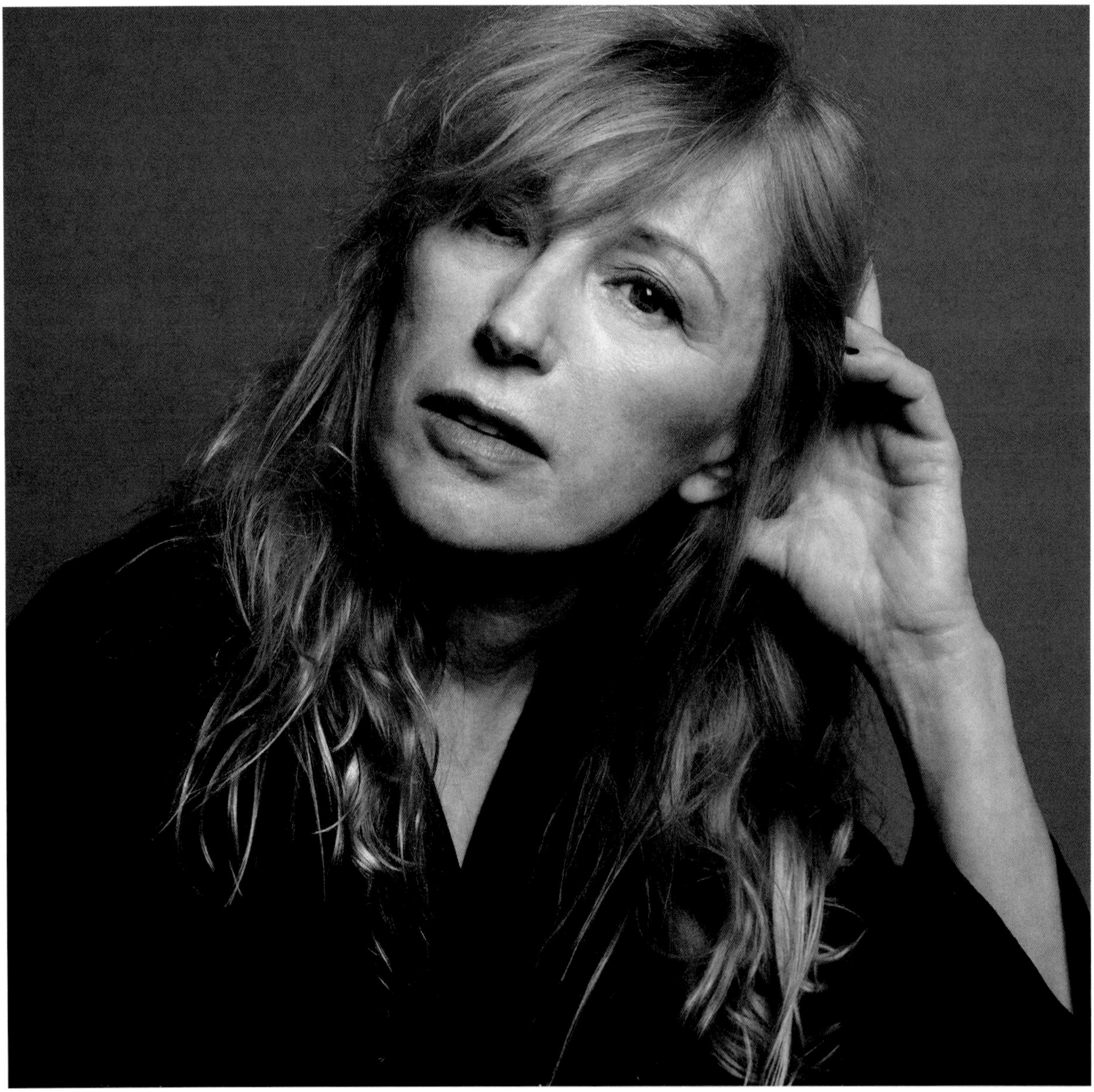

SHERMAN

DAS CHAMÄLEON

Cindy Sherman hat sich im Laufe ihrer langen Karriere in zahlreichen Rollen inszeniert, von Clowns und Sirenen der Leinwand über Frauen der Gesellschaft bis hin zu Personen der Kunstgeschichte. Obwohl Sherman, die in New York City lebt und arbeitet, in ihren Werken immer wieder auftaucht, geht es nicht um sie selbst. Vielmehr verwendet Sherman Kostüme, Requisiten, Bühnenbilder, Perücken, Make-up, Posen und Prothesen, um bekannte „Stereotypen" zu erforschen: von Menschen, in der Regel Frauen, aus Massenmedien, Film, Mode, Kunstgeschichte, Geschichte und mehr. Wichtig ist, dass es ihr nicht darum geht, bestimmte Personen nachzustellen, sondern die von ihr sorgfältig geschaffenen Figuren zu nutzen, um die gesellschaftlichen Konventionen zu kommentieren und die Konstruktion von Erscheinungsbild und Identität zu hinterfragen. Als Kind sah Sherman stundenlang fern und verschlang leidenschaftlich Filme. Die in Glen Ridge, New Jersey, geborene Künstlerin war fasziniert von der Haptik von Stoffen, verkleidete sich gerne mit herumliegenden Kleidern und schuf überraschende, unkonventionelle Figuren. Diese Zeit der kindlichen Fantasie sollte sich als mehr als nur eine vorübergehende Phase erweisen: Sie wurde zur Grundlage ihrer Kunst.

Nach einem Malereistudium am Buffalo State College (heute Universität), das sie von 1972 bis 1976 absolvierte, wandte sich Sherman der Fotografie zu und begann, sich selbst – als Figur – ins Bild zu setzen. Im Jahr 1975 entstand die Serie *Untitled*, ihr „erstes richtiges Kunstwerk"[45]. Es zeigt Schwarz-Weiß-Bilder, auf denen sich Sherman von einem Schulmädchen in ein Pin-up verwandelt. In diesen frühen Bildern konzentriert sich Sherman vor allem auf das Gesicht und darauf, wie es durch Make-up verändert werden kann. Nur wenige Jahre später verlagert sich ihr Schwerpunkt mit ihrem bahnbrechenden und berühmtesten Werk, den *Untitled Film Stills* (1977–1980), deren Bilder in einer (stark inszenierten) Umgebung verortet und eher narrativ angelegt sind. In diesen Bildern, die an Standbilder von Filmsets erinnern, wie sie für die Werbung eines Films verwendet werden, greift Sherman auf filmische Konventionen oder Stile zurück, darunter Film Noir, Old Hollywood, europäische Arthouse- und B-Movies. Die Frauen, die alle von Sherman gespielt werden, sind mit ihren Seitenblicken und ihrem manchmal unsicheren Auftreten bekannte Stereotypen – Vamp, Hausfrau, Jungfrau –, die in scheinbar hastig eingefangenen Situationen dargestellt werden. In diesen spannungsgeladenen Bildern regiert die Zweideutigkeit. Die Bilder stellen geschickt stereotype Darstellungen von Frauen im Film in Frage und laden uns zu Spekulationen darüber ein.

Sherman wollte jedoch nie predigen oder mit offen feministischen Argumenten hausieren gehen. Ihr Interesse gilt vielmehr der Erforschung der Spannung zwischen Schein und Wirklichkeit, der Konstruktion von Identität und des Bildes selbst sowie dem Begriff der Verkleidung, des Kunstgriffs oder der Transformation. Als Mitglied der Pictures Generation, einer lose verbundenen Gruppe von Künstler*innen der frühen 1970er bis 1980er Jahre, die sich in ihren Werken über die Bilder der Massenmedien lustig machten, war Sherman ihrer Zeit immer einen Schritt voraus. In den letzten zwei Jahrzehnten hat sie ihre Arbeit dazu genutzt, das Altern und die Darstellung älterer Frauen in den Medien zu kommentieren. Sherman hat ihre Bilder auch mit Hilfe digitaler Technik manipuliert und karikaturistische Instagram-Selfies gemacht. Es ist keine Übertreibung zu sagen, dass ihr Einfluss auf die Art und Weise, wie Künstler*innen und Publikum an das Porträt und die Fotografie herangehen oder darüber nachdenken, enorm ist.

MEHRERE PORTRÄTS IN EINEM EINZIGEN BILD KOMBINIEREN UND ÜBERBLENDEN

Die Erstellung eines Bildes mit einer Anspielung auf Cindy Sherman beginnt mit einem Verkleidungsspiel. Skizzieren Sie, wie jede Figur aussehen wird, bis hin zu Make-up, Frisur und Accessoires. Überlegen Sie sich den Gesichtsausdruck und die Pose. Nehmen Sie jedes Porträt einzeln auf und achten Sie dabei auf konstante Belichtungs- und Lichtverhältnisse.

Vielleicht möchten Sie auch ein eigenständiges Hintergrundbild aufnehmen. Erstellen Sie ein neues Dokument in Photoshop und ziehen Sie Ihr erstes (Hintergrund-)Bild hinein. Ziehen Sie weitere Bilddateien von Ihrem Computer in das Dokument. Jedes Bild wird zu einer eigenen Ebene. Verwenden Sie das „Verschieben"-Werkzeug, um die Position der einzelnen Porträts fein abzustimmen, und maskieren Sie die Ebenen, um Teile des zusammengesetzten Bildes ein- und auszublenden.

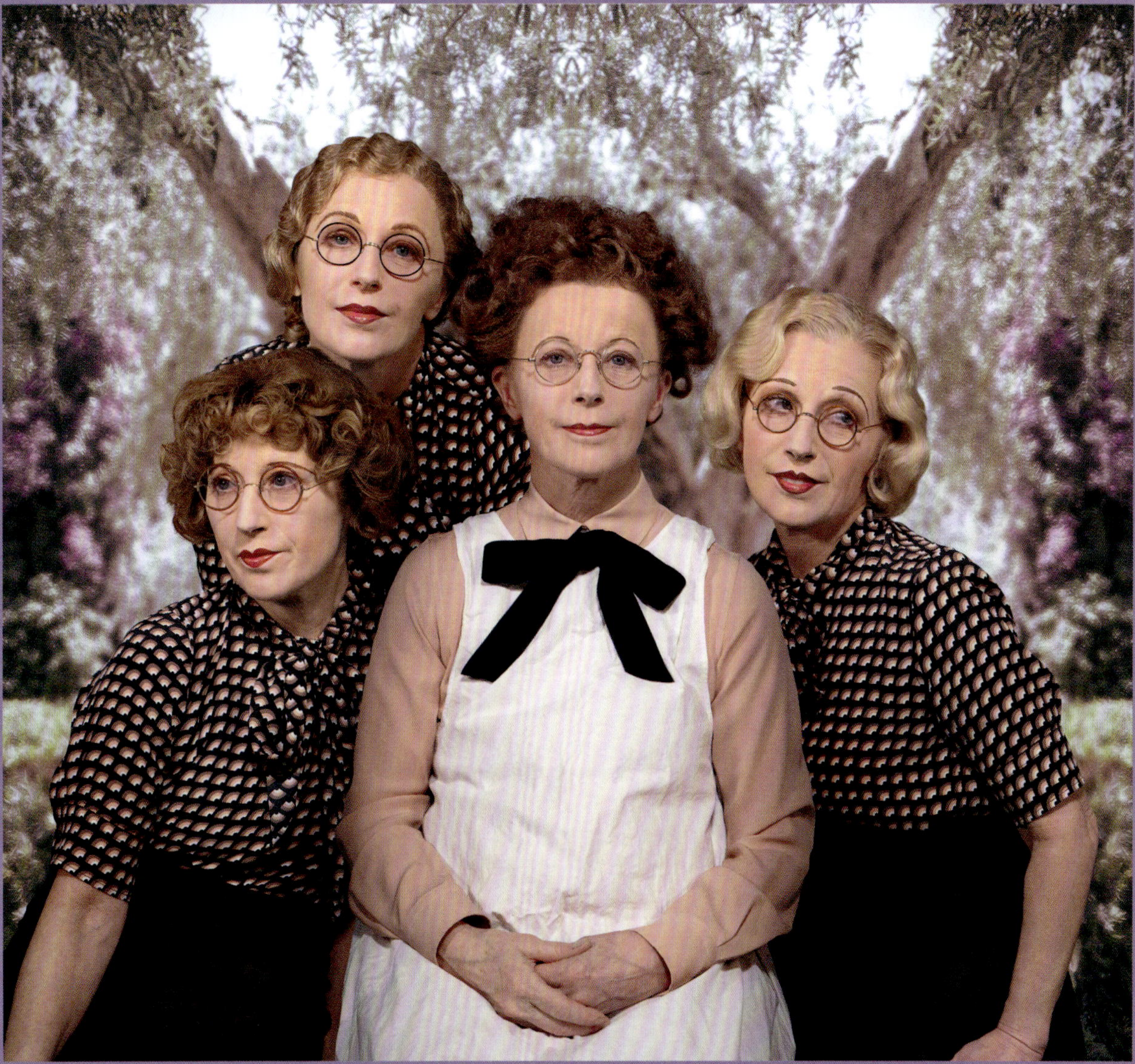

Untitled #577,
Cindy Sherman, 2016

FRANCES BENJAMIN

USA
1864–1952
Architekturfotografie
Dokumentarfotografie
Porträt

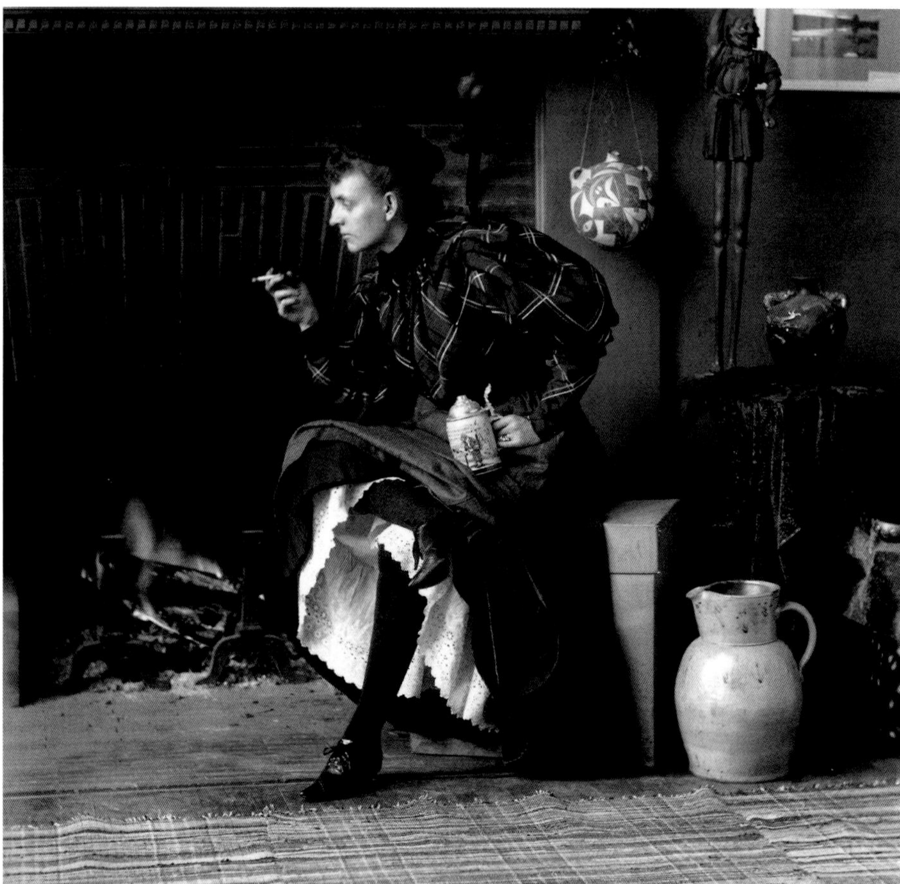

JOHNSTON

DIE RADIKALE

Die in West Virginia geborene und in Washington, D.C., aufgewachsene Frances Benjamin Johnston war eine der ersten Fotojournalistinnen Amerikas und sowohl finanziell als auch beruflich äußerst erfolgreich. Ihre abwechslungsreiche Karriere erstreckte sich über mehr als fünf Jahrzehnte und umfasste eine Vielzahl von Sujets, darunter Bilder von Frauen bei der Arbeit, Porträts von Prominenten und Architektur. Eines ihrer bemerkenswertesten Werke war die Arbeit, die sie 1899 und 1900 am Hampton Normal and Agricultural Institute in Virginia (der heutigen Hampton University) machte. Die exquisit komponierten Bilder zeigen Schwarze Studenten bei verschiedenen Tätigkeiten (S. 139). Für die Weltausstellung 1900 in Paris war sie Mitkuratorin einer Präsentation mit Werken von 28 Fotografinnen.

Nachdem sie von 1883 bis 1885 an der Académie Julien in Paris Zeichnen und Malen studiert hatte, kehrte Benjamin Johnston nach Washington, D.C. zurück und setzte ihr Studium an der Art Students League fort. Nachdem sie ihren Ehrgeiz, Illustratorin zu werden, abgelegt hatte, wandte sich Benjamin Johnston der Fotografie zu. Sie erhielt Unterricht von dem Fotografen und Kurator Thomas Smillie von der Smithsonian Institution und eröffnete 1894 ein kommerzielles Porträtstudio. Sie war angeblich die einzige weibliche Fotografin, die zu dieser Zeit in der Region professionell arbeitete.[46]

Sie verdiente ihren Lebensunterhalt mit Porträts und fotografierte unter anderem bekannte Persönlichkeiten der damaligen Zeit: US-Präsidenten, die Frauenrechtlerin Susan B. Anthony und den Schriftsteller Mark Twain. Sie widmete sich auch der Nachrichten- und Dokumentarfotografie und später der Architektur- und Gartenfotografie. Ihren ersten Architekturauftrag, das New Theatre in New York zu fotografieren, erhielt sie 1909. Von 1913 bis 1917 betrieb sie zusammen mit ihrer Fotografenkollegin Mattie Edwards Hewitt, mit der sie eine Liebesbeziehung verband, ein Studio, das sich auf die Fotografie von Häusern und Gärten spezialisierte. Zu ihren bekanntesten Errungenschaften gehörte der umfangreiche, zwischen 1927 und 1944 mit Hilfe von Zuschüssen durchgeführte Überblick über historische Gebäude in den Südstaaten der USA. Für dieses Werk fotografierte Benjamin Johnston in neun Staaten, darunter Virginia, Maryland, North Carolina und Louisiana, für den Carnegie Survey of the Architecture of the South. Das Projekt sollte eine visuelle Dokumentation für die Nachwelt schaffen und das Interesse an der amerikanischen Architekturgeschichte wecken.

Benjamin Johnston scheute sich nicht, ihre Unabhängigkeit und ihren Erfolg zu zeigen. Schon zu Beginn ihrer Karriere stellte sie ihren eigensinnigen Geist zur Schau, indem sie sich mit einer Zigarette in der Hand und hochgezogenen Röcken fotografierte. Ähnlich wie Alice Austen (S. 32) machte auch sie Fotos von sich in Männerkleidung. Benjamin Johnston forderte, dass mehr Frauen in den männlich dominierten Beruf des Fotografen einsteigen sollten, und schrieb in ihrem oft zitierten Artikel 1897 für das *Ladies' Home Journal* mit dem Titel *What a Woman Can Do With a Camera* (Was eine Frau mit einer Kamera tun kann), warum sie der Meinung war, dass Frauen sich professionell mit der Fotografie beschäftigen sollten. Sie teilte auch ihre Ansichten darüber mit, was nötig sei, um eine erfolgreiche Fotografenkarriere aufzubauen. Laut Benjamin Johnston müssen Frauen Entschlossenheit und Geduld mitbringen, gutmütig und „geschäftstüchtig“ sein.[47]

EIN DYNAMISCHES FOTO VON MENSCHEN BEI DER ARBEIT KOMPONIEREN

Man erkennt sofort die Sorgfalt, mit der Frances Benjamin Johnston dieses Foto komponiert hat. Jede Figur, die in ihre eigene Aufgabe vertieft ist, ist präzise im Rahmen platziert, und doch wirkt das Bild durch die Art und Weise, wie die einzelnen Elemente zu einem zusammenhängenden Ganzen zusammenkommen.

Suchen Sie sich ein ähnliches Szenario – Handwerker auf einer Baustelle, Straßenarbeiter oder Markthändler. Sie haben das Recht, im öffentlichen Raum zu fotografieren. Für Fotos auf Privatgelände brauchen Sie eine Genehmigung. Seien Sie bereit, freundlich zu erklären, was Sie tun. Vertrauen, Respekt und gute Kommunikation sind beim Fotografieren in der Öffentlichkeit entscheidend. Üben Sie sich darin, Menschen und Elemente einer Szene auf dynamische Weise im Bild zusammenzubringen. Achten Sie immer auf Ihre Umgebung, um sich und andere zu schützen.

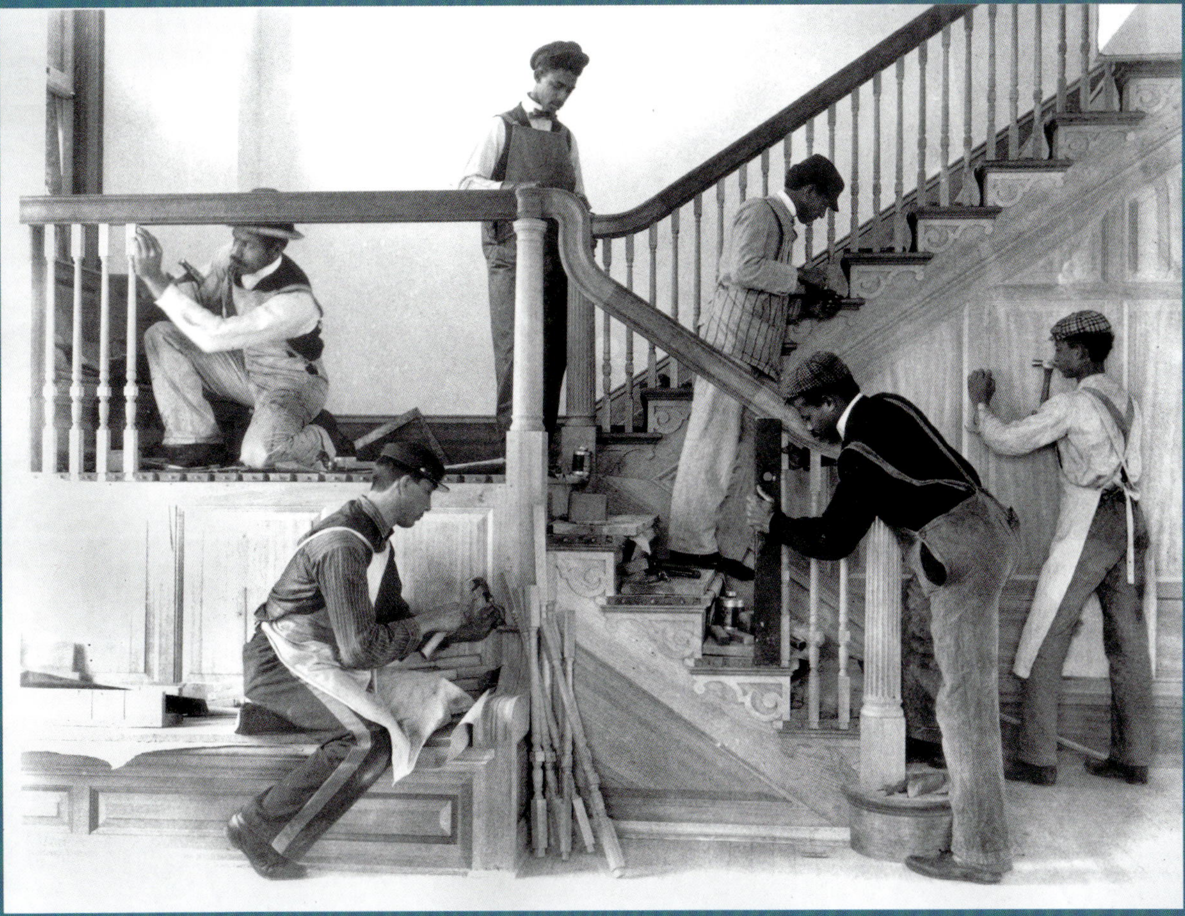

Die Treppe der Residenz des Schatzmeisters: Studenten bei der Arbeit aus dem *Hampton Album*, Frances Benjamin Johnston, 1899–1900

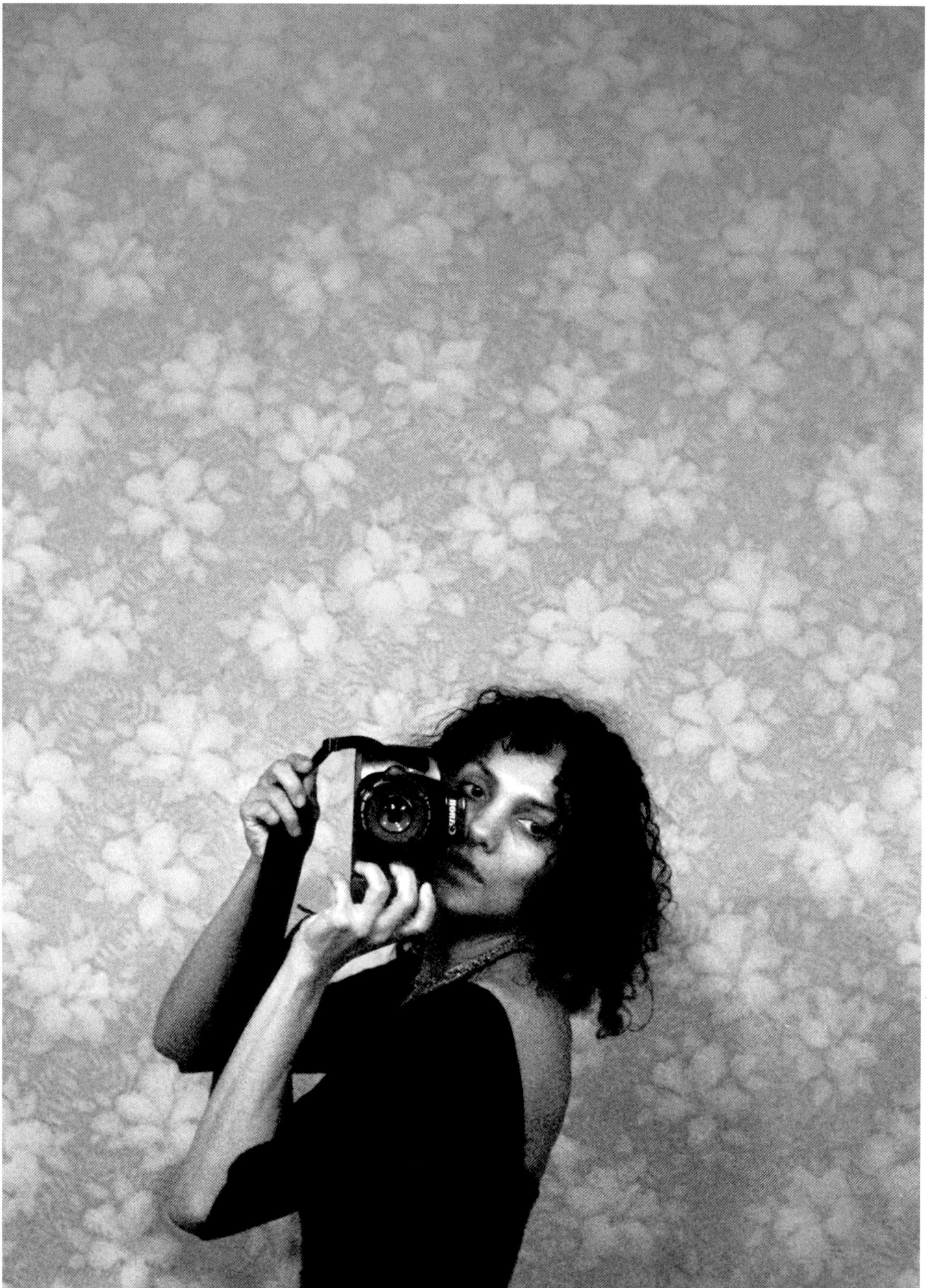

MING SMITH

DIE IMPROVISATEURIN

Die amerikanische Künstlerin Ming Smith ist eine Frau mit mindestens zwei fotografischen Premieren: Im Jahr 1978 kaufte das Museum of Modern Art einige Arbeiten von Smith und machte sie damit zur ersten afroamerikanischen Fotografin, deren Werke von diesem Museum erworben wurden. Und Smith war die erste Frau, die sich dem einflussreichen Kamoinge Workshop anschloss, einem 1963 gegründeten Kollektiv Schwarzer Fotografen, das es sich zur Aufgabe gemacht hatte, Schwarze Gemeinschaften so darzustellen, wie sie sie sahen und erlebten, und dabei die Fotografie als Kunstform voranzutreiben.

Smith war schon immer ihre eigene Fotografin, die in aller Stille und mit großer Sorgfalt das Leben der Schwarzen in ihrem Heimatland und anderswo dokumentierte. Mit ihrer poetischen Sensibilität und ihren erhabenen Kompositionen offenbaren ihre Bilder auf ergreifende Weise die Menschlichkeit und Spiritualität der Afroamerikaner und feiern die Schwarze Kultur.

Smith wurde in Detroit, Michigan, geboren und wuchs in Columbus, Ohio, auf. Sie wollte eigentlich Medizin studieren, entschied sich aber nach einem Studium der Mikrobiologie und Chemie an der Howard University gegen den Arztberuf. Ihr Vater, ein begeisterter Amateurfotograf, schlug ihr vor, stattdessen Künstlerin zu werden. Die Idee war geboren. In den frühen 1970er Jahren zog Smith nach New York, wo sie als Model und Tänzerin arbeitete. Sie nahm an Go-Sees teil – Fotoshootings für Fotograf*innen, die ihre Portfolios aufbauten – und machte so oft wie möglich ihre eigenen Fotos. Schon bald wurde Smith eingeladen, dem Kamoinge Workshop beizutreten – ein Schritt, der sich für die junge Künstlerin als entscheidend erweisen sollte. Das unerschütterliche Engagement des Kollektivs für die Fotografie als Kunstform beeindruckte sie zutiefst, und Smith widmete ihr Leben der Fotografie der Schwarzen Lebenserfahrung.

Smiths Einsatz von Bewegung und Unschärfe wurde zum zentralen Element ihrer visuellen Handschrift. Sie fotografierte in der Regel mit Schwarz-Weiß-Film und nutzte oft eine lange Verschlusszeit, um einen Moment einzufangen, was zu Bildern führte, die eine undefinierbare, aber unbestreitbare Energie besitzen. Dieser Moment konnte alles Mögliche sein: ein Wort oder ein Austausch zwischen zwei Menschen, ein kurzer Blick oder eine Geste. Smith hatte ihre Kamera die meiste Zeit bei sich, und alles konnte ihre Aufmerksamkeit erregen.

Sie spielte oft mit dem, was man sieht und was man nicht sieht, und nutzte Licht und Schatten wie ein Maler die Farbe, indem sie diese Faktoren je nach Stimmung sorgfältig im Bild einsetzte. Das Ergebnis sind Fotografien, die sich eindringlich und direkt anfühlen und nicht von dieser Welt sind. „Improvisatorisch" ist ein weiteres Wort, das oft verwendet wird, um Smiths Herangehensweise an die Bildgestaltung zu beschreiben. Auch die Künstlerin selbst hat über die Parallelen zwischen der Art, wie sie Bilder macht, und der Art, wie ein Jazzmusiker Riffs und Improvisationen einsetzt, gesprochen. Es geht um Timing, sagt sie, Instinkt und Intuition sind alles.

Trotz Smiths frühem Erfolg blieb die Aufmerksamkeit für sie viele Jahre lang aus. Das beginnt sich nun zu ändern, denn die Künstlerin erhält Aufmerksamkeit und Anerkennung in der Kunstwelt und den Medien.

USA
Kunst
Dokumentarfotografie
Porträt

KREATIV WERDEN MIT UNSCHÄRFE

Viele der faszinierendsten Bilder von Smith deuten das Geschehen im Bild an, anstatt es explizit zu zeigen. Sie könnten etwas Ähnliches versuchen, vielleicht bei wenig Licht.

Bei der Erzeugung von Bewegungsunschärfe geht es vor allem um die Steuerung der Verschlusszeit. Wenn Sie im AE-Modus „Verschlusspriorität" arbeiten (AE bedeutet „Auto Exposure"), können Sie der Kamera die Einstellung der Blende überlassen. Wie unscharf Ihr Motiv aussieht, hängt von den Lichtverhältnissen ab und davon, wie schnell sich Ihr Motiv bewegt, aber 1/10 Sekunde ist ein guter Startpunkt. Halten Sie die Kamera ruhig und vergewissern Sie sich, dass der Bildstabilisierungsmodus (IS) eingeschaltet ist, um unerwünschte Bewegungen zu vermeiden. Wie immer sollten Sie sich Zeit nehmen, Ihre Aufnahme zu komponieren. Die Komposition ist besonders wichtig, wenn Sie Bilder mit Unschärfe erstellen. Ein schlecht komponiertes Bild kann später so aussehen, als ob die Kamera versehentlich gewackelt hätte.

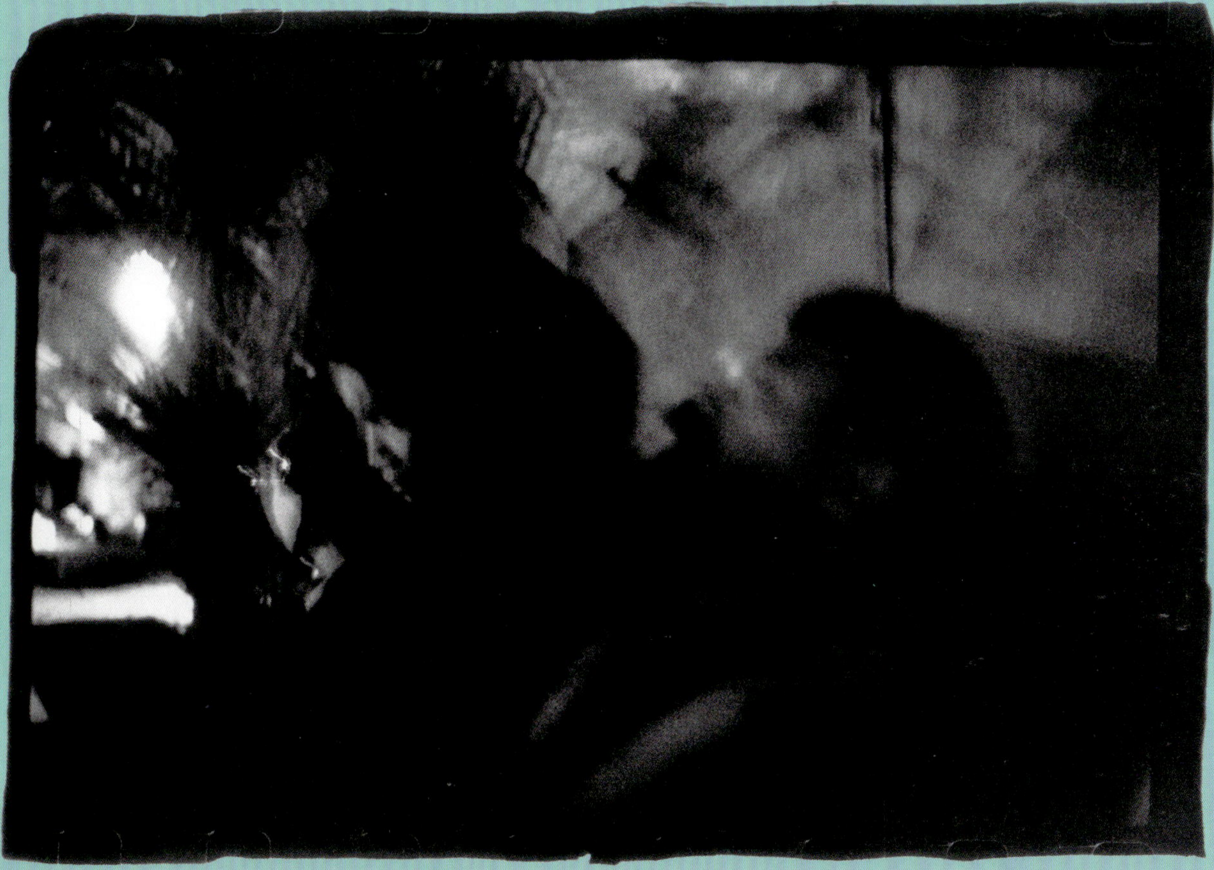

Amina and Amiri Baraka (Lovers),
Ming Smith, 1980

SHIRIN

Geb. in Iran
*1957
Kunst
Mixed media
Porträt

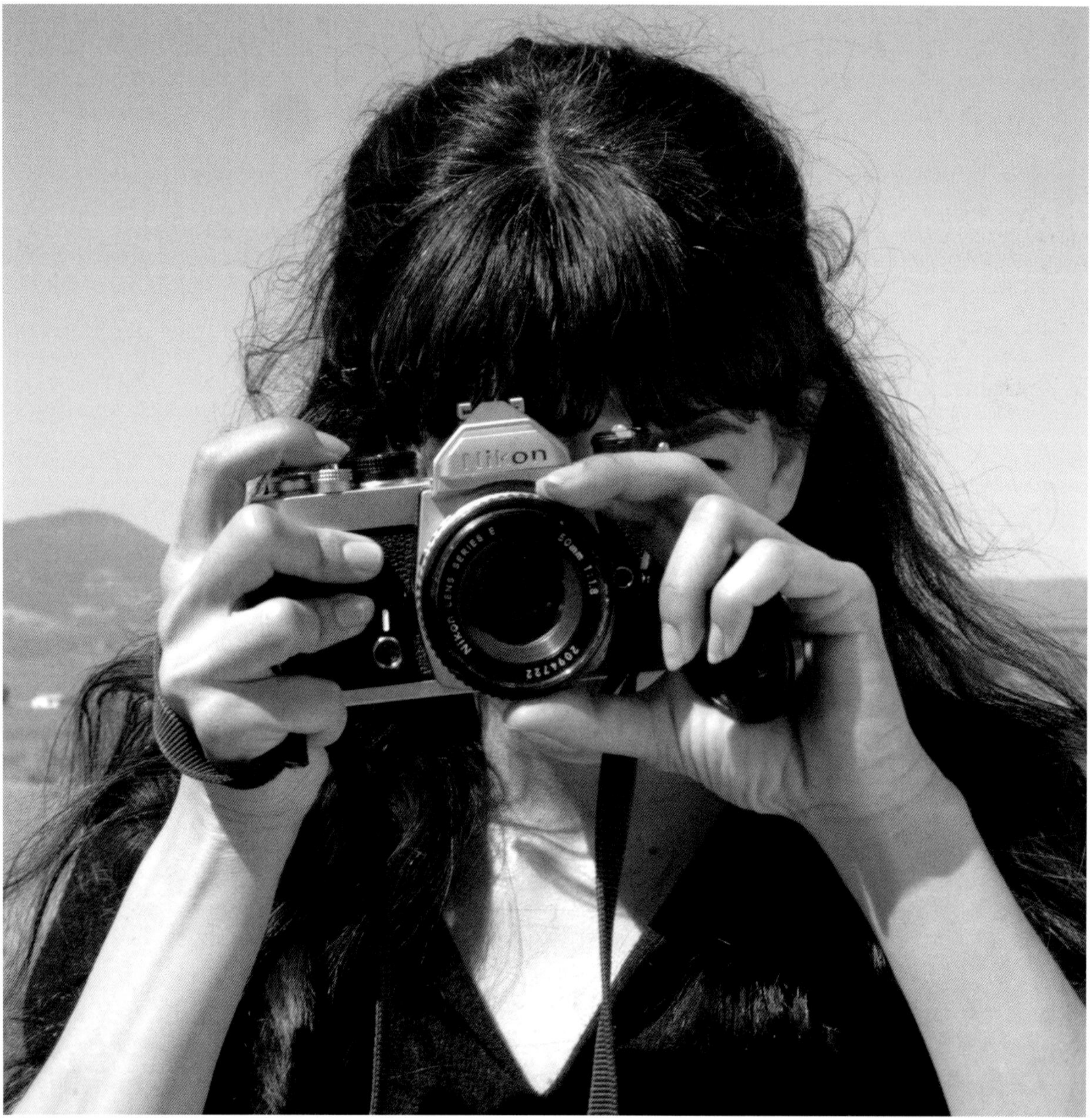

NESHAT

DIE FREIHEITSKÄMPFERIN

In einem der berühmtesten Kunstwerke von Shirin Neshat, *Rebellious Silence* aus der gefeierten Serie *Women of Allah*, teilt ein Gewehr ein Gesicht – das der Künstlerin – sauber in zwei Hälften. Wie dieses ikonische Werk umfasst auch Neshats gesamte Arbeit viele Gegensätze: Zerbrechlichkeit und Stärke, Aggression und Verletzlichkeit, Sprache und Schweigen. Der überlagerte handgeschriebene poetische Farsi-Text kann als Symbol für die Stimmen interpretiert werden, die paradoxerweise „sprechen" und unterdrückt werden. Oberflächlich betrachtet sehen die Frauen „passiv und stumm" aus, so Neshat in Anspielung auf die Unterdrückung der Frauen in ihrem Geburtsland Iran, „aber darunter gibt es vieles, was sie sagen wollen, und das wird durch die Kalligrafie ausgedrückt."[48]

Seit Jahrzehnten erkundet Neshat in ihrer Kunst ihre eigenen Erfahrungen, Gefühle und Gedanken zu Themen, die ihr nahestehen. Insbesondere hat sie sich damit auseinandergesetzt, wie es ist, als Iranerin in den USA zu leben, was es bedeutet, sich vertrieben zu fühlen. Auch der Verlust der Heimat und das Trauma der Trennung sind wiederkehrende Themen. In jüngster Zeit hat sie sich mit dem Leben – insbesondere den politischen Spannungen – in ihrer Wahlheimat auseinandergesetzt.

Neshat, die in eine gebildete Familie in der konservativen und religiösen Stadt Qazvin im Iran hineingeboren wurde, ging Mitte der 1970er Jahre auf Anraten ihrer Eltern zum Studium in die Vereinigten Staaten. Im Alter von 17 Jahren zog sie nach Kalifornien, wo sie an der University of California, Berkeley, ein Kunststudium absolvierte. Die iranische Revolution im Jahr 1979 machte es der Künstlerin schwer, in ihre Heimat zurückzugehen, und als Neshat viele Jahre später in ihr Geburtsland zurückkehrte, fand sie es als einen sehr veränderten Ort vor, nicht zuletzt im Hinblick auf die strengen Gesetze, die Frauen das Tragen des Hidschab in der Öffentlichkeit vorschreiben.

Neshat, die in New York City lebt, war motiviert, eine Arbeit über die weiblichen Erfahrungen im Iran zu machen und ihr persönliches Bedürfnis nach einer „Wiedervereinigung" zu erforschen. Sie produzierte *Women of Allah* (1993–1997) und verarbeitete dabei die Erfahrungen iranischer Frauen mit der Revolution. Die vielschichtigen, eng miteinander verwobenen Kunstwerke sind sowohl visuell als auch konzeptionell ziemlich komplex und kombinieren Fotografien mit Gedichtfragmenten der zeitgenössischen iranischen Schriftstellerinnen Tahereh Saffarzadeh und Forough Farrokhzad. In diesen Werken erkundet Neshat Themen wie Feminismus, Religion, Fundamentalismus und den weiblichen Körper als Ort der Auseinandersetzung und Unterdrückung. Widersprüche und Spannungen sind allgegenwärtig, nicht zuletzt durch die Kollision von traditionellen Werten und Weiblichkeit mit impliziter Gewalt.

Neshat arbeitet auch mit Film und hat Werke wie die gefeierte Doppelkanal-Videoinstallation *Rapture* (1999) und *Women Without Men* (2009), ihren ersten Kinofilm, produziert. Sie wurde mehrfach ausgezeichnet, unter anderem mit dem Ersten Internationalen Preis der 48. Biennale von Venedig 1999 und dem Silbernen Löwen des 66. Filmfestivals von Venedig 2009. Als Künstlerin, die seit Jahrzehnten im Exil zwischen den Kulturen lebt und arbeitet, kanalisiert Neshat in ihrer provokativen Kunst Gefühle von Verlust und Sehnsucht mit bemerkenswertem Geschick und Effektivität. In einer von Konflikten und Unruhen geprägten Welt, in der – insbesondere im Iran – Frauen nach wie vor unterdrückt werden, ist Neshats Werk so frisch und vital wie eh und je.

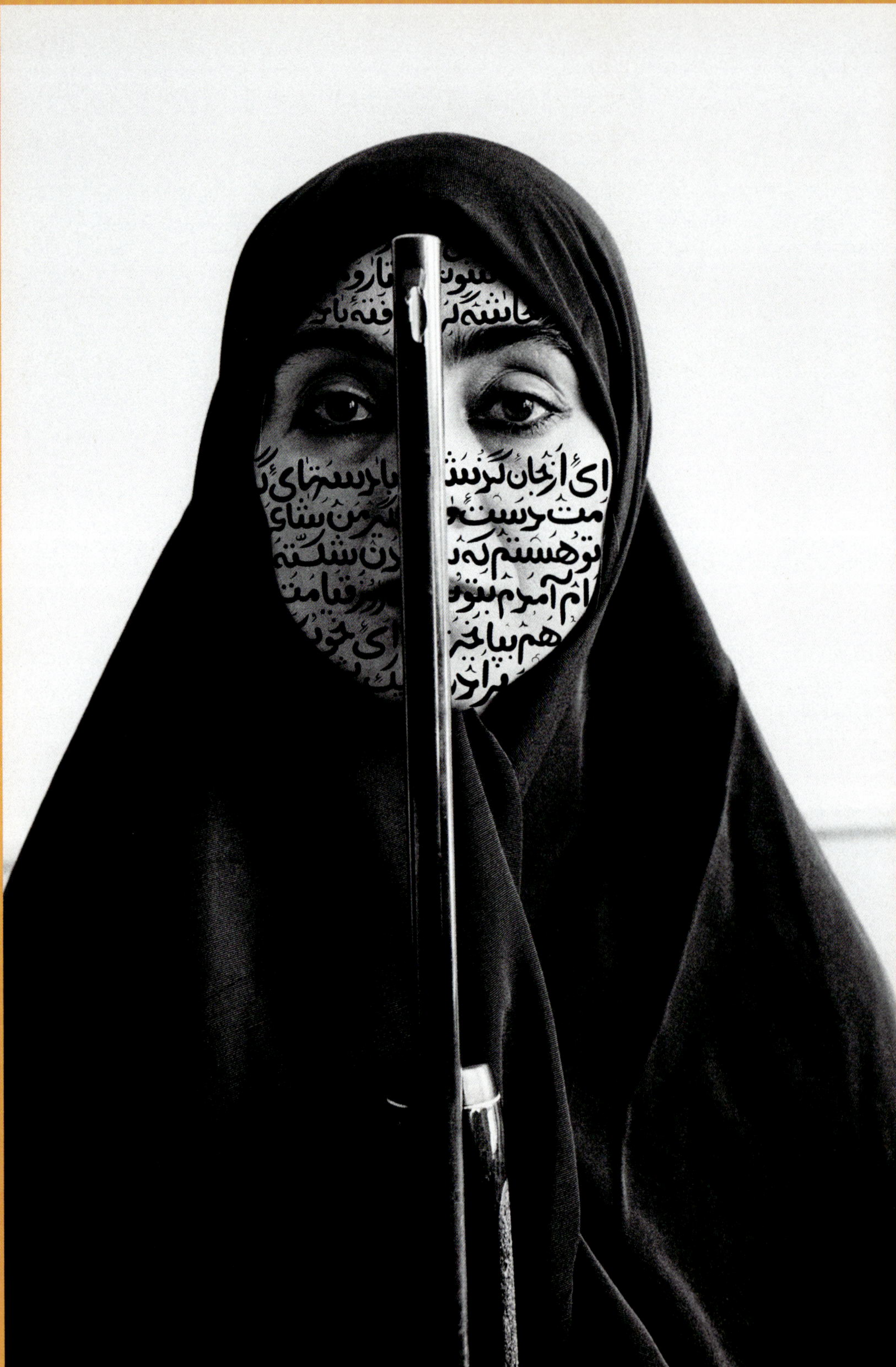

TEXT FÜR AUSSAGEKRÄFTIGE BILDER VERWENDEN

Versuchen Sie in Photoshop oder einem ähnlichen Programm, einen eingescannten handschriftlichen Text über ein von Ihnen aufgenommenes Bild zu legen. In den Arbeiten von Shirin Neshat finden sich Wörter auf Händen, Füßen, Fingern, Gesichtern und sogar Augen.

Oder, etwas einfacher, Sie machen einen Fotoabzug und malen oder zeichnen direkt auf das Papier. Sie könnten ein Gedicht oder ein kurzes Stück Prosa schreiben. Denken Sie bei der Größe der Wörter und deren Platzierung daran, welche Wirkung der Text in Verbindung mit dem Bild haben wird.

Rebellious Silence, Shirin Neshat, 1994

SUSAN

USA
*1948
Dokumentarfotografie
Fotojournalismus
Porträt

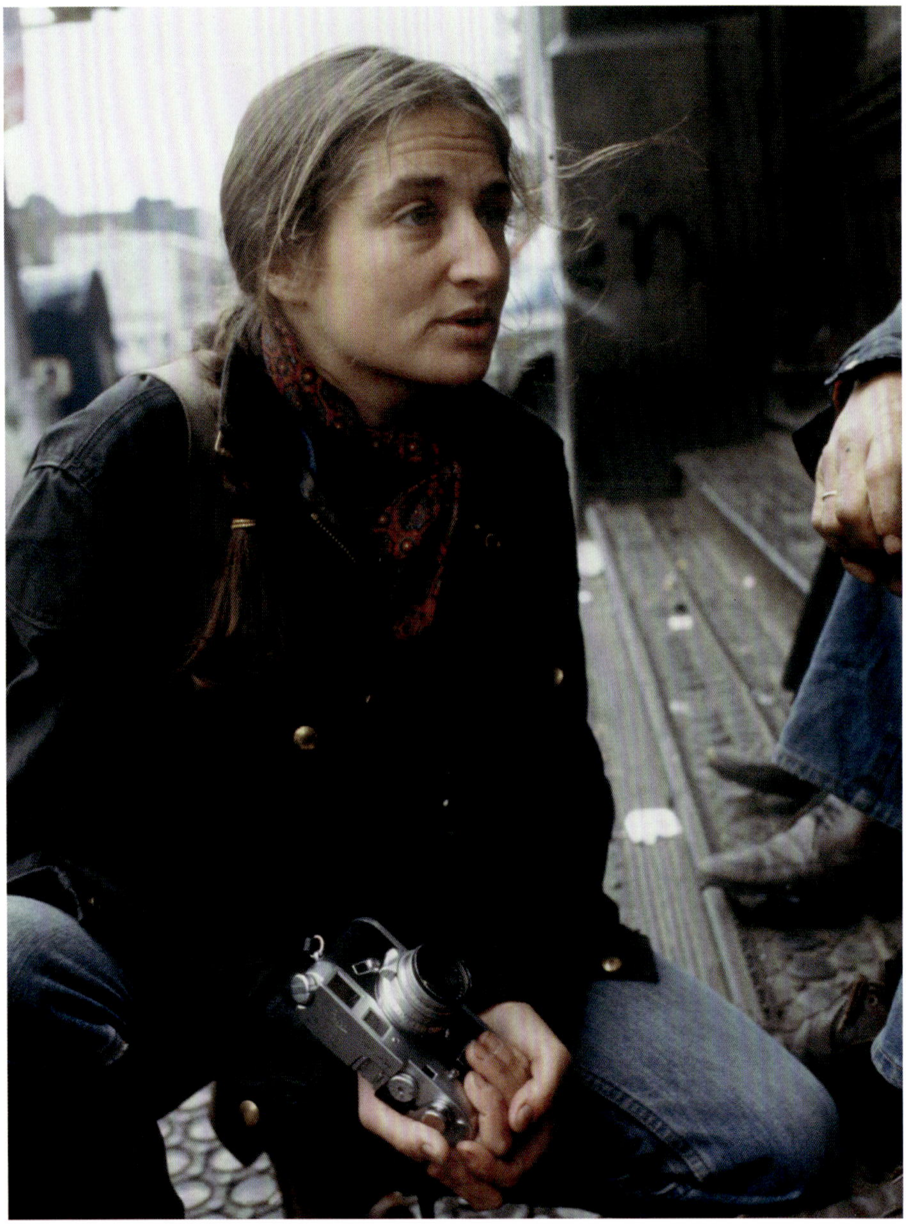

MEISELAS

DIE TEAMPLAYERIN

Wie viele von uns kehren Monate oder sogar Jahre später an einen Ort zurück, an dem wir ein Foto gemacht haben? Susan Meiselas tut das, und manchmal bringt sie ihre Fotografien buchstäblich an den Ort zurück, an dem sie entstanden sind, so wie 2004 für das Projekt *Reframing History*, bei dem sie nach Nicaragua zurückkehrte und 19 Wandbilder mit ihren Fotografien dort installierte, wo diese entstanden waren.

Während ihrer jahrzehntelangen Karriere hat die in Baltimore, Maryland, geborene Magnum-Fotografin Meiselas stets großen Wert auf Zusammenarbeit gelegt, was vieles bedeuten kann: Es kann bedeuten, dass sie den von ihr Porträtierten die von ihr gemachten Fotos zeigt und sie um eine Rückmeldung bittet, wie sie es zu Beginn ihrer Fotokarriere mit dem Projekt *44 Irving Street* (1971) getan hat, oder dass sie Workshops mit Frauen in einem Frauenhaus im englischen Black Country (West Midlands) veranstaltet, um deren Erfahrungen zu erforschen, indem sie Erzählungen aus Bildern, Originalkunstwerken und Berichten aus erster Hand zusammensetzt, wie sie es zwischen 2015 und 2016 für ihr Buch *A Room of Their Own* (erschienen 2017) getan hat; oder indem sie ihren Proband*innen Point-and-Shoot-Kameras zur Verfügung stellt, bevor sie deren Fotografien und ihre eigenen auf den Straßen ihrer Gemeinde reproduziert und installiert, wie sie es in *Cova da Moura, Portugal* in Zusammenarbeit mit lokalen Jugendlichen getan hat.[49] Für Meiselas geht es bei der Zusammenarbeit darum, in einen Ort einzutauchen, ihre Modelle kennenzulernen und sie einzuladen, an der Entstehung ihrer Geschichte mitzuwirken.

Meiselas, die in Harvard einen Master-Abschluss in Kunstpädagogik machte, hatte keine formale Fotografie-Ausbildung, war aber von klein auf mit der Fotografie in Berührung gekommen. Als Teenager bekam sie von ihrem Vater eine Kamera geschenkt und reiste als Studentin um die Welt, um die Kulturen, die sie kennenlernte, aufzunehmen. Zu ihren berühmtesten Arbeiten gehört die Serie *American Carnival Strippers*, die in drei Sommern zwischen 1972 und 1975 entstand und für die sie Tänzerinnen und Tänzer bei ihren Auftritten und in privaten Momenten hinter der Bühne fotografierte. Die Arbeit erzählt die Geschichte ihres Lebens in einer Zeit, in der die Frauenbefreiungsbewegung an Schwung gewann. Sie nahm auch Interviews mit den Frauen und anderen Personen (Partnern, Managern, Kunden) auf, die bei der Ausstellung der Bilder als Soundtrack abgespielt wurden – ein Ansatz, den damals nur wenige, wenn überhaupt jemand, verfolgten. Jahre später, 1998, startete Meiselas ein Online-Archiv mit dem Namen akaKURDISTAN, das viele Jahre der Forschung zusammenfasste, um eine Geschichte Kurdistans und des kurdischen Volkes zu erzählen. Meiselas ist auch für ihre Arbeit in Nicaragua (1978–1979) bekannt, wo sie die sandinistische Revolution dokumentierte. Die intensiven Nachforschungen, die Meiselas später jahrzehntelang anstellte, um die Menschen auf ihren Bildern ausfindig zu machen, fügten dem ursprünglichen Werk zusätzliche Schichten hinzu.

Ihr Engagement, nicht nur Zeugnis von einigen der wichtigsten Momente unserer Zeit abzulegen, sondern auch die von ihr Porträtierten auf engagierte Art und Weise einzubeziehen – was Fragen nach der Urheberschaft aufwirft – und immer wieder neue Wege zu finden, um das Publikum zu fesseln, hat Meiselas zu einer herausragenden Persönlichkeit der Fotografie gemacht.

JEMANDEN UM EINE RÜCKMELDUNG AUF EIN VON IHNEN AUFGENOMMENES PORTRÄT BITTEN

Für ihre Abschlussarbeit im Rahmen eines Fotokurses, den sie Anfang der 1970er Jahre belegte, machte Susan Meiselas von jedem ihrer Nachbar*innen in der Pension, in der sie in Massachusetts lebte, ein 4×5-Zoll-Porträt. Sie gab den Menschen jeweils einen Abzug ihres Porträts und bat sie, ihre Reaktion auf das Porträt aufzuschreiben. Die Antworten gaben dem Ganzen einen Kontext und bildeten einen wichtigen Teil des Projekts.

Wenn Sie das nächste Mal ein Porträt aufnehmen, machen Sie einen Abzug und zeigen Sie ihn Ihrem Modell. Überlegen Sie, wie Sie die Reaktion der Person in das Kunstwerk einbeziehen können, vielleicht als separate Tafel, wie es Meiselas getan hat, oder indem Sie die Person auffordern, direkt auf den Abzug zu schreiben.

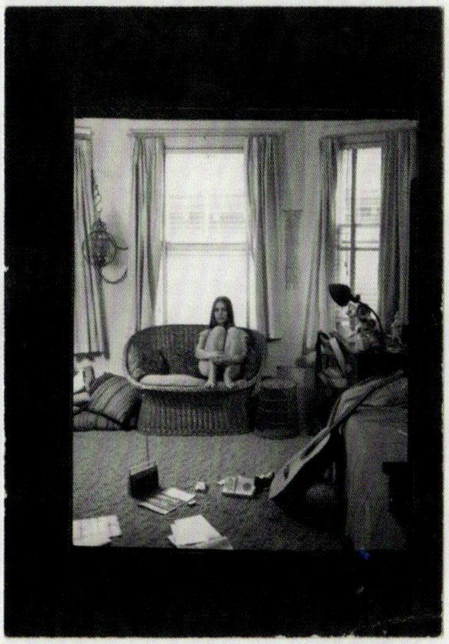

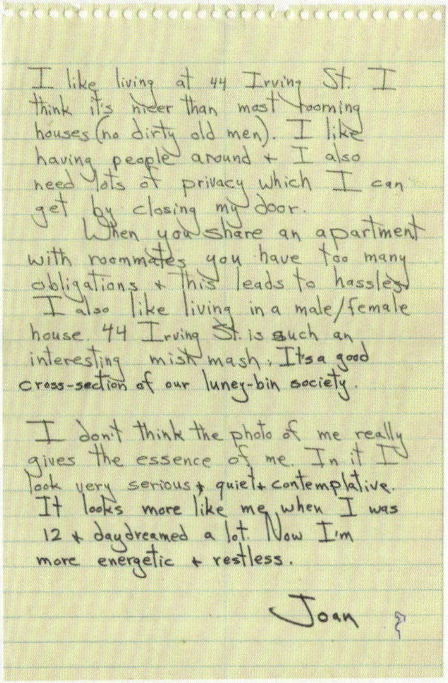

I like living at 44 Irving St. I think it's nicer than most rooming houses (no dirty old men). I like having people around + I also need lots of privacy which I can get by closing my door.

When you share an apartment with roommates you have too many obligations + this leads to hassles. I also like living in a male/female house. 44 Irving St. is such an interesting mish mash. It's a good cross-section of our luney-bin society.

I don't think the photo of me really gives the essence of me. In it I look very serious + quiet + contemplative. It looks more like me when I was 12 + daydreamed a lot. Now I'm more energetic + restless.

Joan

Joan, 44 Irving Street, Cambridge, MA,
Susan Meiselas, 1971

RINKO

Japan
*1972
Kunst
Landschaftsfotografie
Porträt

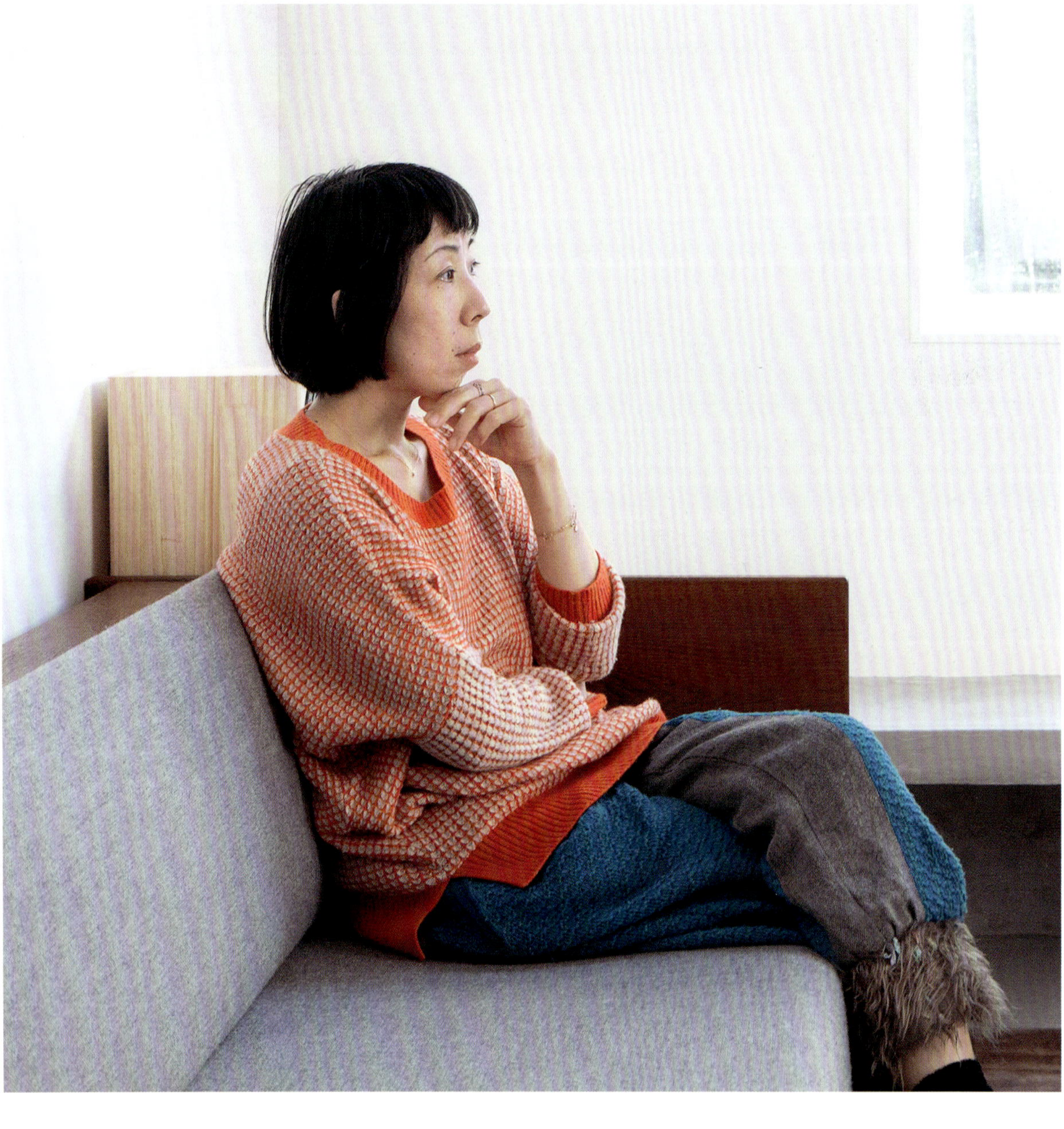

KAWAUCHI

DIE ILLUMINATORIN

In einer reichen und langen Tradition japanischer (hauptsächlich männlicher) Fotografen, die in Schwarz-Weiß arbeiten, besticht Rinko Kawauchi durch ihre ruhigen, sublimen und zartfarbigen Arbeiten. Kawauchi begann in ihren späten Teenagerjahren mit Schwarz-Weiß-Fotografie, wechselte aber nach einigen Jahren zur Farbfotografie. Kawauchi, die nicht nur in ihrem Heimatland Japan, sondern weltweit als Gigantin der Fotografie gilt, ist bekannt für ihren atemberaubenden Umgang mit Farbe und natürlichem Licht und hat die einzigartige Fähigkeit, die scheinbar unbedeutenden Momente des Lebens einzufangen und zu veredeln.

Geboren in Shiga auf der Insel Honshu, studierte Kawauchi Grafikdesign an der Seian University of Art and Design. Während ihres Studiums belegte sie Fotografiekurse und arbeitete nach ihrem Abschluss 1993 in der Abteilung für Grafikdesign und Fotografie eines Werbeunternehmens. Kawauchi begann, kommerziell zu fotografieren und ihre persönliche Arbeit weiterzuentwickeln, und schuf so ein beachtliches Werk. Im Jahr 2001 veröffentlichte sie drei Bücher ihrer Fotografien, die ihre Karriere begründeten. Nachdem sie bereits vor diesem Durchbruch Ausstellungen in Japan hatte, stellte Kawauchi in den folgenden Jahrzehnten auch international aus. Das Buch ist jedoch die natürliche Heimat für ihre Arbeit. Ihr Hintergrund als Designerin hat sich in dieser Hinsicht als nützlich erwiesen, und Kawauchi hat mehr als 20 Fotobücher veröffentlicht.

Als Privatperson, über die außer ihrer Arbeit und ihren Arbeitsmethoden wenig bekannt ist, hat Kawauchi darüber gesprochen, was sie dazu bewegt, die Fotos zu machen, die sie macht, und über ihren fotografischen Ansatz. Kawauchi verwendet in der Regel eine 6×6 Rolleiflex-Kamera und lässt sich von ihrer Intuition leiten. Sie spricht über den Entstehungsprozess ihrer Arbeiten als eine Art Meditation und Zusammenarbeit und beschreibt einzelne Fotografien als „eine einzelne Zelle oder eine einzelne Stimme“, die ein Gesamtwerk bilden, wenn sie miteinander in Resonanz treten.[50] In der Tat ist jedes ihrer Fotos eine perfekte, in sich geschlossene Einheit, doch erst in der Abfolge der Bilder spüren wir die volle Wirkung der Kraft ihrer Arbeit, die uns mühelos in eine andere Welt versetzt. Kawauchi lässt sich von der japanischen Shinto-Religion inspirieren, die davon ausgeht, dass alles einen Geist oder eine spirituelle Essenz hat. Sie hat die Fähigkeit, zwischen Mikro- und Makroebene zu wechseln und Bilder zu schaffen, die zwischen Träumen und Realität, zwischen dem, was man optisch sieht, und dem, was vor dem geistigen Auge erscheint, zu schweben scheinen. Es gibt eine Intimität in ihrem Werk – wir spüren Kawauchis Präsenz –, aber auch eine Universalität. Gewöhnliche Momente, die an das Banale grenzen – eine glühende Zigarette, eine lichtdurchflutete Straße, ein Paar Füße – werden zu etwas Großartigem. Aber es ist auch Unbehagen oder Unsicherheit im Spiel. Manchmal werden Tod und Schmerz spürbar, aber selbst dann ist die Schönheit nie weit entfernt.

Mit ihrem strahlenden, manchmal göttlich anmutenden Licht und ihren subtilen Pastelltönen machen Kawauchis Fotografien das Ephemere und Unfassbare real, zumindest in fotografischer Hinsicht. Es ist ein „alltäglicher Existenzialismus“[51], der sich vertraut und tröstlich anfühlt, aber gleichzeitig auch beunruhigend und fremd.

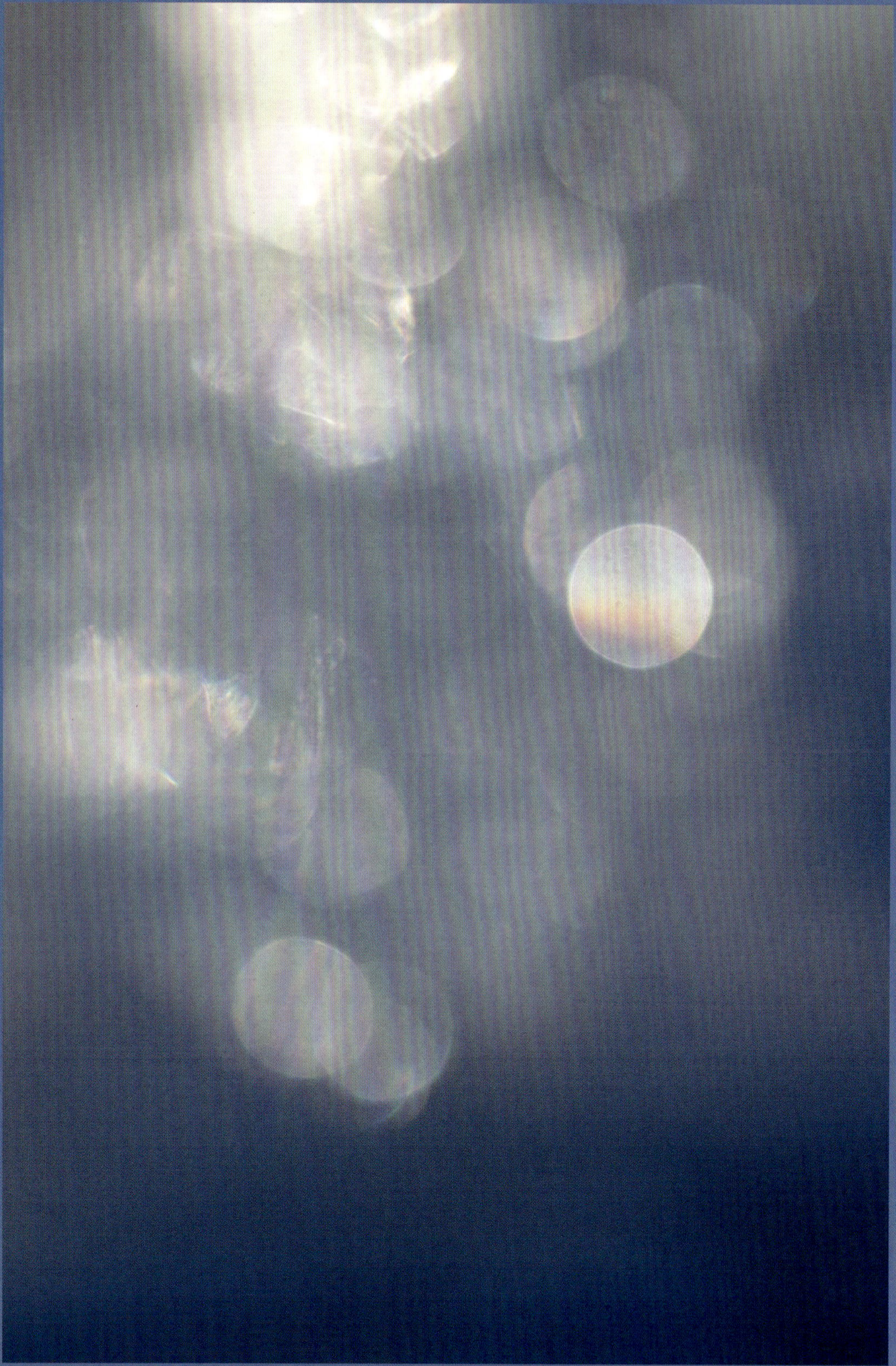

BOKEH ZUM THEMA IHRES BILDES MACHEN

Bokeh bedeutet auf Japanisch „Unschärfe“ und beschreibt das Erscheinungsbild von verschwommenen, unscharfen Bereichen in einem Foto. Dieser Effekt wird oft verwendet, um störende Hintergründe zu verbergen, kann aber auch selbst das Motiv eines Fotos sein.

Stellen Sie Ihre Kamera auf „Blendenpriorität“ oder „Manuell“ ein und verwenden Sie ein lichtstarkes Objektiv (mit einer großen Blendenöffnung). Fotografieren Sie auf diese Weise unscharfe Lichtpunkte. Versuchen Sie, das Format zu füllen, und überlegen Sie, wie Sie eine Komposition mit mehreren interessanten Bereichen kreieren können. Fotografieren Sie verschiedene Arten von Licht – zum Beispiel Lichterketten – und verwenden Sie Farben, um eine Reihe von Effekten zu erzielen. Probieren Sie, das Licht einer Lampe mit zerknitterter Folie zu reflektieren, um einen „Lichtregen“ zu erzeugen.

Untitled aus *M/E*,
Rinko Kawauchi, 2020

POULOMI

Indien
*1983
Dokumentarfotografie
Mixed media
Porträt

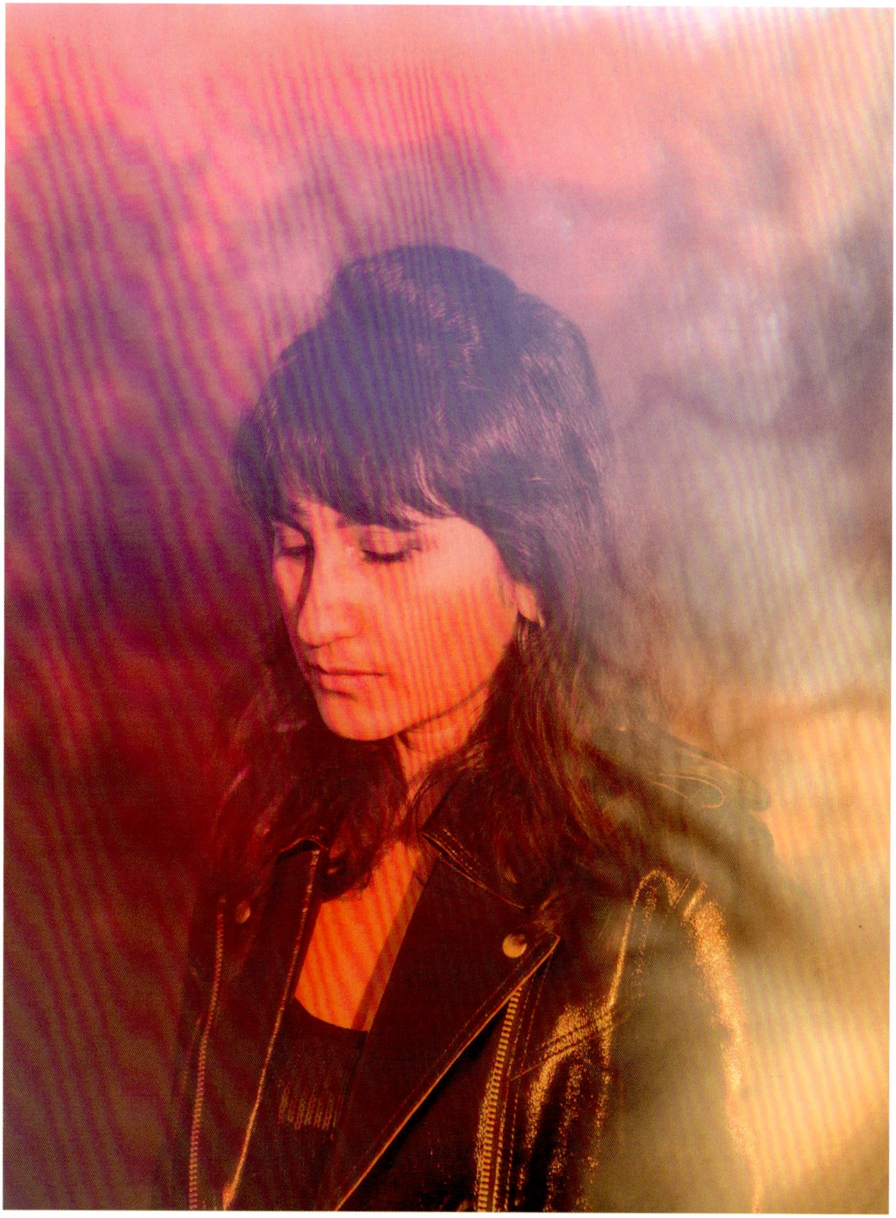

BASU

DIE AKTIVISTIN

Die Künstlerin und Aktivistin Poulomi Basu weiß aus erster Hand, wie es ist, Opfer von Frauenfeindlichkeit und Gewalt zu sein – zwei Dauerthemen in ihrem Werk. Geboren in Kolkata, Indien, wuchs Basu in einer traditionellen patriarchalischen Familie auf. Als sie 17 war, starb ihr Vater, und ihre Mutter sagte ihr, sie solle von zu Hause weggehen, wenn sie im Leben eine Wahl haben wolle. Basu studierte dann Soziologie und anschließend Fotojournalismus und Dokumentarfotografie am London College of Communication. Seitdem hat sie wichtige Werke geschaffen, die sich mit systemischen Ungerechtigkeiten und Gewalt gegen Frauen befassen und marginalisierte Stimmen in den Vordergrund stellen.

Basu arbeitet mit Fotografie, bewegten Bildern und Installationen. Sie sagt von sich, sie produziere Arbeiten über die „psychologischen und emotionalen Räume", in denen sich Frauen befinden, und über die Reisen, die sie machen.[52] Ihre erste große Serie *To Conquer Her Land* (2009–2012) erzählt die Geschichte von Indiens ersten Soldatinnen, denen der Border Security Armed Force, die in den gefährlichen Grenzgebieten von Punjab, Jammu und Kaschmir eingesetzt wurden. Basu verbrachte Zeit mit den Frauen in Ausbildungslagern und an der Front und fotografierte sie in Schwarz-Weiß und Farbe. In ihren manchmal unscharf gehaltenen Bildern entwarf sie ein Narrativ, das Bilder wie Visionen in einem Traum auftauchen und wieder verschwinden lässt. Die Frauen kämpfen zwar gegen einen Feind auf dem Boden, aber man hat das Gefühl, dass sie auch für ihre Rechte als Frauen gegen patriarchalische Haltungen kämpfen. Dieser vielschichtige Ansatz, bei dem ein Sinn angedeutet wird, ist typisch für Basu, die mit Metaphern und Mehrdeutigkeit spielt, damit „der Geist reisen und Fragen stellen kann".[53]

Basu begibt sich oft in abgelegene Gemeinden und setzt sich dafür ein, zu wenig beachtete Geschichten und Themen ans Licht zu bringen. Dies tat sie für *A Ritual of Exile* (2013–2018), in dem sie die uralte hinduistische *chhaupadi*-Praxis untersucht, bei der menstruierende Mädchen und Frauen sowie Frauen mit postpartalen Blutungen in provisorischen Hütten leben müssen, weil sie als unrein gelten. Neben dem Mangel an medizinischer Versorgung und der Gefährdung durch die Elemente drohen ihnen Vergewaltigung und Mord. Basu, die stets bestrebt ist, in ihrem Publikum Gefühle der Empathie zu wecken und eine immersive Erfahrung zu schaffen, stellte das Werk in einem multimedialen Setting aus, in dem Projektionen, Lichtkästen, Ton und virtuelle Realität zum Einsatz kamen.

Basu ist auch daran interessiert, die Natur der Wahrheit in ihrer Arbeit zu hinterfragen, ein Thema, das sie in dem gefeierten Werk *Centralia* (2010–2020) erforscht. Das Werk ist eine „Doku-Fiction", in der Basu dokumentarische und beinahe fantastische Ansätze verbindet. Es erzählt die Geschichte des wenig bekannten und andauernden Konflikts zwischen Guerillakämpferinnen – einem indigenen Stammesvolk – und dem indischen Staat um Land und untersucht, wie Wahrnehmungen von Wahrheit und Realität manipuliert werden.

In letzter Zeit hat Basu sich selbst in ihre Arbeit einbezogen. In *Fireflies* verarbeitet sie ihre traumatische Vergangenheit. In ihrem Kommentar zur emblematischen Bedeutung des Glühwürmchens kommentierte Basu eine zentrale Dualität in ihrem Werk: „Glühwürmchen leuchten in der Dunkelheit. Es gibt also sowohl dieses Element des Freien, Pulsierenden und Magischen als auch das Dunkle. Ich assoziiere das mit weiblichen Kräften. Frauen sind mächtig und magisch [und] dennoch gibt es viele Kämpfe in unserer Geschichte und auf dem immerwährenden Schlachtfeld von Frauenfeindlichkeit und Patriarchat."[54]

IHR OBJEKTIV DEFOKUSSIEREN, UM WIRKUNG ZU ERZIELEN

Die Defokussierung Ihres Kameraobjektivs kann Ihren Bildern einen unheimlichen, unwirklichen Charakter verleihen.

Wenn Sie manuell fokussieren, können Sie versuchen, eine Gruppe von Menschen in einer Landschaft zu fotografieren und die Schärfe einzustellen, um den Defokussierungseffekt abzustimmen. Versuchen Sie, bei Nacht zu fotografieren und die Szene mit Mondlicht zu beleuchten, um die Wirkung zu verstärken. Wenn Sie am Tag fotografieren, verwenden Sie ISO 400 als Ausgangspunkt, steuern Sie die Belichtung manuell und passen Sie sie nach Bedarf an. Achten Sie auf eine helle Belichtung, denn wenn Sie die Helligkeit nachträglich anpassen, wird das Schattenrauschen sichtbar. Konvertieren Sie Ihre Bilder in Photoshop in Schwarz-Weiß.

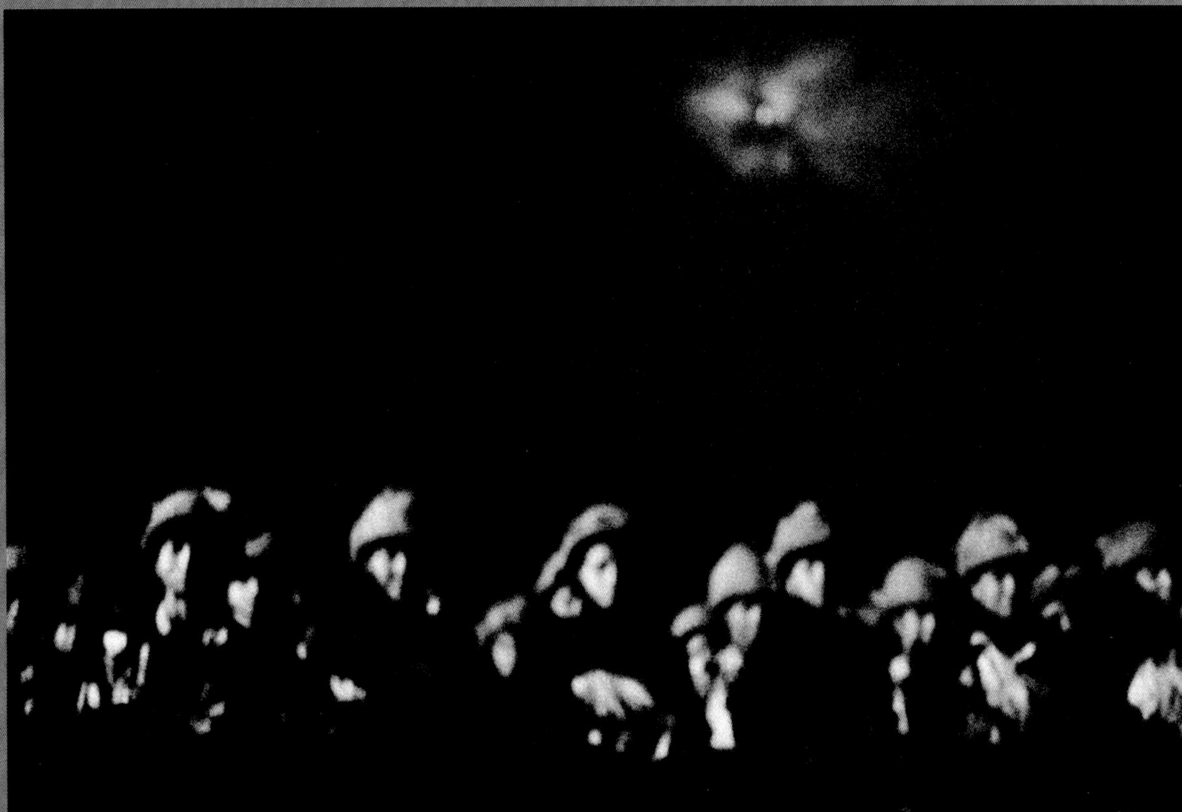

Aus *To Conquer Her Land*,
Poulomi Basu, 2009–2012

KARIMEH

Palästina
1893–1940
Dokumentarfotografie
Landschaftsfotografie
Porträt

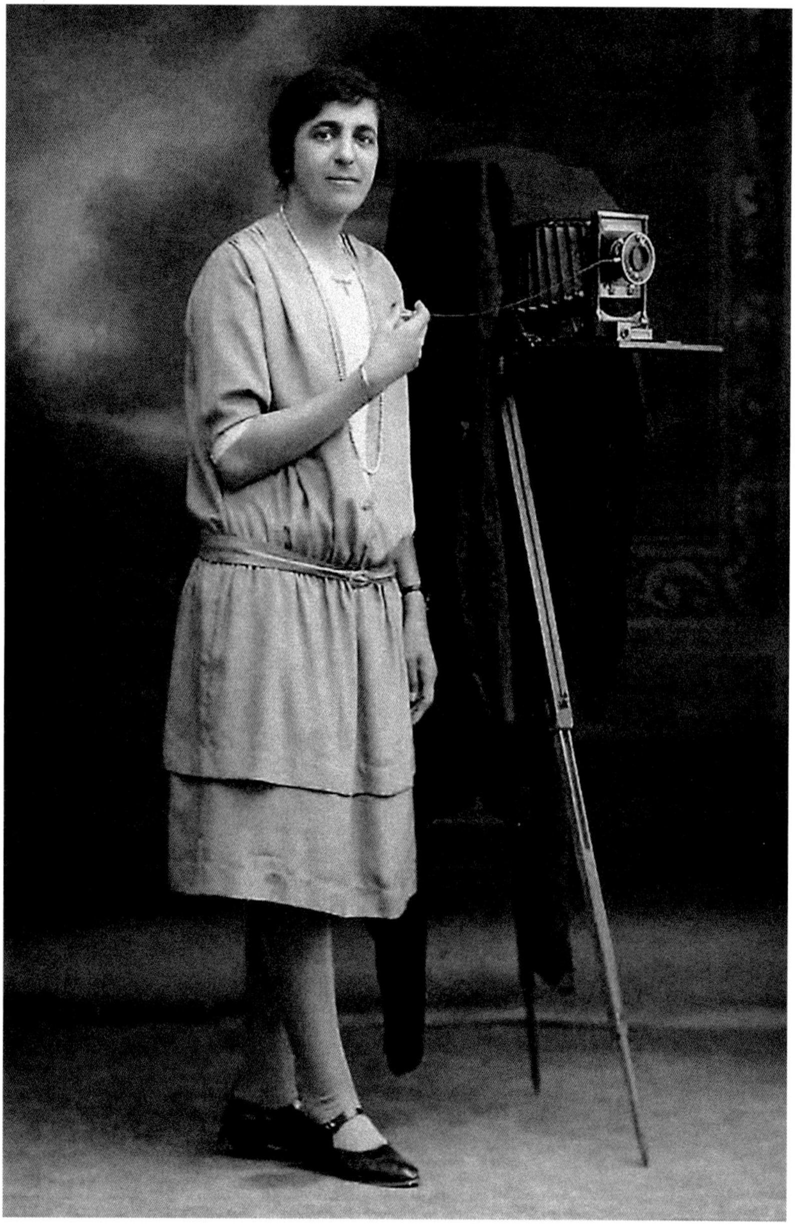

ABBUD

DIE GRÜNDERIN

Karimeh Abbud, eine mutige Frau mit unbändigem Unternehmergeist, gilt als erste arabische Fotografin und als die erste in Palästina.[55] Abbud wurde in eine christlich-protestantische Familie der Mittelschicht in Bethlehem hineingeboren und begann im Alter von 17 Jahren, ihre Umgebung und ihre Familie zu fotografieren. Nach ihrem Studium der arabischen Literatur an der Amerikanischen Universität von Beirut arbeitete sie als Lehrerin, bevor sie sich für eine Karriere als Fotografin entschied. Religiöse und historische Stätten, palästinensische Städte, Landschaften und Menschen, darunter Bauern- und Mittelstandsfamilien, Hochzeiten und andere Familienereignisse gehörten zu ihren Motiven.

Es waren die frühen 1920er Jahre, und gesellschaftlich und kulturell war ein Wandel im Gange. Abbud, die eine liberale Erziehung genossen hatte, nahm den Wandel der Zeit an und begann eine fotografische Karriere. Im Nahen Osten war die Fotografie bereits seit Langem etabliert, aber sie wurde überwiegend von Männern ausgeübt. Die geschäftstüchtige Abbud nutzte ihr Geschlecht zu ihrem Vorteil. Geschickt erkannte sie, dass viele der Frauen (und ihre Familien), die sie zu ihrem Thema gemacht hatte, sich wohler fühlten, wenn sie in ihrem eigenen Haus von einer Frau fotografiert wurden, und so warb sie ausdrücklich für sich als „Lady Photographer" und reiste mit dem Auto zu ihnen. Abbud wurde im Bürgertum, das Porträtfotos anfragte, als vertrauenswürdig bekannt und war sehr begehrt. Das gute Gefühl, das ihre Kund*innen ihr entgegenbrachten, zeigt sich in den Fotografien, die sie von ihnen anfertigte: Ihre Modelle wirken entspannt. Ungewöhnlich für die damalige Zeit, richtete Abbud ihre eigenen Studios an mehreren Orten in Palästina ein und erweiterte so ihre berufliche Reichweite.

Ihre weniger formalen, offenherzigen, sensibel komponierten und zuweilen poetischen Bilder in halb-ländlicher Umgebung zeigen den lebendigen, blühenden Charakter Palästinas und seiner Menschen. Manchmal kolorierte Abbud ihre Fotos von Hand, um die von ihr eingefangenen Szenen zu akzentuieren. Abbuds Fotografien sind bemerkenswerte visuelle Aufzeichnungen einer sich wandelnden Region und eine wertvolle Dokumentation des palästinensischen Alltagslebens vor der Nakba – der Massenvertreibung der Palästinenser während des arabisch-israelischen Krieges 1948. Abbuds Fotografien zeigen Palästina als eine belebte, zivilisierte und blühende Region.[56]

Trotz Abbuds Erfolg zu Lebzeiten geriet ihr Werk viele Jahre lang in Vergessenheit. Nicht wenige ihrer Arbeiten sind verloren gegangen. Mitte der 2000er Jahre veröffentlichte dann der israelische Sammler Yoki Boaz, nachdem er einige ihrer Fotografien erworben hatte, einen Aufruf mit der Bitte um Informationen über Abbud. Der Forscher Ahmed Mrowat reagierte und half, die Sammlung zu erweitern. Neben ihren außergewöhnlichen Leistungen als Berufsfotografin in einer Zeit, in der dieser Beruf von Männern dominiert wurde, ist Abbud auch wegen der weiblichen Perspektive wichtig, die ihre Fotografien zeigen – Frauen gesehen von einer Frau, was im Palästina des frühen 20. Jahrhunderts eine Seltenheit war. Und: Während Europäer seit dem 19. Jahrhundert in den Nahen Osten reisten, um Landschaften, architektonische Stätten und vieles mehr zu fotografieren, bietet Abbud uns einen einzigartigen, nicht-westlichen, nicht-exotisierten Blick auf das palästinensische Volk.

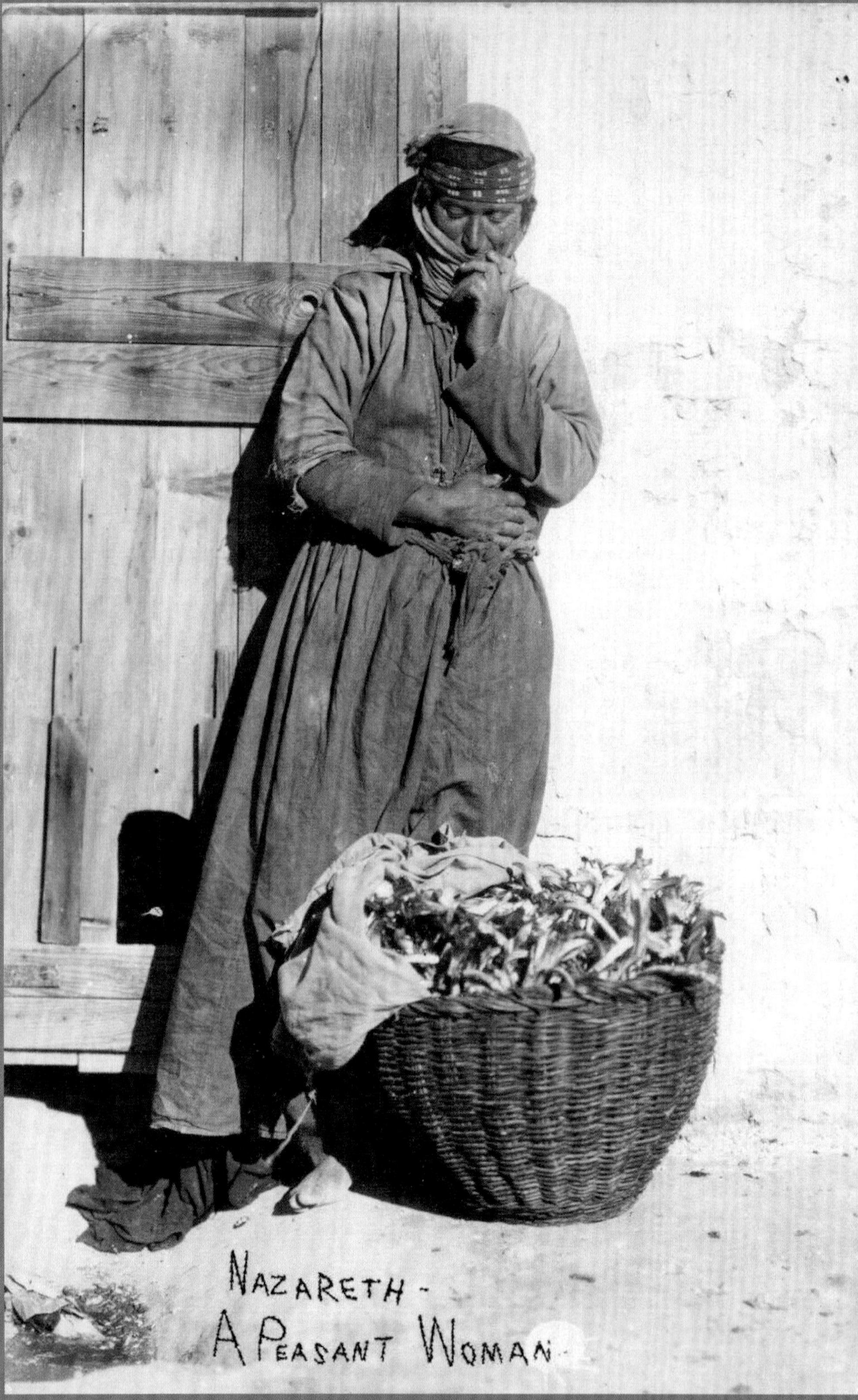
NAZARETH -
A PEASANT WOMAN

EIN EINZIGARTIGES STRASSENPORTRÄT AUFNEHMEN

Ein Straßenporträt unterscheidet sich von einem spontan aufgenommenen Straßenfoto dadurch, dass Ihr Modell wahrscheinlich weiß, dass Sie es fotografieren. Sobald Sie ein potenzielles Motiv ausmachen, beginnen Sie ein Gespräch mit der Person. So bekommen Sie ein Gefühl dafür, ob sie sich mit Ihnen einlassen möchte oder nicht.

Sobald Sie das Einverständnis der Person haben, sich fotografieren zu lassen, überlegen Sie, wie Sie die Umgebung in Ihr Bild einbeziehen können. Arbeiten Sie mit dem vorhandenen Licht und bitten Sie die Person, ihre Position zu ändern, wenn dies für ein besser beleuchtetes Bild von Vorteil ist. Probieren Sie es mit einm 50- oder 85-mm-Objektiv. Eine größere Brennweite hilft Ihnen, Ihr Motiv von der Umgebung zu isolieren, wenn Sie sich in einer belebten Umgebung befinden.

Nazareth, A Peasant Woman,
Karimeh Abbud, 1925

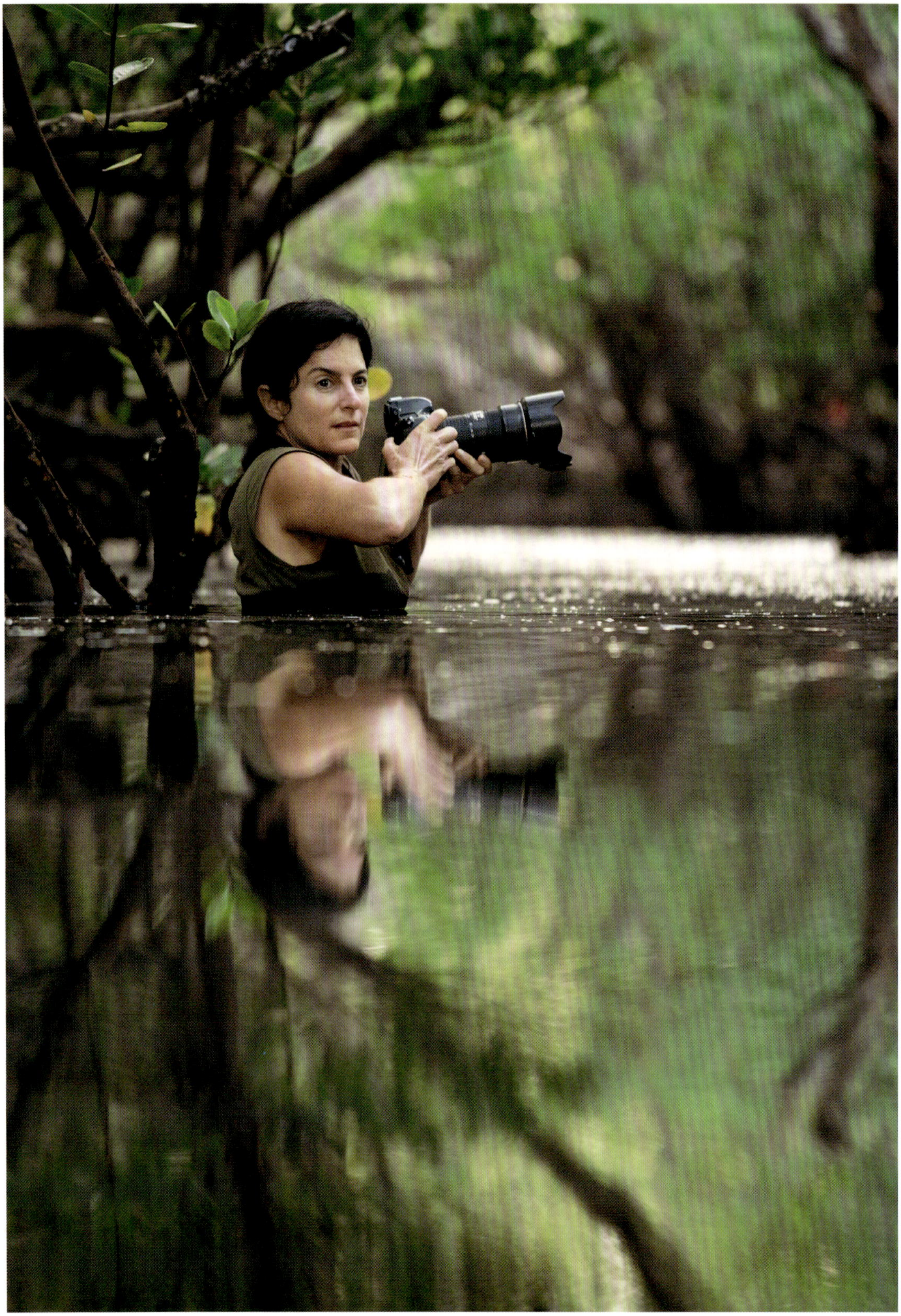

AMI VITALE

DIE NATURSCHÜTZERIN

Die Fotografie ist ein wirkungsvolles Kommunikationsmittel. Kombiniert mit entsprechenden Geschichten kann sie sogar noch mehr Wirkung haben. Jemand, der das sehr gut weiß, ist die amerikanische Fotografin und Dokumentarfilmerin Ami Vitale, die visuelles Storytelling einsetzt, um das Bewusstsein für einige der dringendsten Naturschutzprobleme unserer Zeit zu schärfen. In ihrer Arbeit geht es um Tiere und Menschen, die untrennbar miteinander verbunden sind – ihr Ethos lautet: „Man kann nicht über die Menschheit sprechen, ohne über die Natur zu sprechen."[57]

Vitale ist vor allem für ihre preisgekrönte Arbeit bekannt, in der sie während der letzten 15 Jahre die Geschichte der letzten nördlichen Breitmaulnashörner dokumentiert hat. Außerdem hat sie jahrelang über Chinas bahnbrechendes Panda-Zucht- und Auswilderungsprogramm und das gemeindeeigene Reteti Elephant Sanctuary im Norden Kenias berichtet. Für beides wurde sie mit dem World Press Photo Award ausgezeichnet.

Vitale wurde in Florida geboren und machte einen Abschluss in International Studies an der Universität von North Carolina. Sie begann ihre Karriere bei der Nachrichtenagentur Associated Press in New York, wo sie in den frühen 1990er Jahren als Bildredakteurin arbeitete. Ihr Traum war es jedoch, Auslandskorrespondentin zu werden; nach einigen Jahren verließ sie die Agentur und zog in die Tschechische Republik, wo sie für eine Zeitung arbeitete, bevor sie dann in den Kosovo reiste, um über den sich anbahnenden Konflikt zu berichten. Danach berichtete sie aus vielen weiteren Konfliktgebieten, unter anderem auf dem afrikanischen Kontinent, im Nahen Osten, in Afghanistan und Kaschmir, wobei sie ihre Aufgabe darin sah, dem Publikum die schreckliche Brutalität der Geschehnisse dort vor Augen zu führen.

Im Laufe der Zeit ging es Vitale immer mehr darum, das hervorzuheben, was die Menschen zusammenbrachte, und nicht das, was sie voneinander trennte. Auch die Produktion von „zeitgemäßen" Bildern für einen unaufhörlichen Nachrichtenstrom wurde ihr immer weniger zur Priorität. Es war ihr wichtiger, längere Zeit an einem Ort zu verbringen, um Bilder zu machen, die noch lange über die aktuellen Nachrichten hinaus nachhallen.

Während sie über Konflikte berichtete, stellte Vitale fest, dass die Geschichten, die sie über Menschen erzählte, immer in irgendeiner Weise mit der Natur verbunden waren. „Wenn man tief genug hinter praktisch jedem menschlichen Konflikt gräbt, findet man eine Erosion der Verbindung zwischen den Menschen und der sie umgebenden natürlichen Welt", erklärt sie auf ihrer Website.[58] Sie konzentrierte sich darauf, Geschichten über Wildtiere, Umweltfragen und den Einfluss des Menschen im Positiven wie im Negativen zu erzählen.

Als Fotografin für *National Geographic* und Nikon-Botschafterin ist Vitale, die als eine der einflussreichsten Naturschutzfotografinnen ihrer Generation bezeichnet wird, auch eine vielseitige Referentin und Vermittlerin. Sie hat viele kluge Ratschläge über das Handwerk der Fotografie zu geben – nicht zuletzt erinnert sie uns daran, dass großartige Fotografie aus guten Geschichten entsteht.

USA
*1971
Umweltfotografie
Dokumentarfotografie
Fotojournalismus

EINE FOTOSTORY PRODUZIEREN, UM DAS BEWUSSTSEIN FÜR EIN WICHTIGES THEMA ZU SCHÄRFEN

Die Recherche und Planung ihrer Fotostorys nimmt viel Zeit in Anspruch, aber alles beginnt mit einem Thema, das Vitale am Herzen liegt. Entgegen der landläufigen Meinung muss man nicht weit reisen, um eine gute Geschichte zu finden. Vielleicht gibt es ein lokales Problem, auf das man aufmerksam machen möchte. Es könnte auch etwas sein, das recht unbedeutend erscheint, aber das Potenzial hat, zu einem ausführlichen Werk zu werden.

Was auch immer Ihr Thema ist, stellen Sie sicher, dass es etwas ist, das Ihnen am Herzen liegt und das Sie im Laufe der Zeit weiterentwickeln können. Skizzieren Sie Ihre Geschichte, indem Sie verschiedene Aufnahmearten wie Nahaufnahmen, Porträts und andere „szenografische" Bilder einplanen, die die Geschichte am besten erzählen.

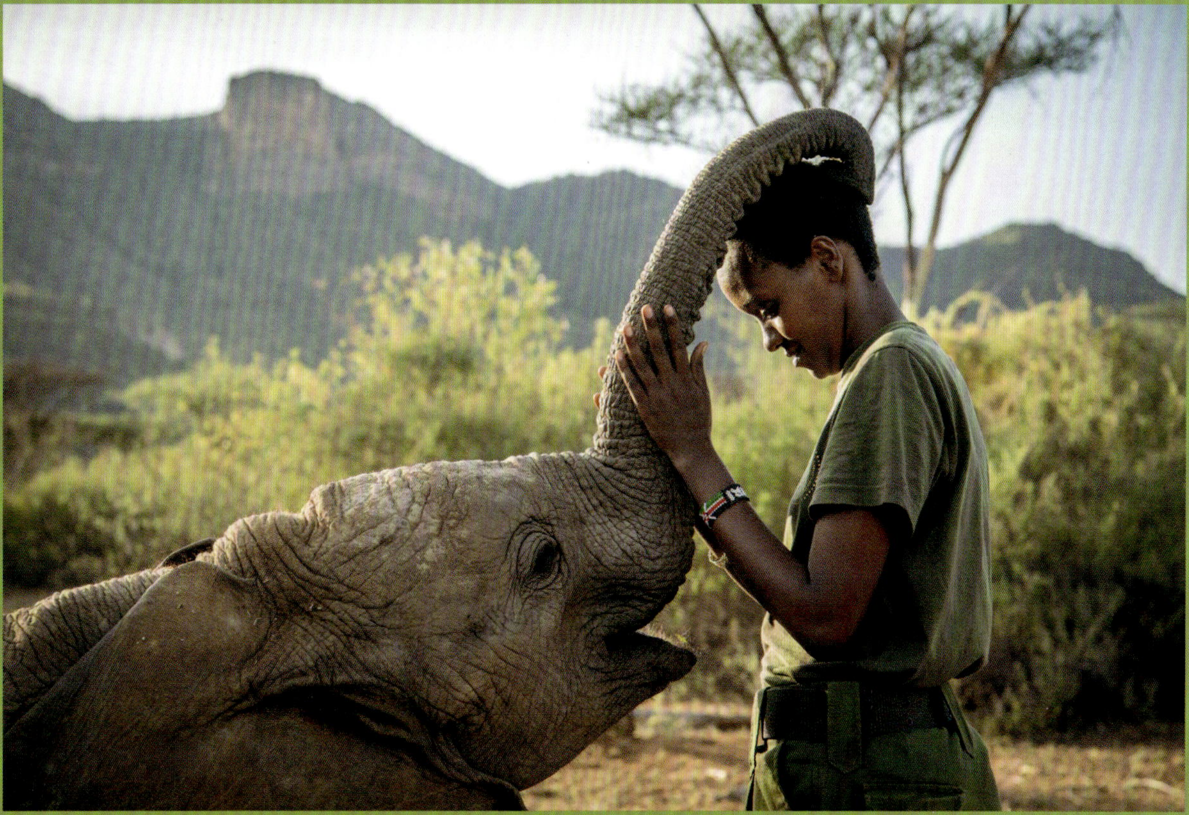

Mary Lengees wird von Shaba begrüßt, der Leitkuh der verwaisten Baby-Elefantenherde im Reteti Elephant Sanctuary in Kenia, Ami Vitale, 2017

CLAUDE

Frankreich
1894–1954
Kunst
Performance
Selbstporträt

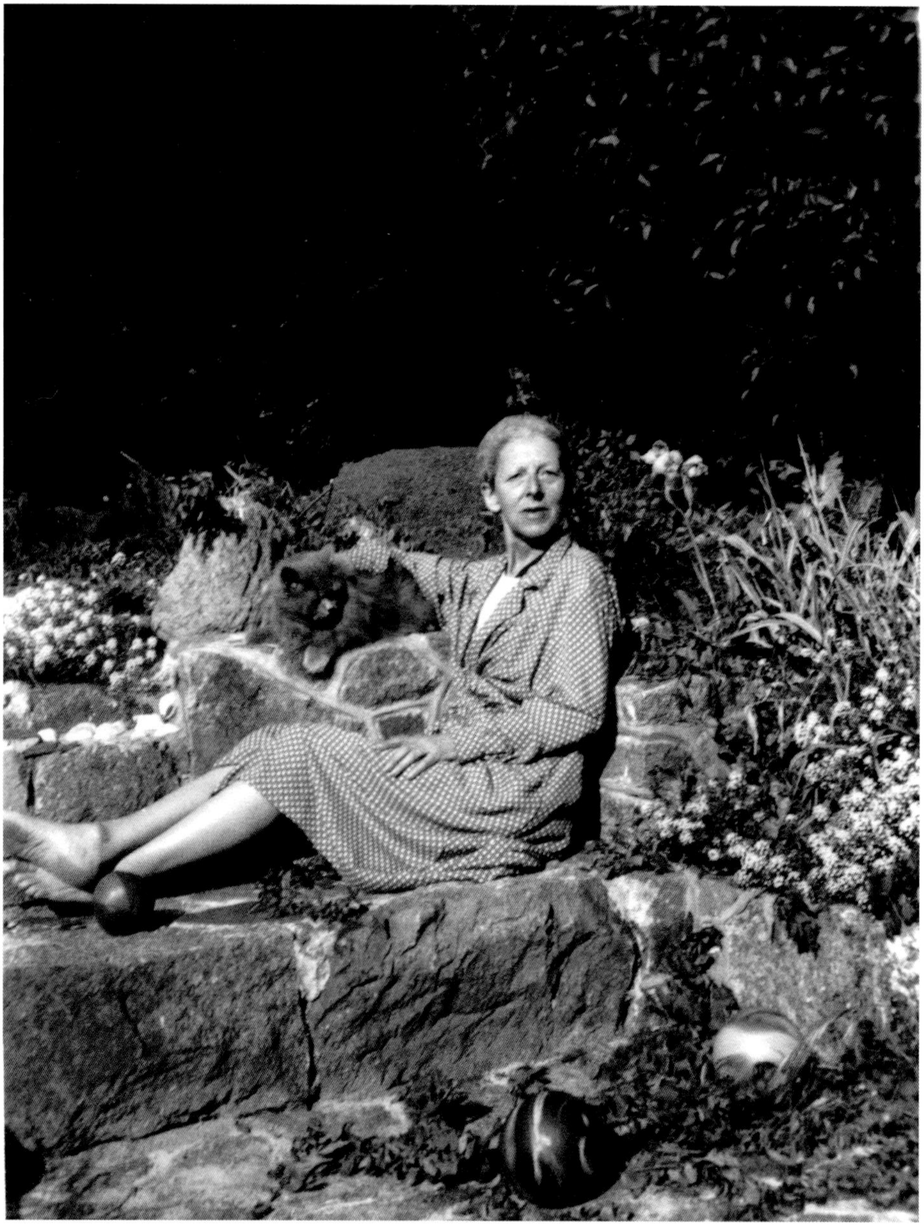

CAHUN

DIE BILDERSTÜRMERIN

„Rätselhaft", „radikal", „revolutionär" – so wird die französische Künstlerin und Schriftstellerin Claude Cahun oft bezeichnet, deren Erforschung von Gender und Identität mit den Mitteln der Fotografie und Fotomontage Anfang bis Mitte des 20. Jahrhunderts ihrer Zeit weit voraus war. Doch keines dieser Wörter oder andere, die häufig in einem Satz mit Cahun verwendet werden, trifft den Kern der Surrealistin, die berühmt wurde mit der Aussage: „Männlich? Weiblich? Aber das hängt von der Situation ab. Das Neutrum ist das einzige Geschlecht, das immer zu mir passt." Vielleicht hat es weniger mit den Worten selbst zu tun als vielmehr damit, dass sich die geschlechtsuntypische Cahun einer Definition entzieht.

Cahun, die oft als Vorläuferin von Cindy Sherman (S. 132) und Gillian Wearing bezeichnet wird, die beide die Fotografie nutzen, um den Begriff der Identität zu dekonstruieren, wurde in eine wohlhabende jüdische Literatenfamilie hineingeboren und war ein echtes Original, eine Innovatorin, die das Selbst als Subjekt erforschte, lange bevor Selbstporträts mit der Kamera weit verbreitet waren.

Geboren als Lucy Schwob in Nantes, Frankreich, benutzte Cahun das Pseudonym Claude Cahun – „Claude", weil es ein Vorname sowohl für Mädchen als auch für Jungen ist, und „Cahun" nach ihrer Großmutter Mathilda Cahun. Während ihres Studiums der Philosophie und Literatur an der Pariser Sorbonne begann Cahun, die das Geschlecht als fluides Konzept und das Selbst als unbestimmt ansah, Selbstporträts anzufertigen, die zu einem Hauptbestandteil ihres künstlerischen Schaffens werden sollten. Oftmals mit Kostümen und Masken ausgestattet, spielte sie verschiedene Rollen im Avantgarde-Theater, trat als weibliche, männliche und androgyne Figuren auf. Manchmal, und vielleicht am auffälligsten für ihre Zeit, erschien sie mit kahlgeschorenem Kopf. Vor allem Masken spielen in ihrem Werk eine wichtige Rolle. Als Mittel, um den Blick zu verdecken oder zu stören, dienen sie als Symbol für die Flüchtigkeit der Identität selbst und für unsere Unfähigkeit, die eigene Identität oder die eines anderen Menschen zu ergründen. „Unter dieser Maske ist eine andere Maske", schrieb Cahun. „Ich werde nie damit fertig werden, all diese Gesichter zu entfernen."

In den 1920er Jahren und bis in die späten 1930er Jahre lebte sie mit dem Illustrator Marcel Moore (geboren als Suzanne Malherbe), Cahuns Stiefschwester, Mitarbeiterin und Lebensgefährtin, in Paris und verkehrte mit surrealistischen Künstler*innen und Schriftsteller*innen. Als sich der Krieg abzeichnete, zog das Paar nach Jersey, wo es sich in der Widerstandsbewegung engagierte. Zu ihren bemerkenswertesten subversiven und künstlerischen Aktionen während der deutschen Besatzung Jerseys gehörte die Erstellung und Verteilung von Flugblättern gegen die Nazi-Besatzer. Nachdem ihre Aktivitäten aufgedeckt worden waren, wurden die beiden 1944 inhaftiert und zum Tode verurteilt, aber Cahun und Moore kamen frei, als die Insel ein Jahr später befreit wurde. Nach dieser Zeit fertigte Cahun einige Selbstporträts an, darunter eine Reihe gotischer Bilder, die über den Tod nachzudenken scheinen, doch ihre produktivste Schaffensperiode lag hinter ihr. Sie starb im Alter von 60 Jahren, da sich ihr Gesundheitszustand von der Zeit im Gefängnis nie mehr vollständig erholte. Bis Mitte der 1980er Jahre, als Cahuns Werk in einer Ausstellung über Fotografie und Surrealismus gezeigt wurde, war die Künstlerin in der Versenkung verschwunden. François Leperliers Biografie von 1992, *Claude Cahun: L'Écart et la Métamorphose*, trug dazu bei, dass sich dies änderte, und heute findet Cahuns Name in der Geschichte der Fotografie zunehmend Erwähnung.

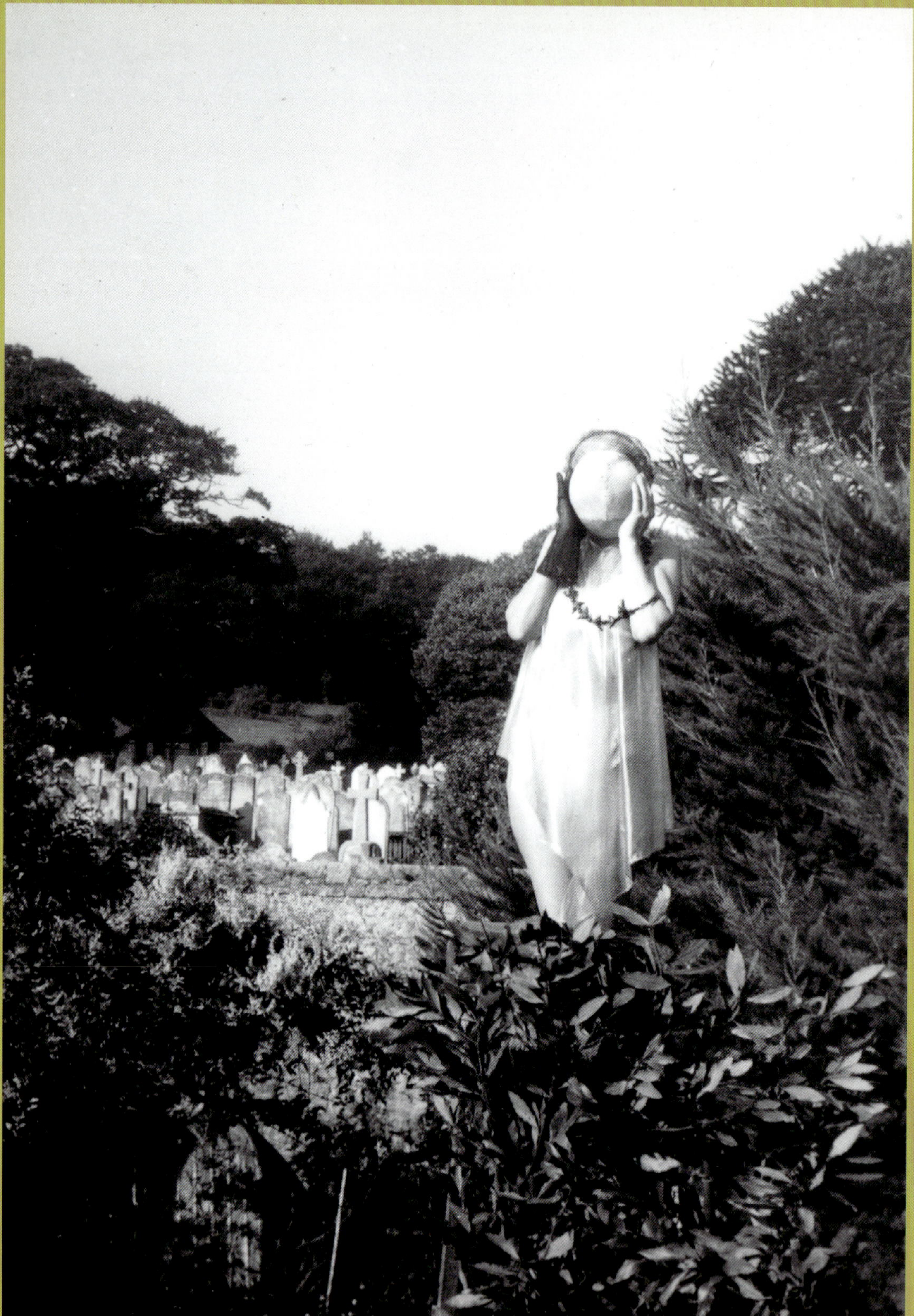

IHR GESICHT VERSTECKEN, UM EIN UNGEWÖHNLICHES, ABER AUSSAGEKRÄFTIGES SELBSTPORTRÄT ZU ERSTELLEN

Manchmal blickt Claude Cahun direkt in die Kamera, ihr herausfordernder Blick wirkt sofort entwaffnend. Manchmal ist ihr Blick schräg zur Seite gerichtet, als ob sie uns in ihrem peripheren Blickfeld beobachten würde. Zu anderen Zeiten ist ihr Gesicht vollständig verdeckt.

Machen Sie mit einem Fernauslöser oder einer Zeitschaltuhr und einer Kamera auf einem Stativ ein beeindruckendes Selbstporträt mit verdecktem Gesicht. Verwenden Sie eine Maske oder verdecken Sie Ihr Gesicht auf andere Weise, auch nur mit den Händen. Alternativ können Sie auch jemanden bitten, den Auslöser der Kamera für Sie zu betätigen (es wird angenommen, dass Cahuns Partner Marcel Moore dies für Cahun getan hat). Die Idee ist, ein Bild zu schaffen, das den Blick irritiert und beim Betrachten eine emotionale Reaktion hervorruft.

Selbstporträt (mit Maske), Claude Cahun, undatiert

CLEMENTINA

Großbritannien
1822–1865
Kunst
Modefotografie
Porträt

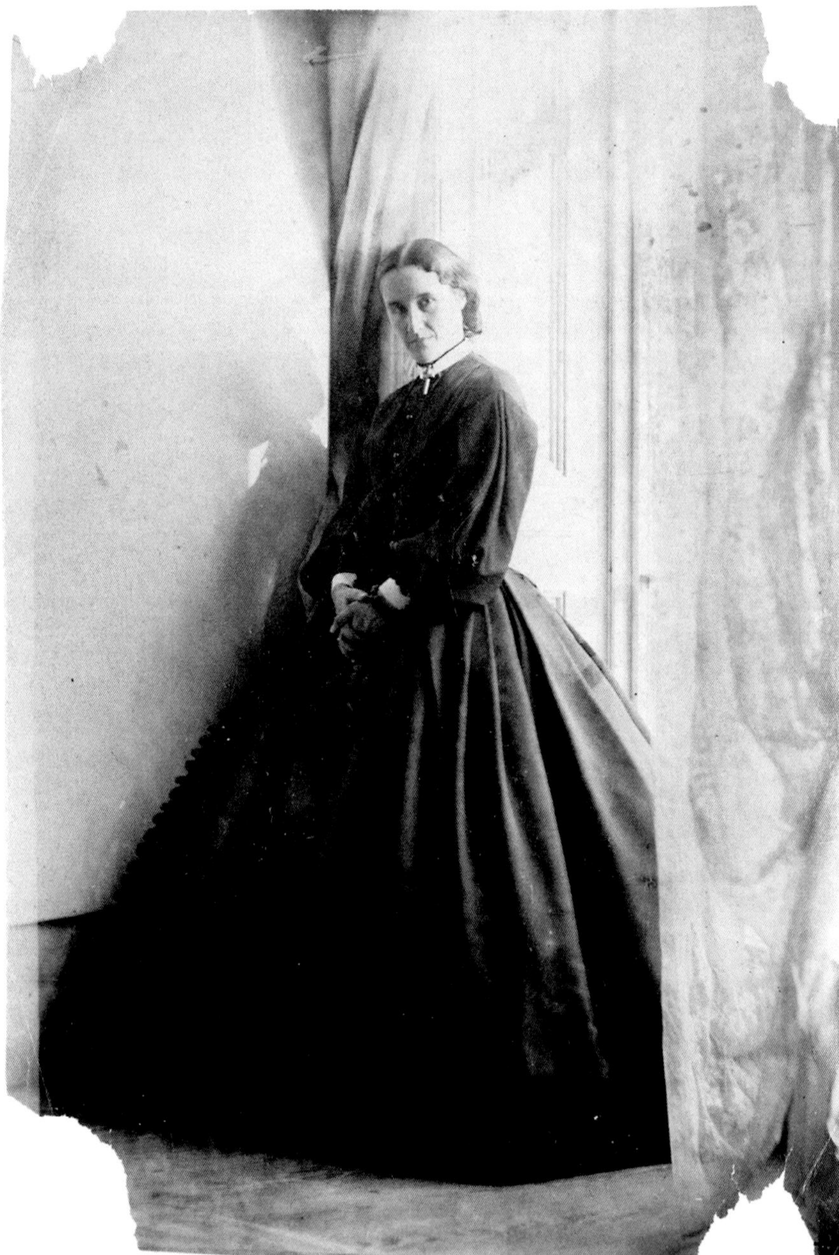

HAWARDEN

DIE SPIEGELMEISTERIN

Lady Clementina Hawarden, eine der bedeutendsten und innovativsten Fotografinnen der ersten Stunde, war eine versierte Amateurin, die Hunderte von Porträts ihrer Kinder anfertigte, insbesondere ihrer heranwachsenden Töchter Isabella Grace, Clementina und Florence Elizabeth. Hawarden, die in Cumbernauld in der Nähe von Glasgow in die gehobene Gesellschaft hineingeboren wurde, begann 1857 auf dem Anwesen ihrer Familie in Irland zu fotografieren. Als die Familie 1859 nach London umzog, begann sie, großformatige Fotos von ihren Kindern zu machen. In ihrem Haus in South Kensington baute sie einfache Kulissen aus Paravents, Kulissen und Stoffen, die als Vorhänge dienten, und benutzte oft einen freistehenden Spiegel, um das Tageslicht auf ihre Motive zu werfen – ein für die damalige Zeit gewagter neuer Ansatz. Hawarden benutzte auch häufig einen Spiegel, um eine Reflexion – ein zweites Bild – in ihre Kompositionen einzubauen. So wie ihre Zeitgenossen die Idee der „Dopplung" durch stereoskopische Bilder erforschten (zwei Fotografien desselben Motivs aus verschiedenen Winkeln, um einen dreidimensionalen Effekt zu erzielen), tat sie es auch. Hawarden spielte mit dem Begriff des „Doppelten" in einer einzigen Fotografie, ein Ansatz, der zu einem Markenzeichen ihrer Fotografie wurde.

In Anbetracht der Tatsache, dass Fotografinnen aus Hawardens sozialer Schicht im Allgemeinen nicht so viel reisen konnten wie ihre männlichen Kollegen, ist es nicht verwunderlich, dass Hawarden nach alternativen Wegen suchte, um ihren Bildern mehr Dynamik zu verleihen. Sie musste das Beste aus der häuslichen Umgebung machen. Da es Hawarden nie an Inspiration mangelte, setzte sie Requisiten und Kleidung auf fantasievolle Weise ein. Ihre Töchter staffierte sie mit traditionellen Kleidern und Kostümen aus, was den Bildern eine theatralische Note verlieh. Bemerkenswert für die damalige Zeit war, dass Hawardens Modelle oft in sinnlichen Posen dargestellt wurden, was Kritiker dazu veranlasste, ihr Werk als Erforschung der weiblichen Sexualität zu interpretieren. Hawarden wurde auch als frühe Modefotografin bezeichnet – obwohl dieser Begriff damals noch nicht wirklich gebräuchlich war –, weil sie fasziniert war von der Art, wie Stoffe fallen und wie sie auf Fotos aussehen.

Ein weiteres Beispiel für Hawardens bahnbrechende Herangehensweise an die Porträtfotografie ist die Art und Weise, wie sie die Umgebung ihres Modells in die Komposition einbezog – mit anderen Worten, sie machte die Umgebung zu einem wichtigen Teil des Bildes. Die Figur stand zwar immer im Mittelpunkt, aber die Einbeziehung der Umgebung brachte eine wichtige neue Dimension ins Spiel, die sie von anderen Fotografinnen wie Julia Margaret Cameron unterschied, die den Bildausschnitt oft mit einem Motiv vollständig füllten. Mit dieser Arbeitsweise betrat Hawarden Neuland, denn ihre Bilder ähneln dem, was wir heute als erzählende Porträts bezeichnen.

Hawarden war gerade 42 Jahre alt, als sie an einer Lungenentzündung starb. Leider sind die Informationen über ihr kurzes Leben spärlich, aber wir wissen, dass sie etwa 800 Fotografien anfertigte, von denen sich 775 heute in der Obhut des Victoria and Albert Museum in London befinden. Auch zu ihren Lebzeiten wurde ihre Arbeit sehr geschätzt. „Die Foto-Szene war zu diesem Zeitpunkt von Männern dominiert, sodass es für eine Frau eine enorme Leistung war, in so kurzer Zeit so viel Anerkennung zu erlangen", sagt Francesca Spickernell, Spezialistin für Fotografie bei Bonhams. „Fotografie war damals sehr männlich geprägt und meist architektonisch, sodass diese eleganten, weiblichen Aufnahmen wirklich hervorstachen."[59]

IHRE PORTRÄTS MIT TAGESLICHT UND EINEM SPIEGEL AUFWERTEN

Arbeiten Sie in einem natürlich beleuchteten Raum, idealerweise in der Nähe eines Fensters, und stellen Sie einen Spiegel (es kann ein großer Ankleidespiegel sein, muss aber nicht) seitlich von Ihrem Modell auf. Verkleiden Sie den Raum mit Decken oder anderen Stoffen und stellen Sie einen Stuhl und Kissen hinein, um das Bild interessanter zu gestalten.

Stellen Sie Ihre Kamera auf ein Stativ und spielen Sie mit der Position Ihres Modells im Verhältnis zum Fenster und zum Spiegel. Ein wichtiger Teil der Komposition ist das Gleichgewicht zwischen der Person und ihrem Spiegelbild, also nehmen Sie sich Zeit, um das richtig hinzubekommen. Verändern Sie die Position Ihres Modells und der Requisiten, bis Sie ein gutes Gleichgewicht im Bild haben.

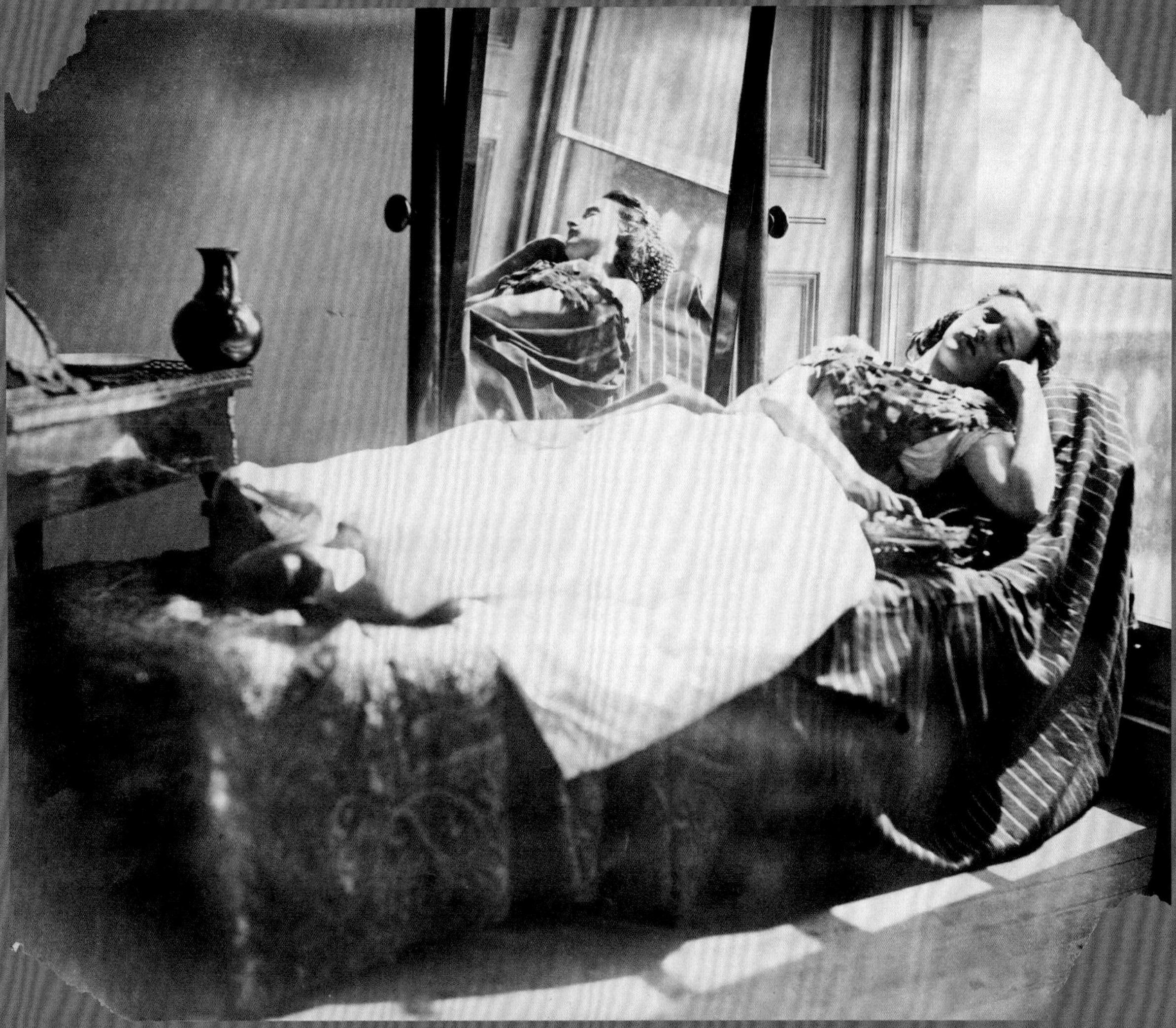

Frau beim Nachmittagsschlaf,
Lady Clementina Hawarden,
um 1860

DAFNA

Großbritannien
*1974
Kunst
Landschaftsfotografie

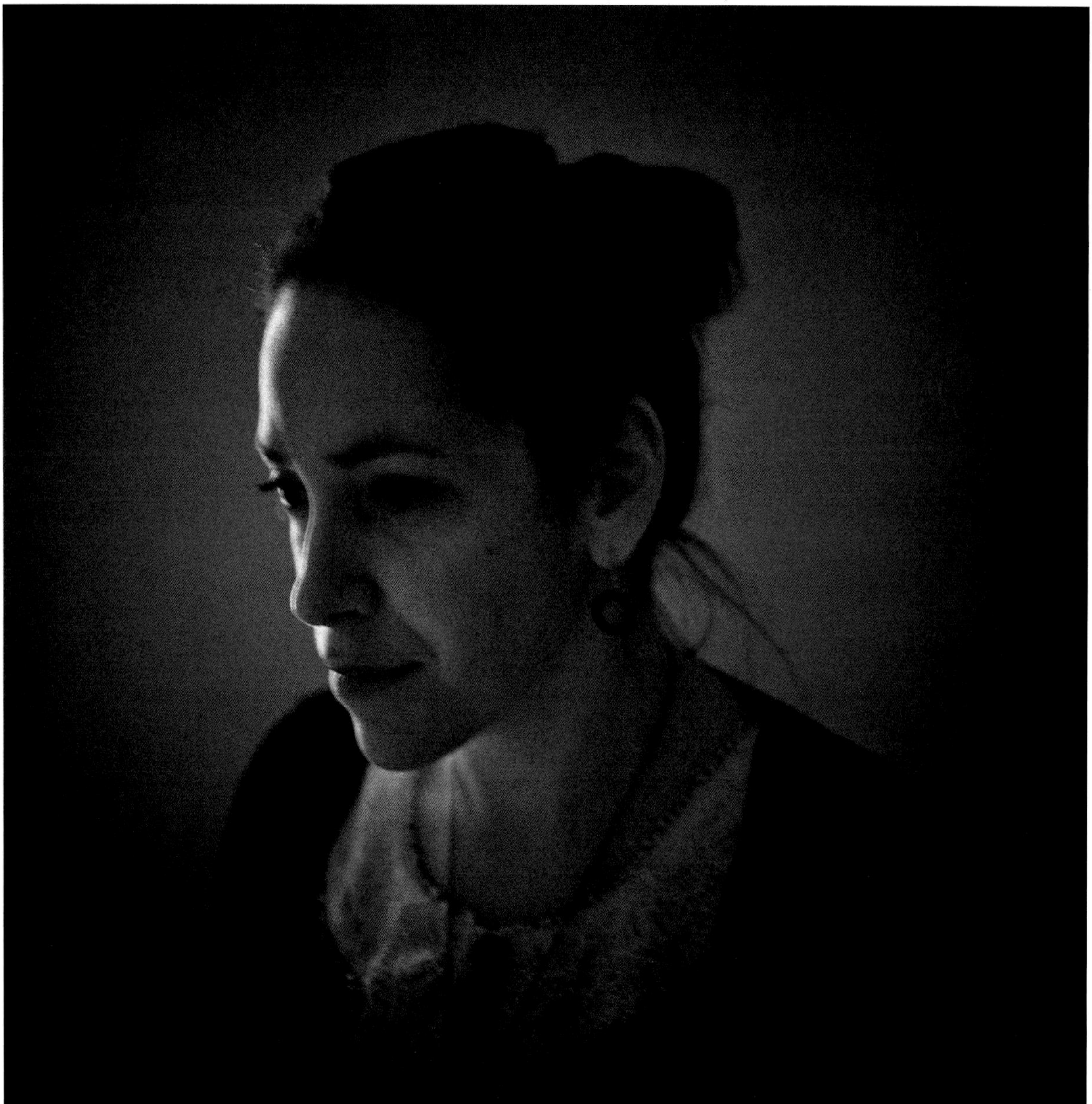

TALMOR

DIE LANDSCHAFTSGESTALTERIN

„Fotografische Wahrheit" ist ein schlüpfriges Konzept – seit Langem eine Quelle der Faszination und Inspiration für Fotograf*innen. Dafna Talmor arbeitet in diesem zweideutigen Raum. Sie bewegt sich zwischen dem Imaginären und dem Tatsächlichen und lädt uns ein, Räume zu betreten, die real aussehen, aber in Wirklichkeit erfunden sind. Die in London lebende Künstlerin arbeitet mit zerschnittenen Negativen – zunächst mit Bildern von Orten, die eine besondere persönliche Bedeutung haben –, um „konstruierte Landschaften" zu erzeugen. Die Teile werden wieder zu Landschaften zusammengesetzt, die so nur in den neu geschaffenen Bildern existieren.

Die in Israel geborene und in Venezuela aufgewachsene Talmor zog Ende der 1990er Jahre nach Großbritannien, um am Goldsmiths College in London und anschließend am Royal College of Art zu studieren. Ihre frühen Bilder von Innenräumen, die sich für die Idee von „Heimat" und transnationaler Identität interessieren, lassen oft erahnen, was jenseits ihrer vier Wände existiert. Wenn sie sich mit ihrer Kamera nach draußen wagte, fühlte sie sich oft überwältigt, sagt Talmor, weil es keine klaren Grenzen mehr gab, innerhalb derer sie fotografieren konnte. Dennoch sah sie sich gezwungen, die Landschaften, die ihr begegneten, festzuhalten. Sie tat dies aus dem persönlichen Bedürfnis heraus, einen Ort mitzunehmen, ein „Andenken" zu schaffen: an den Ort, an dem sie aufgewachsen ist, an den Ort, an dem ihre Familie lebt, oder an das Vereinigte Königreich, das sie jetzt ihr Zuhause nennt. So sammelte Talmor ein riesiges Archiv von Farbnegativen an, die sie in Kisten verstaute, ohne zu wissen, was sie damit anfangen sollte.

Nachdem sie 2009 einige Zeit damit verbracht hatte, Kontaktbögen durchzusehen, fand Talmor heraus, dass eine Möglichkeit, die Bilder zu nutzen, darin bestand, direkt auf den Negativen zu intervenieren. Sie wurden zu ihrem Ausgangsmaterial. Intuitiv entfernte sie offensichtliche, von Menschenhand geschaffene Elemente – Straßen, Gebäude, Brücken –, die die Landschaft in irgendeiner Weise störten. Die dadurch entstandenen Lücken oder scheinbar „leeren" Räume können in Wirklichkeit als Formen gelesen werden und werden zu einem integralen Bestandteil jedes neu geschaffenen Bildes. Ihr Prozess ist sowohl zufällig als auch kalkuliert, sagt Talmor, und sie nimmt Missgeschicke oder Unvollkommenheiten, die auf dem Weg passieren, in Kauf.

Auf einer Ebene erinnert Talmors Arbeit an frühe piktorialistische Techniken des Kombinationsdrucks von Fotografen wie Gustave Le Gray und Oscar Gustave Rejlander. Bei diesem Ansatz wurden zum Beispiel der Himmel und das Meer getrennt fotografiert und dann in der Dunkelkammer zu einem einzigen (konstruierten) idealisierten Bild zusammengefügt. Während die Piktorialisten, die auf diese Weise arbeiteten, die vorgenommene Manipulation verbergen wollten, ist bei Talmor das Gegenteil der Fall: Sie will, dass die Fugen sichtbar sind, dass wir sehen, dass das, was wir da anschauen, konstruiert ist. Sie möchte, dass die Bilder in gewisser Weise „nachvollziehbar" sind, gleichzeitig aber auch verwirrend. Obwohl sie in der Realität verankert sind, stellen die Bilder auch eine Art Idylle oder Utopie dar. Das Werk verweist auch auf die Experimente der Moderne, bei denen die Künstler*innen in den Film eingriffen oder Mehrfachbelichtungen anfertigten. Es lenkt die Aufmerksamkeit auf das Handgemachte, auf den manuellen Eingriff in einem Zeitalter der Immaterialität und der digitalen Manipulation. Hoffentlich zeigt die Arbeit, dass es mehrere Wahrheiten gibt, sagt Talmor,[60] deren Werke in großen öffentlichen Sammlungen wie dem V&A zu finden sind. Es gibt viele Möglichkeiten, eine Landschaft oder tatsächlich auch jedes andere Foto zu interpretieren, und das macht sowohl die faszinierende Schönheit als auch die rätselhafte Komplexität aus, die die Fotografie mit sich bringt.

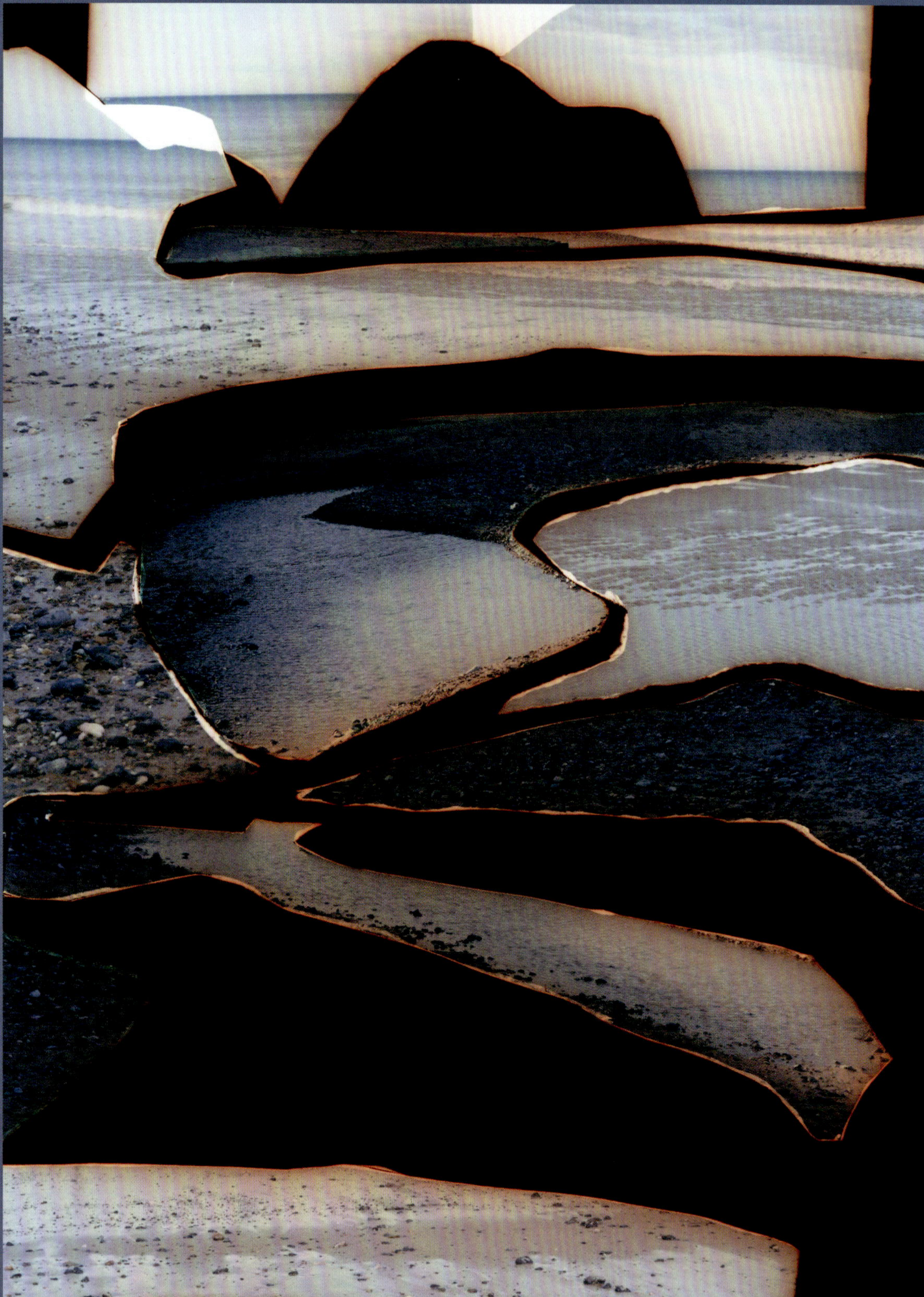

BILDER ZERSCHNEIDEN UND NEU ZUSAMMENSETZEN, UM STIMMUNGSVOLLE FOTOCOLLAGEN ZU ERSTELLEN

Dafna Talmor arbeitet mit zerschnittenen Negativen, aber Sie müssen nicht auf Film fotografieren, um ihre Technik auszuprobieren.

Machen Sie Abzüge von Ihren digitalen Bildern, zerschneiden Sie diese und fügen Sie die Teile zu neuen Bildern zusammen. Überlegen Sie genau, wo Sie Schnitte setzen und wo die Verbindungen sein sollen, um eine Komposition zu schaffen, die sowohl zusammenhängend als auch abwechslungsreich ist. Sie können das Ergebnis dann erneut fotografieren und ausdrucken, um ein physisch eigenständiges Werk zu erhalten.

Untitled (MU-1818181818-1) aus
Constructed Landscapes (Vol. II),
Dafna Talmor, 2019

BARBARA

USA
1900–1992
Kunst
Tanzfotografie
Mixed media

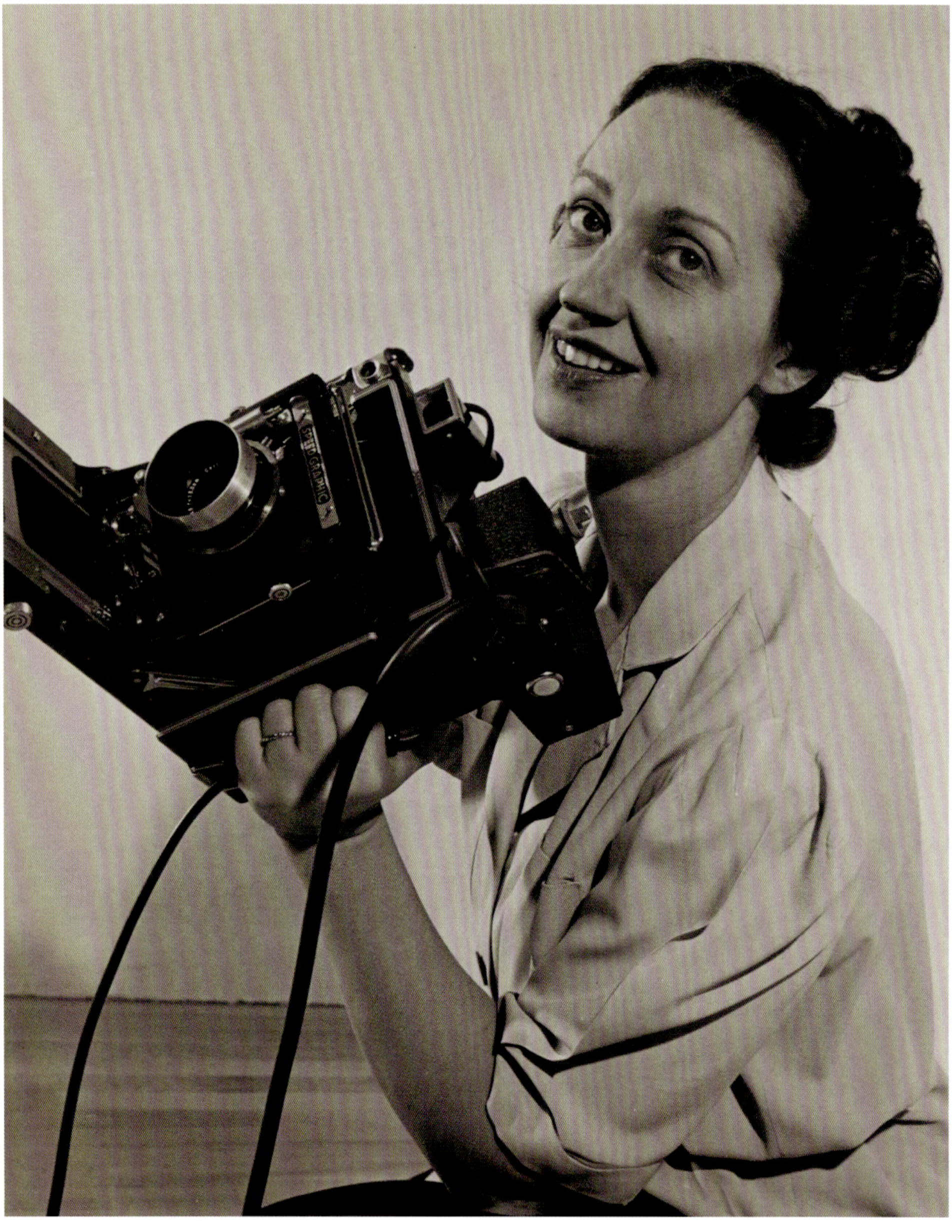

MORGAN

DIE DOYENNE DES TANZES

Die experimentierfreudige, kreative und neugierige Barbara Morgan ist vor allem für ihre hypnotischen Fotografien von Tänzerinnen und Tänzern bekannt, allen voran die amerikanische Modern-Dance-Tänzerin und Choreografin Martha Graham. Wie die gewundenen Körper in ihren Bildern ist auch Morgans Weg zur und durch die Fotografie ein faszinierender mit vielen Wendungen und Irrwegen. Die in Buffalo, Kansas, geborene Morgan absolvierte eine Ausbildung als Malerin und lehrte an der University of California in Los Angeles. Während des Aufbaus einer Fotoausstellung des damals noch nicht sehr bekannten Fotografen Edward Weston in der Galerie der Universität fragte Morgan den jungen Fotografen, was er mit seinen Fotos erreichen wolle. Er antwortete: „Ich versuche, das Wesentliche darzustellen." Diese Bemerkung hat Morgan sehr beeindruckt. Sie erinnert sich, wie sie Westons Fotografien mit ihren faszinierenden schwingenden Linien betrachtete und dachte: „Wenn ich jemals fotografiere, müssen sich meine [Motive] bewegen."[61]

Morgans Ehemann Willard, der ebenfalls Fotograf und später Verleger war, ermutigte sie, die Fotografie auszuprobieren. Morgan hatte nie eine formale Ausbildung zur Fotografin absolviert, aber ihr Mann hatte im Badezimmer des Paares eine Dunkelkammer eingerichtet, und jedes Mal, wenn sie dort hineinging, lernte sie etwas Neues. Jeden Sommer reisten sie in den Südwesten, wo Morgan ihrem Mann beim Fotografieren assistierte und oft half, seine Kompositionen zu verfeinern. Willard brachte ihr die fotografische Technik bei, und während dieser Reisen wuchs Morgans Interesse an der Fotografie weiter.

1930 zog das Paar nach New York. 1935, mit zwei kleinen Söhnen, hatte Morgan weniger Gelegenheit und Zeit zum Malen. Fotos waren da schneller zu machen. Morgan war sich der Auswirkungen der Wirtschaftskrise auf den Alltag der New Yorker bewusst und ließ sich vom Konstruktivismus inspirieren, indem sie Fotomontagen als eine Form des sozialen Kommentars anfertigte. Sie setzte Fragmente von Abzügen zusammen oder kombinierte mehrere Negative auf einem Vergrößerungsgerät.

Aber es war ihre Bekanntschaft mit Martha Graham im Jahr 1935, die ihre Karriere in eine aufregende neue Richtung lenkte. Bei den Proben, an denen Graham und andere Mitglieder des Ensembles teilnahmen, studierte Morgan die Bewegungen der Tänzerinnen und das Lichtspiel. Sie war sich der „emotionalen Wirkung des Timings"[62] sehr bewusst und führte Tests mit verschiedenen Verschlusszeiten durch, um zu sehen, wie sich diese Studien auf die Art und Weise auswirkten, wie die Kamera die Bewegungen der Tänzerinnen und ihre flatternden Kleider wiedergab.

Ihre besten Bilder sind skulptural, durchdrungen von Energie, ihr Sinn für Rhythmus ist spürbar. Morgans Interesse an der Fragmentierung des Körpers zeigt sich am deutlichsten in ihren dynamischen Mehrfachbelichtungen. Sie hat auch Lichtmalerei betrieben und abstrakte Fotogramme angefertigt. Als Mitbegründerin des Fotomagazins *Aperture* im Jahr 1952, einer Publikation, die Diskussionen über Fotografie als Kunst anregen wollte, hinterließ Morgan ein Werk, das mühelos die freudige Dynamik der Bewegung von Menschen, der Energie und des Lebens selbst feierte.

MIT MEHRFACHBELICHTUNGEN EIN ABSTRAKTES BILD ERSTELLEN

Als sie Martha Graham fotografierte, belichtete Morgan manchmal mehrere Bilder auf einem einzigen Negativ, um ein Gefühl für die Bewegung der Tänzerin zu vermitteln.

Wenn Sie eine digitale Spiegelreflexkamera (DSLR) verwenden, prüfen Sie, ob diese über einen speziellen Mehrfachbelichtungsmodus verfügt – die meisten modernen DSLR-Kameras sollten das haben. Stellen Sie Ihre Kamera auf diesen Modus ein und befestigen Sie sie auf einem Stativ, um sie an einer Stelle zu halten und Bewegungen um sie herum zu ermöglichen. Für eine fortgeschrittenere Herangehensweise verwenden Sie eine Langzeitbelichtung von mehreren Sekunden und lösen Ihren Blitz manuell mehrfach aus, während der Verschluss geöffnet ist.

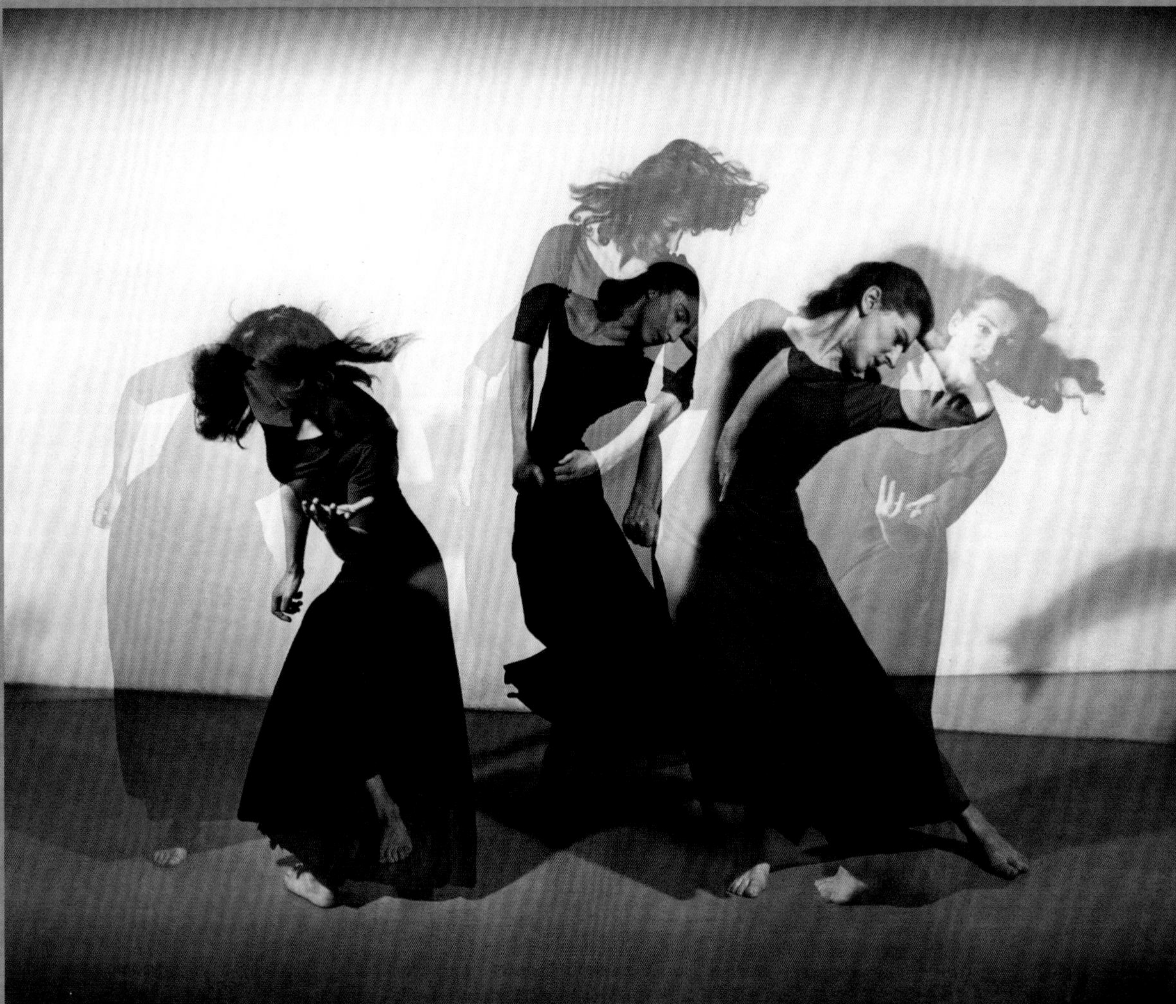

Martha Graham,
American Document Trio,
Barbara Morgan, 1938

MAUD

Schottland / Ghana
1960–2008
Kunst
Mixed media
Porträt

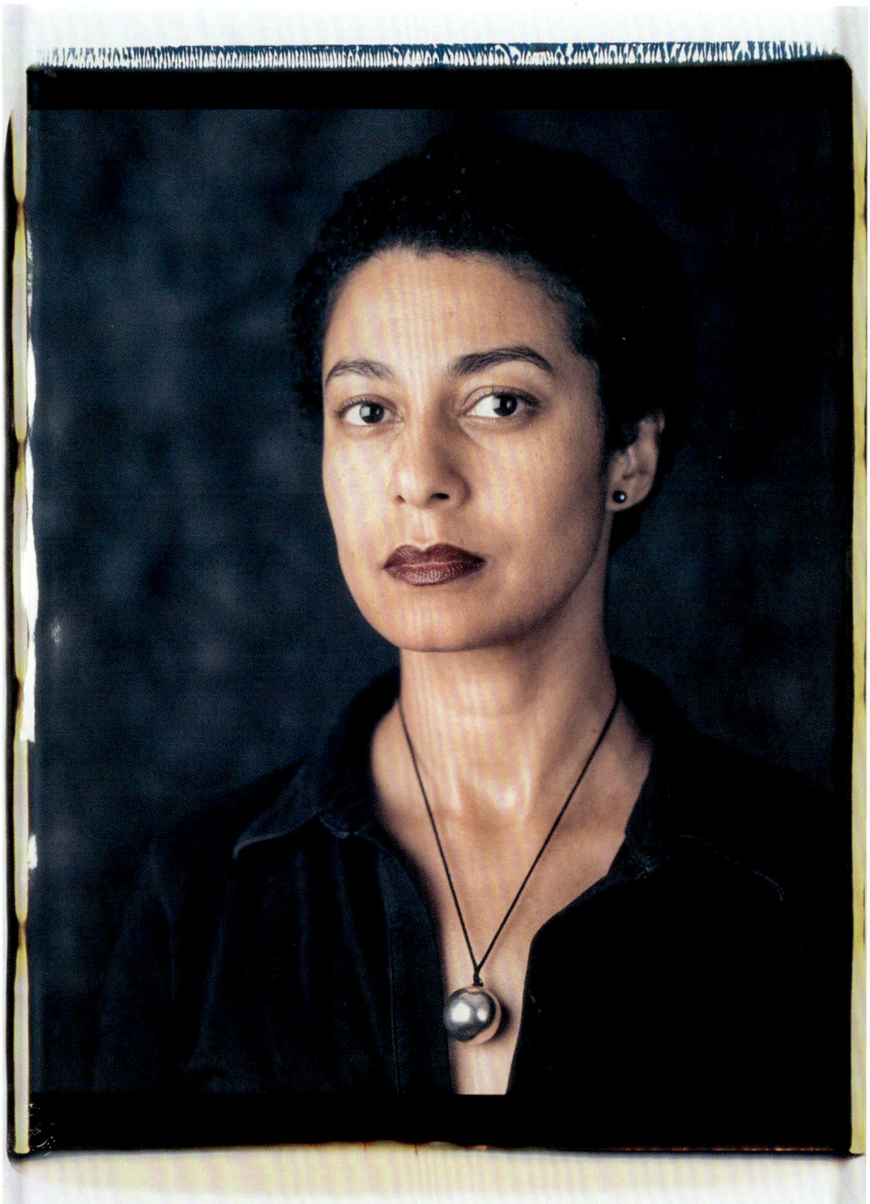

SULTER

DIE UNIVERSALISTIN

Sie machte es sich zur Lebensaufgabe, „Schwarze Frauen wieder ins Blickfeld zu rücken"[63]. Die schottisch-ghanaische Künstlerin und Schriftstellerin Maud Sulter tat dies im wahrsten Sinne des Wortes in Bezug auf das fotografische Bild, aber sie bemühte sich auch, den tiefgreifenden Mangel an Repräsentation in Galerien und Museen anzusprechen, dem sie sehr kritisch gegenüberstand.

Die in Glasgow geborene Sulter richtete ihre kreative Energie zunächst auf das Schreiben von Gedichten und wurde Mitte der 1980er Jahre von der Kritik hoch gelobt. Als echte Universalgelehrte (sie war auch Dozentin, Verlegerin, Kuratorin und Galeristin) begeisterte sich Sulter für die kreative Kombination von Poesie und Fotografie, ein Interesse, das sie während ihrer gesamten Karriere nicht aufgab. Die Vermischung von Wort und Bild zeigt sich in Werken wie *Zabat* (1989), der Serie, zu der das Bild auf Seite 186 gehört. Das gesamte Werk besteht aus Prosagedichten und neun großformatigen allegorischen Porträts und zeigt Schwarze Frauen, die verschiedene Musen der Kunst und Wissenschaft in der griechischen Mythologie verkörpern. Sulter selbst spielt Kalliope, die Muse der epischen Dichtung. Der Titel der Serie, so Sulter, bezieht sich auf einen antiken heiligen Tanz. Die vielschichtige Serie, die von der Rochdale Art Gallery anlässlich des 150. Jahrestages der Erfindung der Fotografie in Auftrag gegeben wurde, kann auf verschiedene Weise interpretiert werden. Indem sie die Figur einer Schwarzen Frau in den Mittelpunkt stellt, unterläuft Sulter geschickt die traditionelle westliche historische Kunst, in der die Protagonistinnen so gut wie immer weiß sind. Die Werke sind reich an Symbolen, angefangen bei den auffälligen schweren Goldrahmen, die in der westlichen Historienmalerei eine wichtige Rolle spielen, bis hin zur Einbeziehung von Objekten, die in die Bilder gemalt wurden, um Hinweise auf den Charakter der Dargestellten zu geben. Sie spiegeln auch Sulters Beschäftigung mit der Abwesenheit und Anwesenheit Schwarzer Figuren in der Kulturgeschichte wider. So spielt Sulter auf dem abgebildeten Bild nicht nur eine griechische Muse, sondern posiert auch als Jeanne Duval, die haitianische Muse, Modell und Geliebte des französischen Dichters, Kritikers und Schriftstellers Charles Baudelaire. Sulter begann sich für Duval zu interessieren, nachdem sie eine Daguerrotypie des berühmten Fotografen Nadar aus dem 19. Jahrhundert mit dem Titel *Femme Inconnue* gesehen hatte. Indem sie sich als Duval ausgibt, über die nur wenig bekannt ist, gibt Sulter einen direkten Kommentar zu der Art und Weise, wie Schwarze Menschen in die Geschichte (oder aus ihr heraus) geschrieben werden. Wie Sulter bemerkte, wurde die Serie geschaffen, „um Fragen zur Schwarzen Präsenz in Kunstgalerien aufzuwerfen"[64]. Duval blieb eine Quelle der Faszination für Sulter, die daraufhin eine Reihe von Porträts von sich selbst anfertigte, in denen sie als dieses Modell posierte.[65]

Als feministische Aktivistin und Mitglied des Black British Arts Movement setzte sich Sulter, die 1990 einen Master in Photographic Studies an der Universität von Derby absolvierte, dafür ein, die Rolle der Kunst in der Welt zu erforschen und Geschichten sichtbar zu machen. In ihrem Werk, das auch Fotocollagen umfasst, erforschte sie die Erfahrungen der afrikanischen Diaspora in der europäischen Geschichte und Kultur und setzte sich unermüdlich dafür ein, dass Schwarze, marginalisierte Frauen in den Vordergrund gerückt werden. Sulter starb im Alter von 47 Jahren an Krebs und hinterließ ein wertvolles Werk, das eine wichtige Rolle bei der Aufarbeitung der Kunstgeschichte gespielt hat.

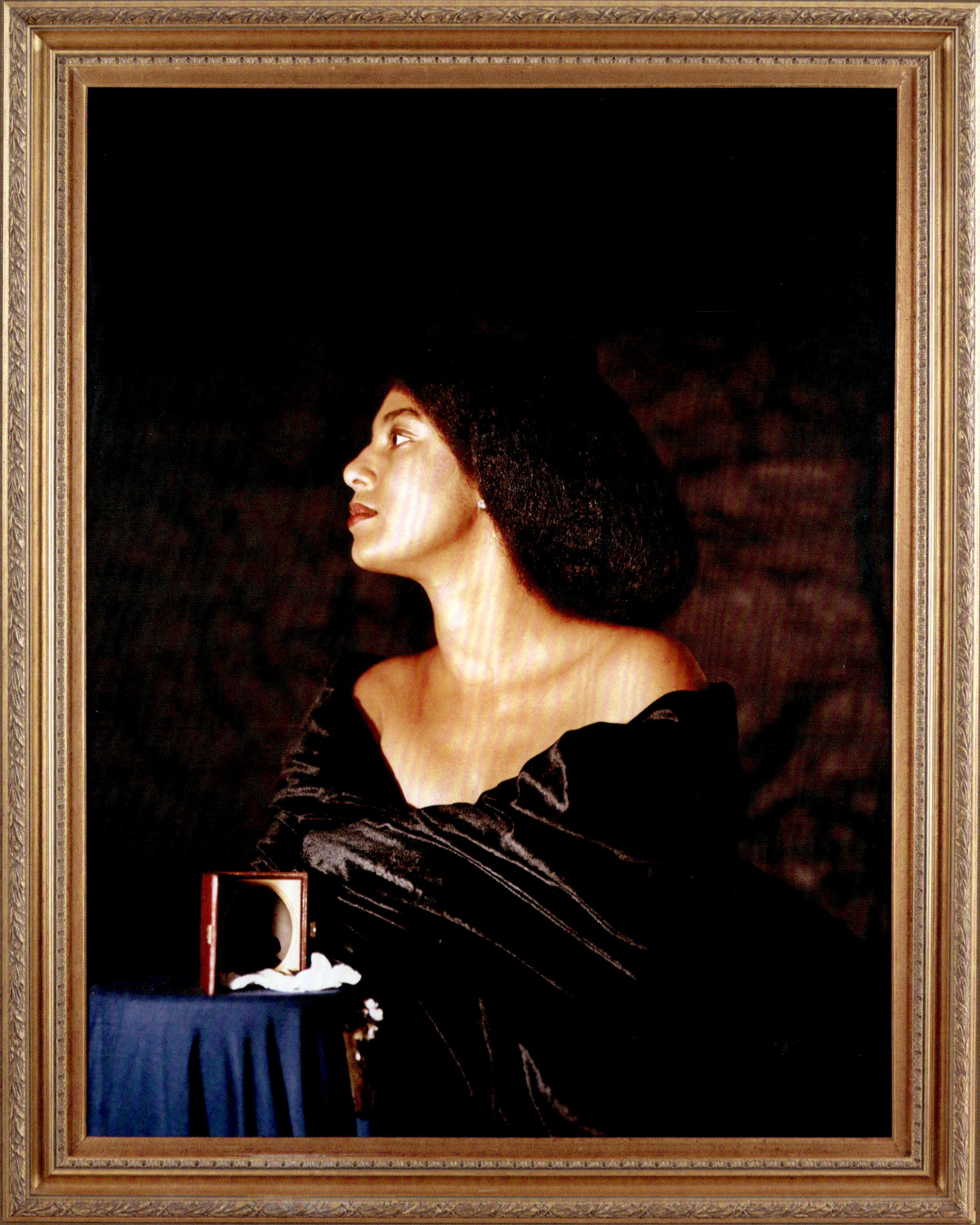

EIN PORTRÄT VON JEMANDEM SCHAFFEN, DEN SIE BEWUNDERN

Gibt es jemanden, der oder die Ihrer Meinung nach durch ein Porträt geehrt werden sollte? Sie könnten sich entweder als diese Person verkleiden, um ein Selbstporträt zu machen, oder die Person direkt fotografieren, indem Sie Requisiten der Person, ihre Kleidung und einen Hintergrund wählen, um etwas über ihr Leben zu erzählen.

Denken Sie über die Botschaft nach, die das Porträt vermitteln soll – gibt es ein wichtiges Thema, mit dem diese Person in Verbindung steht und das Sie durch die Art und Weise, wie Sie Ihr Bild komponieren, erfahrbar machen könnten? Könnte die Symbolik eine Rolle bei der Vermittlung dieser Botschaft spielen?

Kalliope,
Maud Sulter, 1989

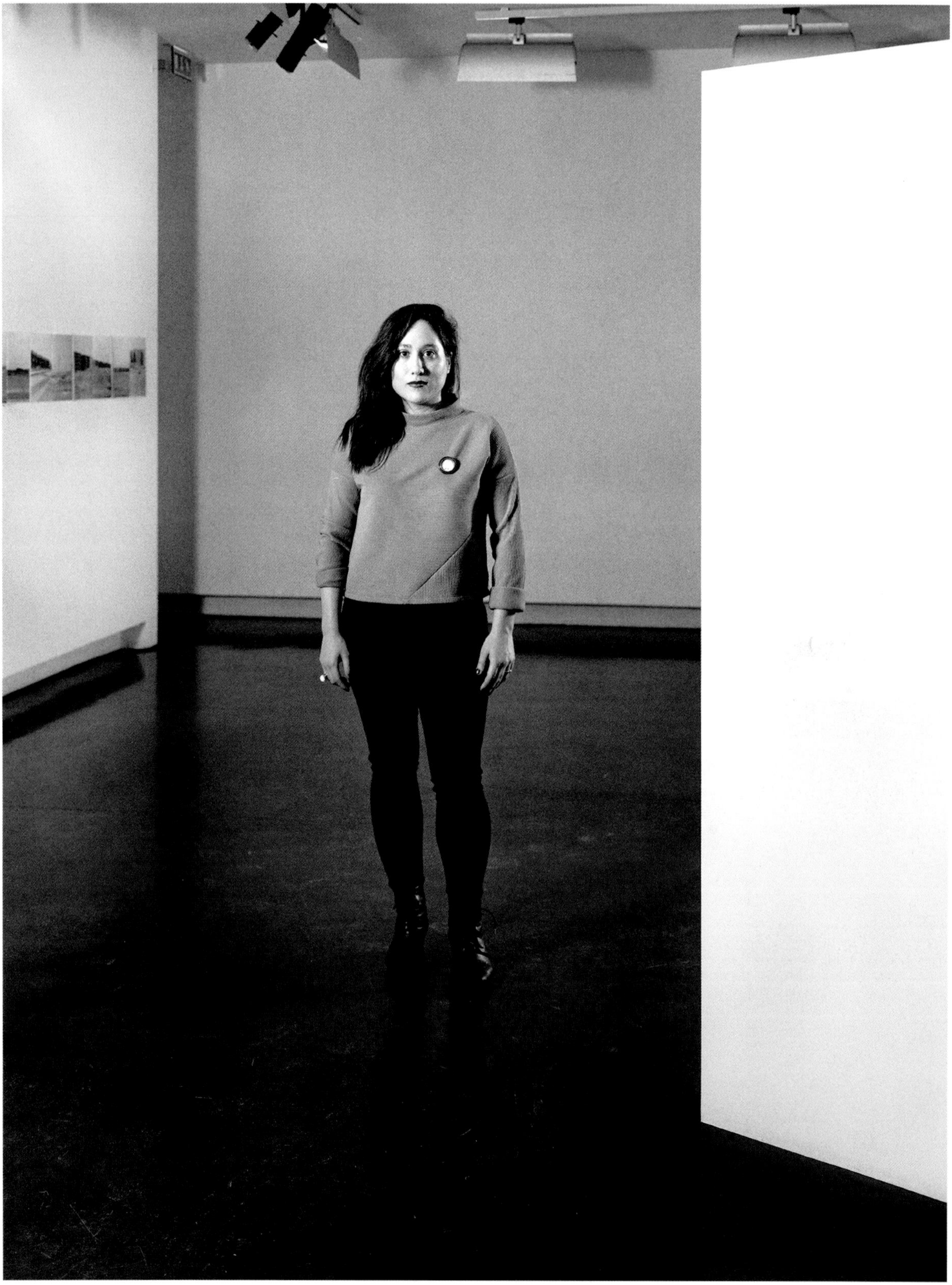

LAIA ABRIL

DIE FORSCHERIN

Laia Abril ist eine Künstlerin, deren „forschendes" Werk sich mit schwierigen und oft verborgenen Themen auseinandersetzt, darunter Fragen und gelebte Erfahrungen im Zusammenhang mit Abtreibung, Geschlechtergerechtigkeit, Essstörungen und Sexualität. Die katalanische Künstlerin arbeitet mit Fotografie, Text, Video und Ton und nutzt den Ausstellungsraum, das Buchformat und digitale Plattformen, um ihre Arbeit zu präsentieren. Sie setzt alle Mittel ein, die sie für notwendig hält, um eine Geschichte so glaubwürdig und fesselnd wie möglich zu erzählen.

Abril arbeitet oft über Jahre hinweg und in mehreren Teilinstallationen oder Bearbeitungsphasen an Projekten. Ihr erstes Langzeitprojekt war eine Auseinandersetzung mit Essstörungen, in der sie einzelne komplexe Themen untersuchte, darunter die Kämpfe eines an Bulimie erkrankten Mädchens und die Gemeinschaft der Magersüchtigen. Es folgte das hochgelobte Werk *A History of Misogyny*, das wohl ihr bekanntestes ist. Das Projekt, das mehrere „Kapitel" umfasst, taucht tief in die systemische, kulturübergreifende Kontrolle und den Missbrauch von Frauenkörpern ein, die sowohl in der Geschichte als auch in der heutigen Gesellschaft vorkommen. „Ich versuche zu visualisieren, was man nicht sehen kann", sagte Abril über ihre Arbeit, die sowohl journalistisch als auch künstlerisch angelegt ist.[66] Obwohl sie sich mit Fakten befasst, die aus intensiven Recherchen hervorgegangen sind, bemüht sich Abril um eine konzeptionelle Darstellung ihrer Ergebnisse, um die Aufmerksamkeit auf ein Thema zu lenken und damit unser Interesse zu wecken. Es ist nicht ihre Absicht, uns vorzuschreiben, was wir denken sollen. Vielmehr lädt sie uns ein, uns selbst ein Bild von dem zu machen, was wir sehen.

Die in Barcelona geborene Abril machte ihren Abschluss in Journalismus, bevor sie nach New York zog, um am International Center of Photography Fotografie zu studieren. Während dieser Zeit begann sie, sich für Geschichten zu interessieren, die unter dem Radar laufen – Lebensbereiche, über die in der Regel nicht in den Mainstream-Nachrichten berichtet wird. Der Mangel an Sichtbarkeit wurde ihr zur Motivation und gab ihr den Mut, bildlich gesprochen, an unbequeme Orte zu reisen. Im Jahr 2009 nahm Abril am renommierten Künstlerprogramm von Fabrica, dem Benetton-Forschungszentrum in Treviso, Italien, teil und arbeitete anschließend als Rechercheurin, Bildredakteurin und Fotografin für das von Fabrica herausgegebene, kulturell progressive Magazin *Colors*.

Als Abril über New York nach Barcelona zurückkehrte, begann sie ernsthaft mit ihrer Arbeit an *A History of Misogyny*. Das erste Kapitel des Projekts, *On Abortion* (2016), kombiniert Bilder und Texte, untersucht die Auswirkungen des fehlenden Zugangs zu sicheren, legalen und kostenlosen Abtreibungen in verschiedenen Gesellschaften auf der ganzen Welt und wirft komplexe und kontroverse ethische und moralische Fragen auf. Viele der Bilder, darunter Porträts und Stillleben sowie Bilder im Dokumentarstil, sind Rekonstruktionen, während der Text – einschließlich Aussagen zum Thema und Sachtexte von Abril – eine wesentliche kontextualisierende und beeinflussende Rolle in der Gesamterzählung spielt. Es folgten ein zweites Kapitel *On Rape: And Institutional Failure* und ein drittes Kapitel *Mass Hysteria* (2023). Abril ist eine Künstlerin, die sich einen einzigartigen hybriden Raum zwischen Fotojournalismus und Kunst geschaffen hat. Ihre Arbeiten sind informativ, eindringlich, ausdrucksstark und tief berührend. In ihren Händen verschmelzen Fotografie, Design und Text zu einem Werk, das wichtige Einblicke in Bereiche des Lebens bietet, die oft ignoriert werden.

Katalonien
*1986
Kunst
Dokumentarfotografie
Mixed media

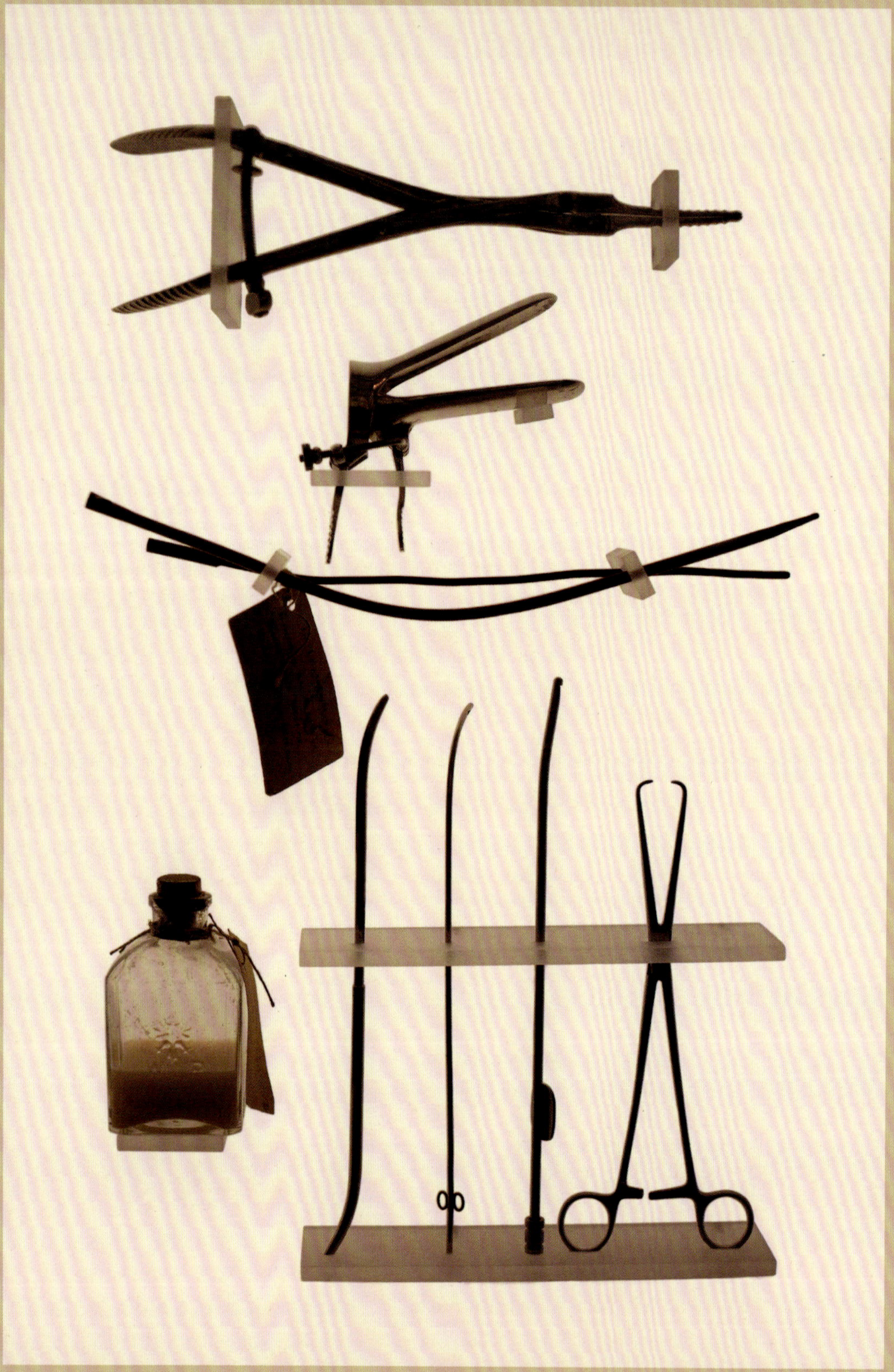

OBJEKTE VERWENDEN, UM EINE GESCHICHTE ÜBER ETWAS ZU ERZÄHLEN, DAS IHNEN WICHTIG IST

In *A History of Misogyny, Chapter One: On Abortion and the Repercussions of Lack of Access* (Eine Geschichte der Frauenfeindlichkeit, Kapitel eins: Abtreibung und die Folgen des fehlenden Zugangs) zeigt Laia Abril sorgfältig arrangierte Stillleben mit verschiedenen Artefakten: primitive Verhütungsmittel und chirurgische Instrumente, die bei einer Abtreibung verwendet werden. Mit einem konzeptionellen Ansatz vermittelt Abril Ideen auf anspruchsvolle und wirkungsvolle Weise.

Gibt es ein Thema, das Ihnen am Herzen liegt und das Sie mit Hilfe von Stilllebenbildern untersuchen könnten? Denken Sie darüber nach, welche Objekte Sie in Ihrer Komposition verwenden könnten und wie Sie sie anordnen, um eine maximale Wirkung zu erzielen. Probieren Sie, Ihre Kamera auf einem Stativ zu befestigen und die Szene von oben zu fotografieren, um starke, aussagekräftige Bilder zu schaffen.

Illegaler Instrumentensatz aus *On Abortion*, Laia Abril, 2016

ZANELE

Südafrika
*1972
Kunst
Dokumentarfotografie
Porträt

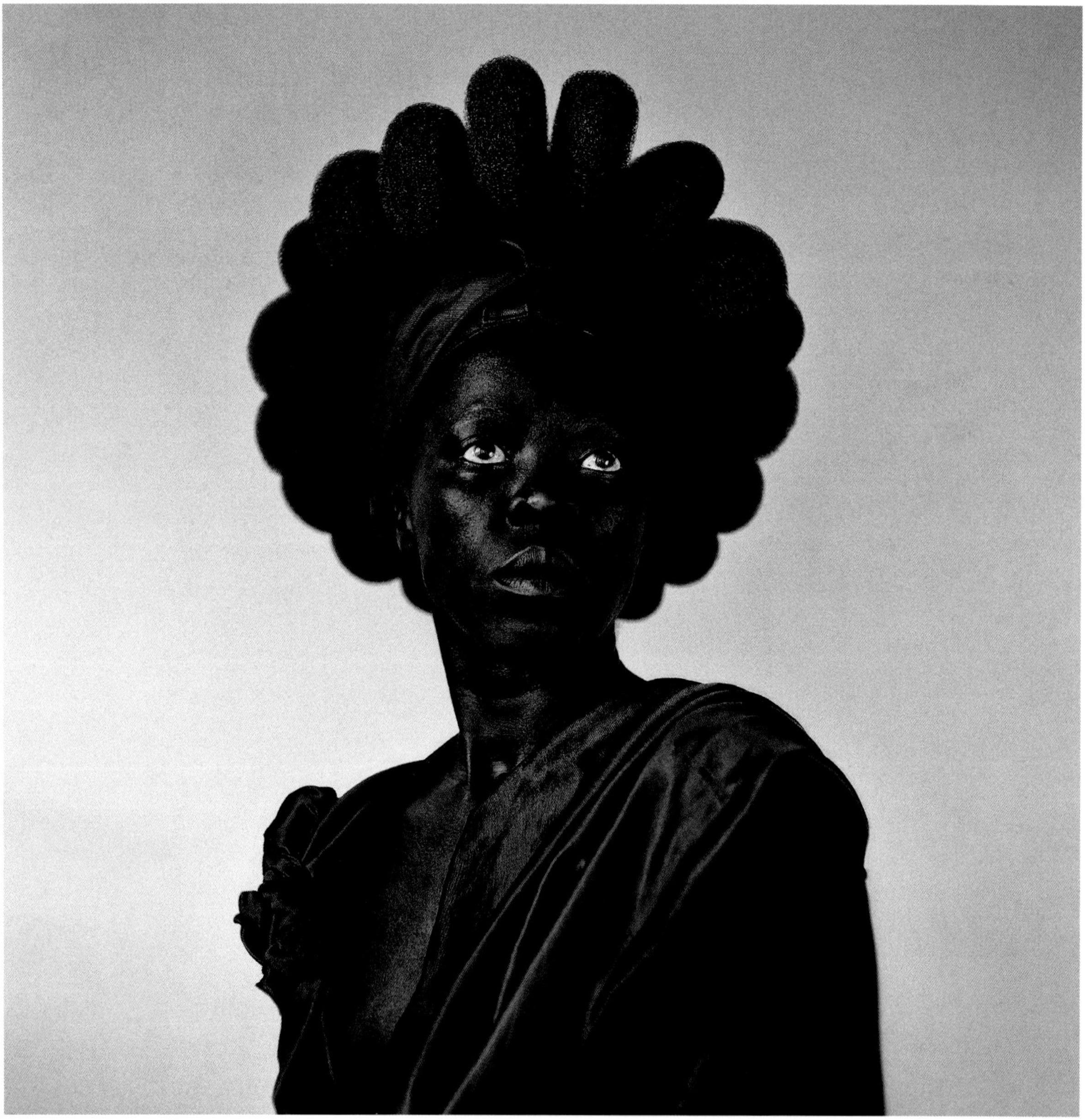

MUHOLI

DIE LGBTQIA+- AKTIVISTIN

Die hochangesehene Fotografin Zanele Muholi ist eine visuelle Aktivistin und Künstlerin, die ihr Leben der Dokumentation und Würdigung der LGBTQIA+-Community in ihrem Heimatland Südafrika gewidmet hat. Mit Hilfe von Dokumentarfotografie, Porträts und Filmen erforscht die in Umlazi, Durban, geborene Muholi Themen wie Herkunft, Diskriminierung, Identität, Sichtbarkeit, Gleichberechtigung, Queerness und Repräsentation und stärkt damit die „Teilnehmer*innen" (wie Muholi die von ihr Porträtierten nennt) und die Schwarzen Queer-Communities in Südafrika und darüber hinaus.

Seit Anfang der 2000er Jahre stellt Muholi, die sich als nonbinär identifiziert, Schwarze lesbische, schwule, trans, queere und intersexuelle Gemeinschaften in den Mittelpunkt ihrer Arbeit und produziert aussagekräftige Porträts und intime, bewegende Dokumentarfilme, die verlangen, dass ihre Themen gesehen werden. Muholis Ziel ist es, Bewusstsein zu schaffen und Menschen aus diesen Communities wieder in den Kreis aufzunehmen, aus dem sie ausgeschlossen waren.

Für Muholi ist der Kampf ebenso sehr eine kollektive, von der Gemeinschaft getragene Anstrengung wie eine persönliche Mission. „Wir wollen einen Wandel in Räumen herbeiführen, die queer-phob sind", sagt sie. „Es geht um die Notwendigkeit, die Realität von Menschen zu dokumentieren, die es verdienen, gehört und gesehen zu werden."[67] Muholi führt auch Fotoworkshops mit jungen Menschen durch, gibt ihnen Kameras und ermutigt sie, ihr eigenes Leben zu dokumentieren.

Eine der ersten Arbeiten von Muholi, die 2006 begonnen wurde und bis heute andauert, ist *Faces and Phases*, eine Sammlung Hunderter Porträts Schwarzer lesbischer, nichtgenderkonformer, bisexueller und transsexueller Menschen. Muholi begann das Projekt als Reaktion auf die Diskriminierung und Gewalt, die gegen LGBTQIA+-Gemeinschaften ausgeübt wird. Bei der Arbeit geht es darum, „dass wir in der visuellen Geschichte Südafrikas anerkannt werden", sagt Muholi. „Ich denke, das ist wahre Fotografie – zu sagen, dass man anwesend war."[68]

Die Bilder, die überwiegend so fotografiert wurden, dass Kopf und Schultern der Teilnehmer*innen deutlich im Bild zu sehen sind, verfolgen einen bewusst mutigen, aber gleichzeitig einfachen Ansatz. Muholis Teilnehmer*innen schauen uns direkt an und erwidern unseren Blick. Manchmal schauen sie direkt in die Kamera, manchmal wenden sie sich leicht ab. Aber in jedem Porträt zieht Muholi uns in den Raum dieser Person hinein und wir verschwinden in ihrer Welt. Über die Menschen auf diesen Bildern ist wenig bekannt, und Muholi gibt nicht viel preis. Dennoch sind Muholis Porträts stark, facettenreich und tiefgründig. Sie fesseln uns und regen uns an.

In der neueren Serie *Somnyama Ngonyama (Hail, the Dark Lioness)* hat sich die Künstlerin auch selbst ins Bild gesetzt. Wie in ihren Porträts von anderen Menschen begegnet Muholi unserem Blick selbstbewusst. „Ich möchte, dass die Menschen unsere Präsenz verstehen, dass sie sagen: ‚Wir existieren'", sagt Muholi. „Die Fotografie hat mir diesen Raum gegeben, in dem ich mich auf eine Art und Weise ausdrücken kann, die mir mit einem anderen Medium nicht möglich gewesen wäre."[69]

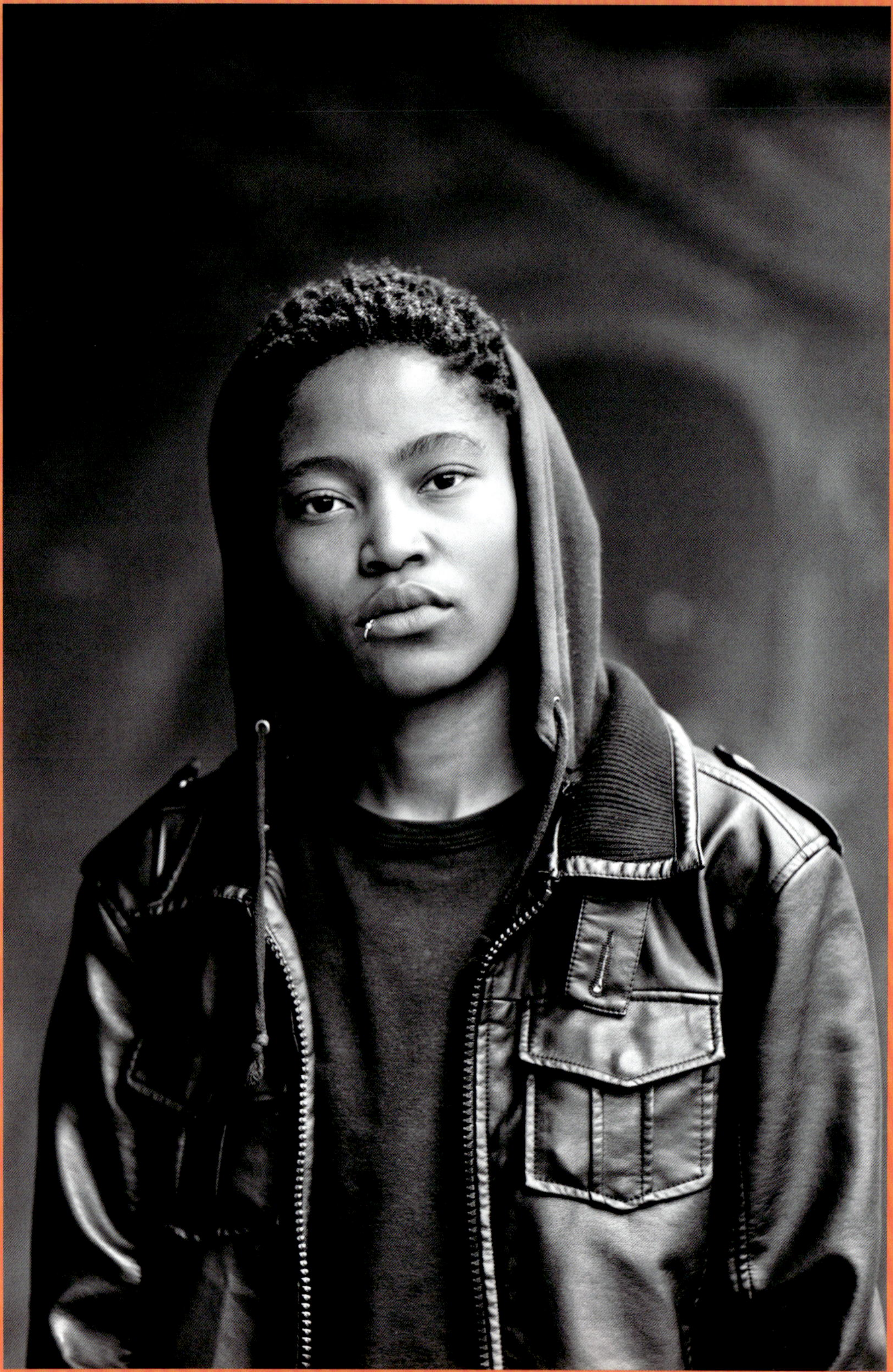

EIN PORTRÄT AUFNEHMEN, BEI DEM DIE PERSON DIREKT IN DIE KAMERA SCHAUT

Eine Möglichkeit, ein aussagekräftiges Porträt zu erstellen, besteht darin, die fotografierte Person direkt in die Linse schauen zu lassen. Dieser kühne Ansatz hat eine große Wirkung, da die Person der Kamera und damit dem Betrachter/der Betrachterin direkt entgegenblickt.

Suchen Sie einen Ort mit einem interessanten, aber nicht ablenkenden Hintergrund. Platzieren Sie Ihre Lichtquelle etwas oberhalb und direkt hinter der Kamera. Positionieren Sie die zu fotografierende Person in der Mitte des Bildes und bitten Sie sie, sich in einem Dreiviertel-Winkel aufzustellen. Bitten Sie sie, den Kopf in Richtung Kamera zu drehen. Machen Sie eine Aufnahme mit einer relativ geringen Schärfentiefe (Blende größer als f/8) und einer Verschlusszeit von mindestens 1/200 Sekunde. Ideal sind Objektive mit einer Brennweite von 50 bis 100 mm. Mit einer längeren Brennweite können Sie den Hintergrund näher an Ihr Motiv heranbringen. Wenn Sie ein Zoomobjektiv haben, zum Beispiel ein 70–200 mm, versuchen Sie es mit verschiedenen Brennweiten und vergleichen Sie die Ergebnisse.

Xana Nyilenda, Newtown, Johannesburg aus *Faces and Phases*, Zanele Muholi, 2011

LORNA

USA
*1960
Kunst
Mixed media
Porträt

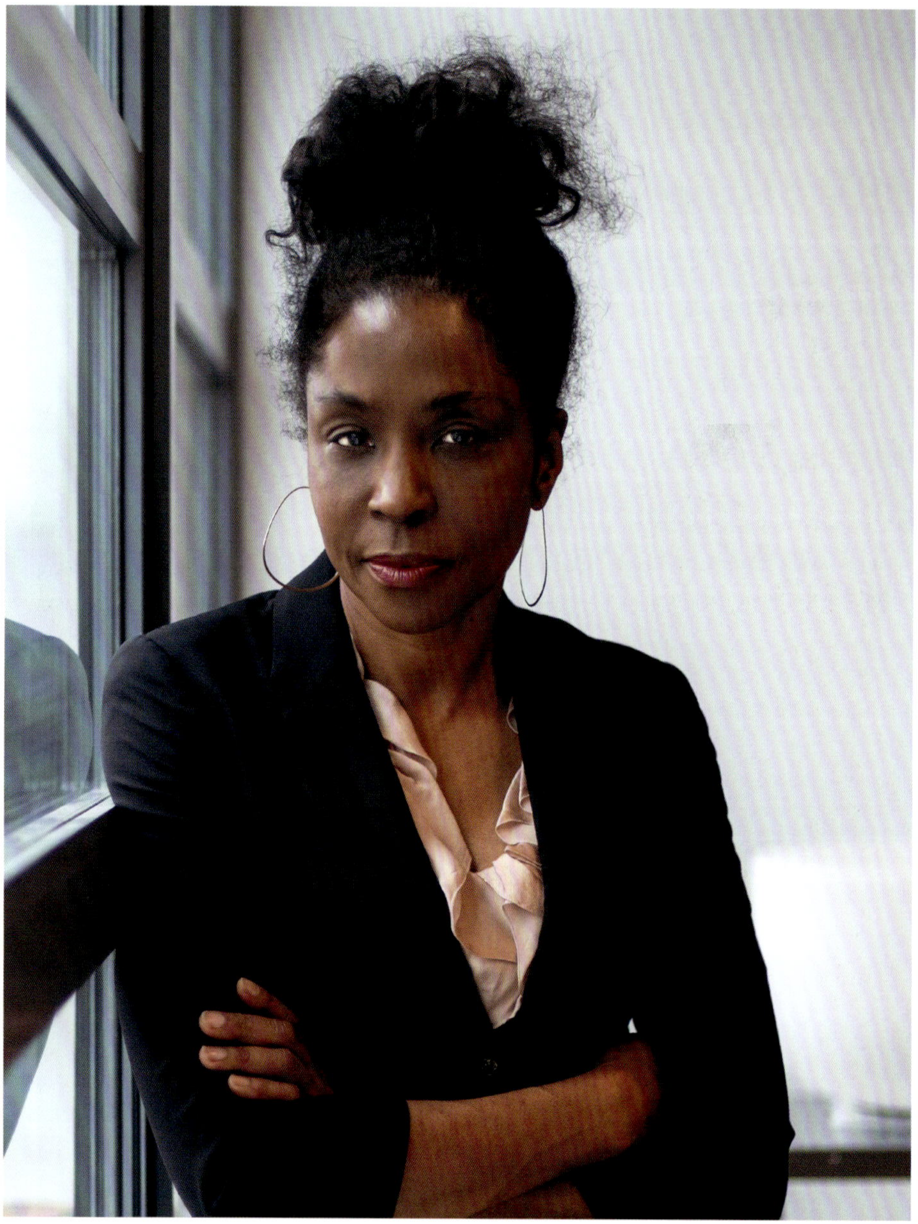

SIMPSON

DIE EKLEKTIKERIN

Lorna Simpson ist eine multidisziplinäre Künstlerin, deren Praxis Fotografie, gefundene Fotos, Zeichnung, Malerei, Videoinstallation, Skulptur und Collage umfasst. Alles kann eine Inspirationsquelle sein, einschließlich Populärkultur, Musik, Sport, Unterhaltung und die Kunstwelt,[70] sagt Simpson. „Ich denke, all das ist für mich [...] ein Einfluss, der mich dazu bewegt, [...] zu stehlen oder zu bewundern."

Simpson lebt und arbeitet in Brooklyn, New York City, wo sie geboren und aufgewachsen ist. Sie beschäftigt sich mit zahlreichen Themen, darunter das Wesen der Darstellung, Erinnerung, Identität, sexuelles Begehren und das Verhältnis der Gesellschaft zu Ethnie und Geschlecht, wobei sie den Schwerpunkt auf afroamerikanische Frauen legt. Am bekanntesten ist sie für ihre Foto-Textarbeiten und Fotocollagen, in denen sie Ausschnitte aus alten *Jet*- und *Ebony*-Magazinen aus den 1930er bis 1970er Jahren in auffälliger Weise nebeneinanderstellt. Simpson hat aber auch Fotografien mit Tinte und Acryl überarbeitet, Siebdrucke auf Filz hergestellt und mit Audio experimentiert. Bei der Untersuchung von Darstellungen Schwarzer Frauen in der amerikanischen Kultur und Gesellschaft analysiert Simpson Gesten und Posen mit forensischem Gespür. Indem sie die Figuren in ihren Werken fragmentiert und oft Teile des Körpers ausschneidet, lenkt Simpson die Aufmerksamkeit auf die „Entpersönlichung" Schwarzer Körper im Laufe der Geschichte.[71]

Nach ihrem Studium der Fotografie an der School of Visual Arts in New York erwarb Simpson 1985 einen Master in Visual Arts an der University of California, San Diego. Nachdem sie einige Zeit damit verbracht hatte, Dokumentarfotos zu machen, begann sie, die Grenzen der Fotografie und die Art und Weise, wie Fotografien üblicherweise „gelesen" werden – wie „wir die Fotografie betrachten und nach Bedeutung suchen"[72] – und ihre Legitimität als Trägerin der Wahrheit zu hinterfragen. Auf der Suche nach neuen Möglichkeiten, sich mit dem Medium auseinanderzusetzen und sich mit dem Publikum zu verbinden, begann Simpson, mit Text zu spielen, indem sie (eigene) Worte über im Studiostil gestellte Porträts – oder „Anti-Porträts" – von afroamerikanischen Frauen legte, deren Gesichter verdeckt waren oder die sich von der Kamera abgewandt hatten. In diesen frühen performativen Arbeiten bricht Simpson mit vorgefassten Meinungen darüber, wie eine Fotografie zu „lesen" ist, und eröffnet damit die Möglichkeit multipler Bedeutungen oder Lesarten, was sie in ihren rätselhaften Werken immer wieder getan hat.

Obwohl sie nicht die erste Künstlerin war, die auf konzeptuelle Weise mit Text arbeitete (die Künstlerinnen Jenny Holzer und Martha Rosler hatten sich auf diesem Gebiet bereits einen Namen gemacht), schlug Simpson mit dem Foto-Text-Ansatz eine neue Richtung ein. Sie nutzte ihn, um Fragen zur Wahrnehmung afroamerikanischer Frauen aufzuwerfen. 1990 war Simpson die erste afroamerikanische Frau, die auf der Biennale von Venedig ausstellte. Im selben Jahr hatte sie eine Einzelausstellung im Museum of Modern Art. In den 1990er Jahren begann Simpson, mit Video und Film zu arbeiten, und in den 2010er Jahren schuf sie ihre berühmten Fotocollagen.

In ihr leises, fesselndes und vielschichtiges Werk webt Simpson komplexe Erzählungen mit offenem Ausgang, die schwierige Fragen über die Bildung von Vorurteilen und die Rolle der Fotografie und anderer Medien bei der Aufrechterhaltung dieser Vorurteile, aber auch –und das ist ermutigend – bei der Konstruktion neuer Perspektiven aufwerfen.

IHR MOTIV VON HINTEN FOTOGRAFIEREN

Ein Motiv von hinten zu fotografieren und damit eigentlich den Blick zu verstellen, ist ein Ansatz, den Simpson häufig verwendet hat. Indem sie ihre Modelle von der Kamera wegdreht und dabei ihre Gesichter und Mimik verdeckt, schafft Simpson ein Gefühl von Selbstbestimmung: Diese Menschen weigern sich, visuell erfasst zu werden. Simpson verstärkt diese Botschaft in *Partition and Time*, 1991 (s. Abb.), wo das Bild einer Frau dupliziert und gespiegelt wird.

Probieren Sie, Ihr Motiv vor einem einfachen Hintergrund zu fotografieren, mit dem Rücken zur Kamera, und verwenden Sie ein einziges Oberlicht, um die Wirkung zu verstärken. Spielen Sie damit, wie viel von der Figur zu sehen ist, indem Sie ganz nah herankommen oder sich zurückziehen.

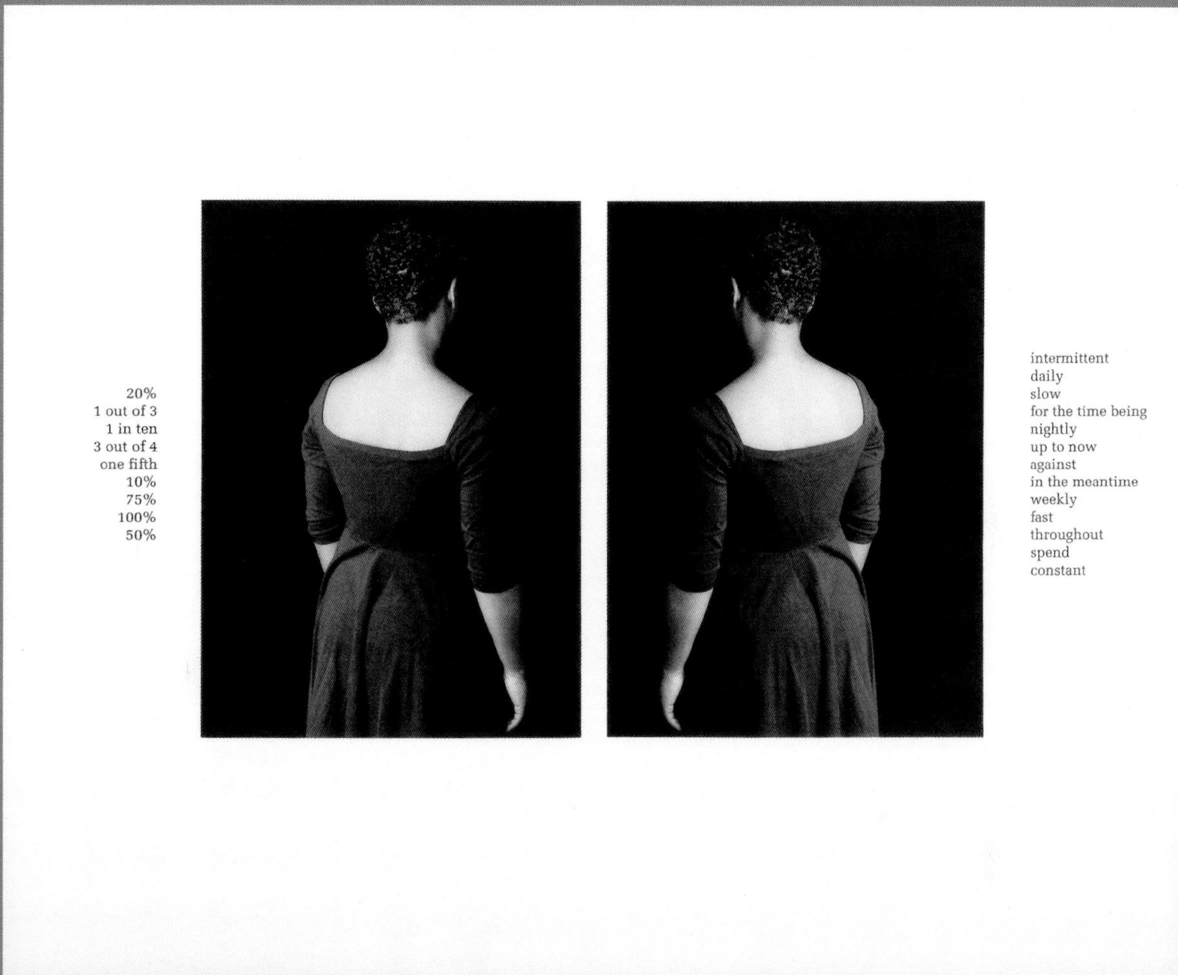

Partition and Time,
Lorna Simpson, 1991

VIVIAN

USA
1926–2009
Dokumentarfotografie
Porträt
Straßenfotografie

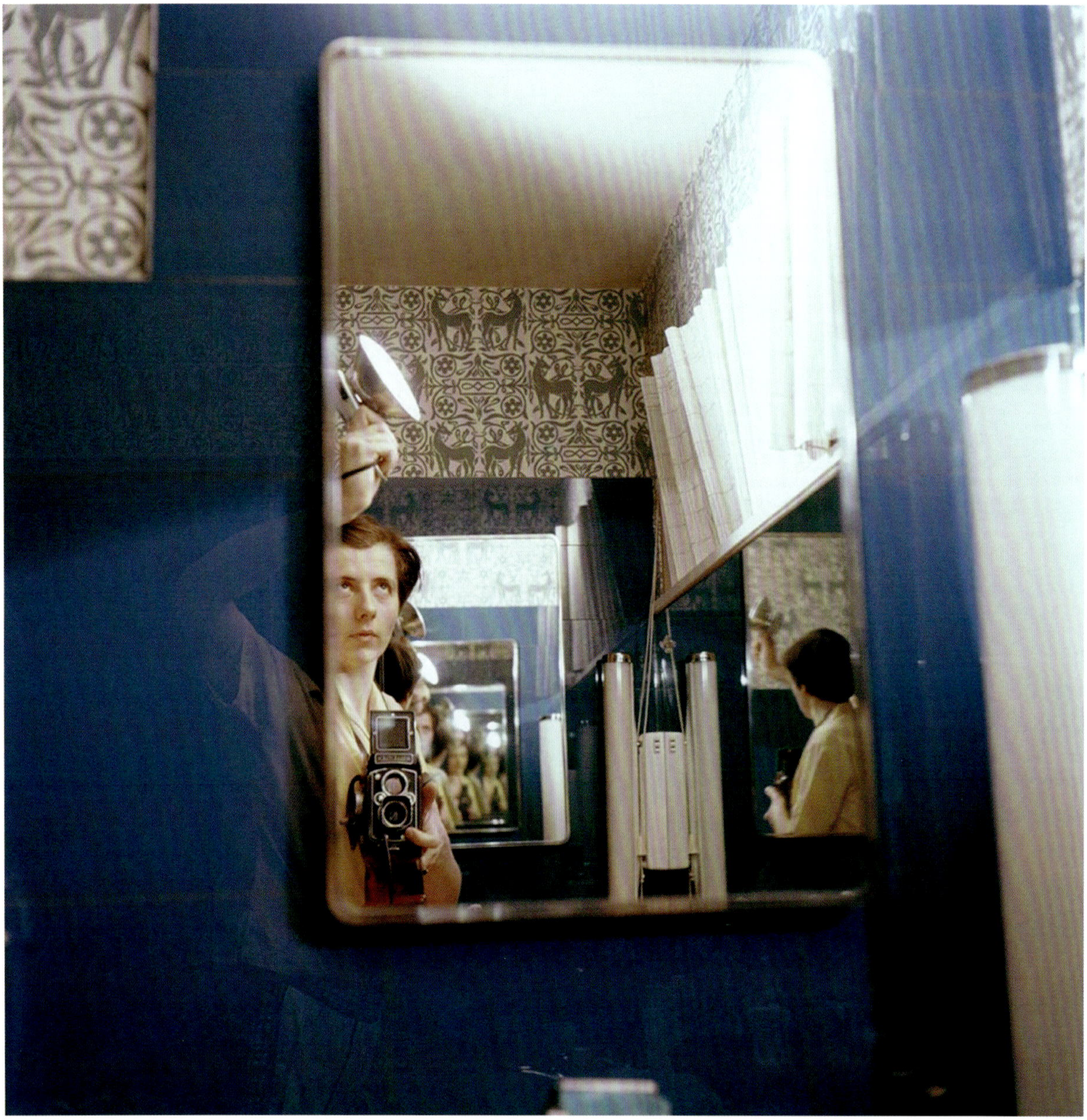

MAIER

DIE RÄTSELHAFTE STRASSENFOTOGRAFIN

Bis das umfangreiche Archiv von Vivian Maier 2007 entdeckt und zwei Jahre später im Internet veröffentlicht wurde, wusste kaum jemand, wer sie war. Heute ist Maier eine der berühmtesten Straßenfotograf*innen, die je gelebt haben. Doch trotz ihres posthumen Ruhms bleibt sie eine geheimnisvolle, rätselhafte Figur.

Die Geschichte dieser höchst einzelgängerischen und exzentrischen Fotografin ist eine Geschichte voller Geheimnisse und Überraschungen. In der Tat ist es ein reiner Zufall, dass Maier und ihr Werk überhaupt bekannt wurden. Die Entdeckung ihrer Geschichte begann, nachdem John Maloof, ein enthusiastischer Vertreter der Lokalgeschichte Chicagos, eine Schachtel mit Negativen ersteigert hatte. Niemand wusste, wer die Bilder gemacht hatte, aber Maloof beschloss, Nachforschungen anzustellen. Es stellte sich heraus, dass die Bilder von Maier stammten, einer örtlichen Nanny, die auch heimliche Hobbyfotografin war. Maloof fand weitere ihrer Arbeiten und trug eine Sammlung von mehr als 100 000 Negativen, mehreren tausend Abzügen und Hunderten von Filmrollen sowie Videos, Audio-Interviews und anderen persönlichen Gegenständen zusammen. Er drehte den Oscar-nominierten Film *Finding Vivian Maier* (2013) und verwaltet die größte Sammlung ihres Werks. Dank seiner unermüdlichen Bemühungen und der anderer ist Maiers Name in die Geschichte der Fotografie eingegangen.

Jahrzehntelang, seit den frühen 1950er Jahren, fotografierte die in Manhattan als Tochter einer französischen Mutter und eines österreichischen Vaters geborene Maier auf den Straßen von New York, Chicago und Los Angeles. Ihre Motive waren hauptsächlich die Menschen, denen sie vor Ort begegnete und die manchmal wussten, dass sie fotografiert wurden, manchmal auch nicht. Kinder sind häufig zu sehen, ebenso wie prachtvolle Ladenfronten, Menschenmassen, intime Momente zwischen Paaren und jede Menge kleiner Dramen, die Maier in großem Stil inszenierte. Selbstporträts in Spiegeln oder Fenstern waren ein weiteres ihrer bevorzugten Motive.

Maier hatte Ende der 1940er Jahre in den französischen Alpen mit der Fotografie begonnen und benutzte zunächst eine Kodak Box Brownie, bevor sie auf eine Rolleiflex umstieg. Deren Sucher in Hüfthöhe bot die perfekte Möglichkeit, unauffällig zu fotografieren.

Maier hat ihre Bilder zu Lebzeiten nie ausgestellt. Im Gegenteil, sie hielt ihr Archiv versteckt. Es ist nicht bekannt, was Maier dazu veranlasste, so zu fotografieren, wie sie es tat, oder warum sie sich entschied, nicht professionell zu arbeiten, doch angesichts ihrer Produktivität ist klar, dass ihre Leidenschaft für die Fotografie und ihr scheinbar unstillbares Verlangen, die Welt so festzuhalten, wie sie sie erlebte, groß waren. Ihr Archiv bietet einen faszinierenden Einblick in das amerikanische Streetlife Mitte des 20. Jahrhunderts und steht in einer Reihe mit Garry Winogrand, Lee Friedlander und Joel Meyerowitz, drei der größten Straßenfotograf*innen. Doch ihre Bedeutung in der Geschichte der Fotografie ist nicht nur auf ihre Arbeit zurückzuführen: Maier ist eine Pionierin der Fotografie, weil sie etwas tat, was nur wenige Frauen zu dieser Zeit taten, und schon gar nicht mit so viel Leidenschaft.

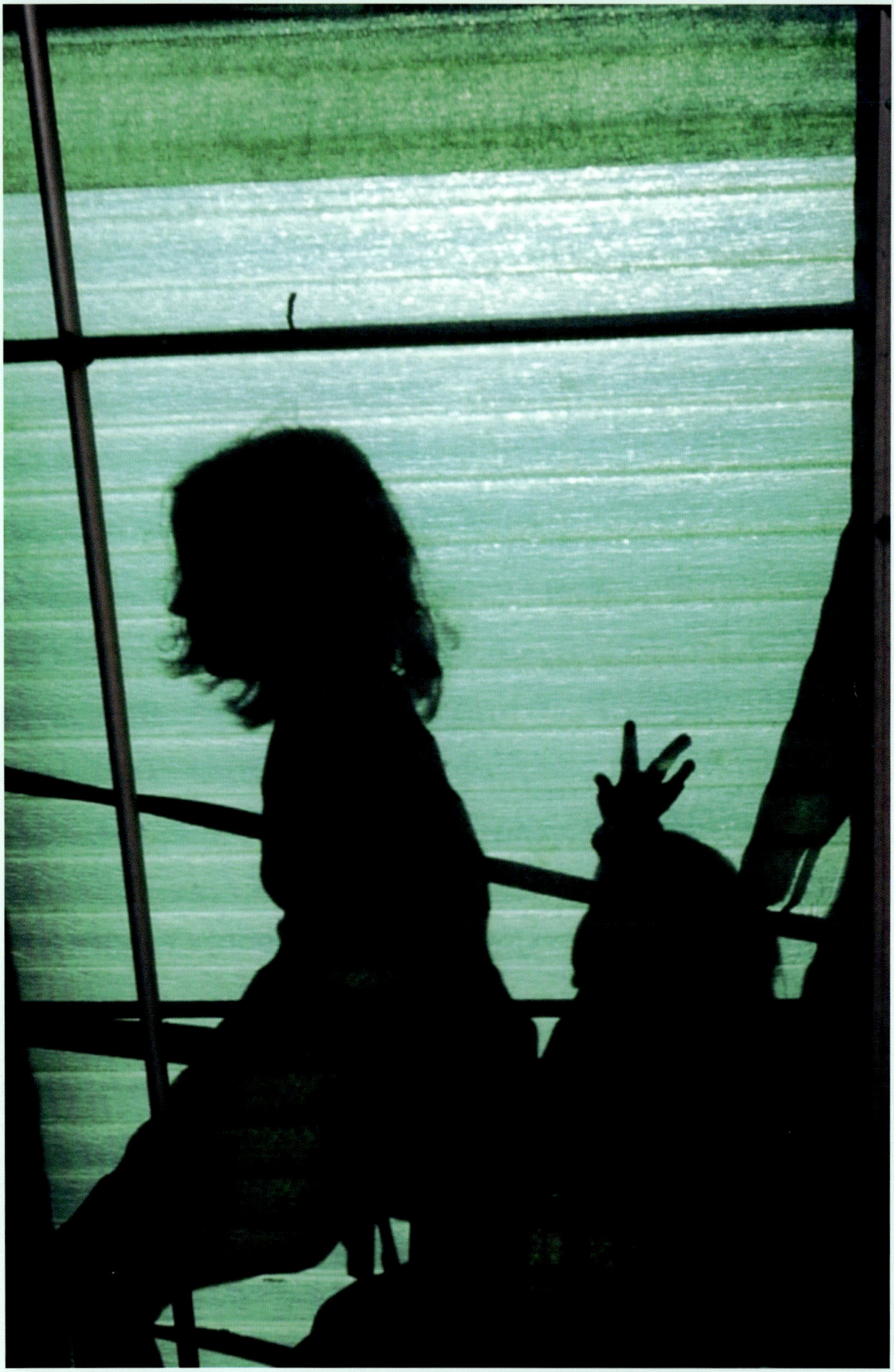

IN IHREN STRASSENFOTOS FARBE, SCHATTEN UND FORM KOMBINIEREN

Vivian Maier ist vor allem für ihre Schwarz-Weiß-Straßenfotografien bekannt, aber sie verwendete auch Farbfilm und produzierte oft Bilder, die gerade wegen ihrer Entscheidung für Farbe beeindruckend sind. Hier hat Maier durch eine Art Markise oder Schirm hindurch fotografiert. Es ist nicht nur die Farbe, die das Bild ausmacht, sondern auch die Art und Weise, wie Maier in das Licht hinein fotografiert und die Silhouetten der Kinder zur Gestaltung ihrer Komposition verwendet hat.

Gehen Sie auf die Straße und legen Sie den Schalter in Ihrem Kopf um, um sich auf die Farbe einzustellen. Um zu lernen, Farben zu sehen und zu verstehen, welche Farbkombinationen funktionieren, braucht man Übung. Suchen Sie nach kräftigen, kontrastreichen Farben und nach Möglichkeiten, auch Schatten mit hineinzubringen.

Ohne Titel,
Vivian Maier, ohne Datum

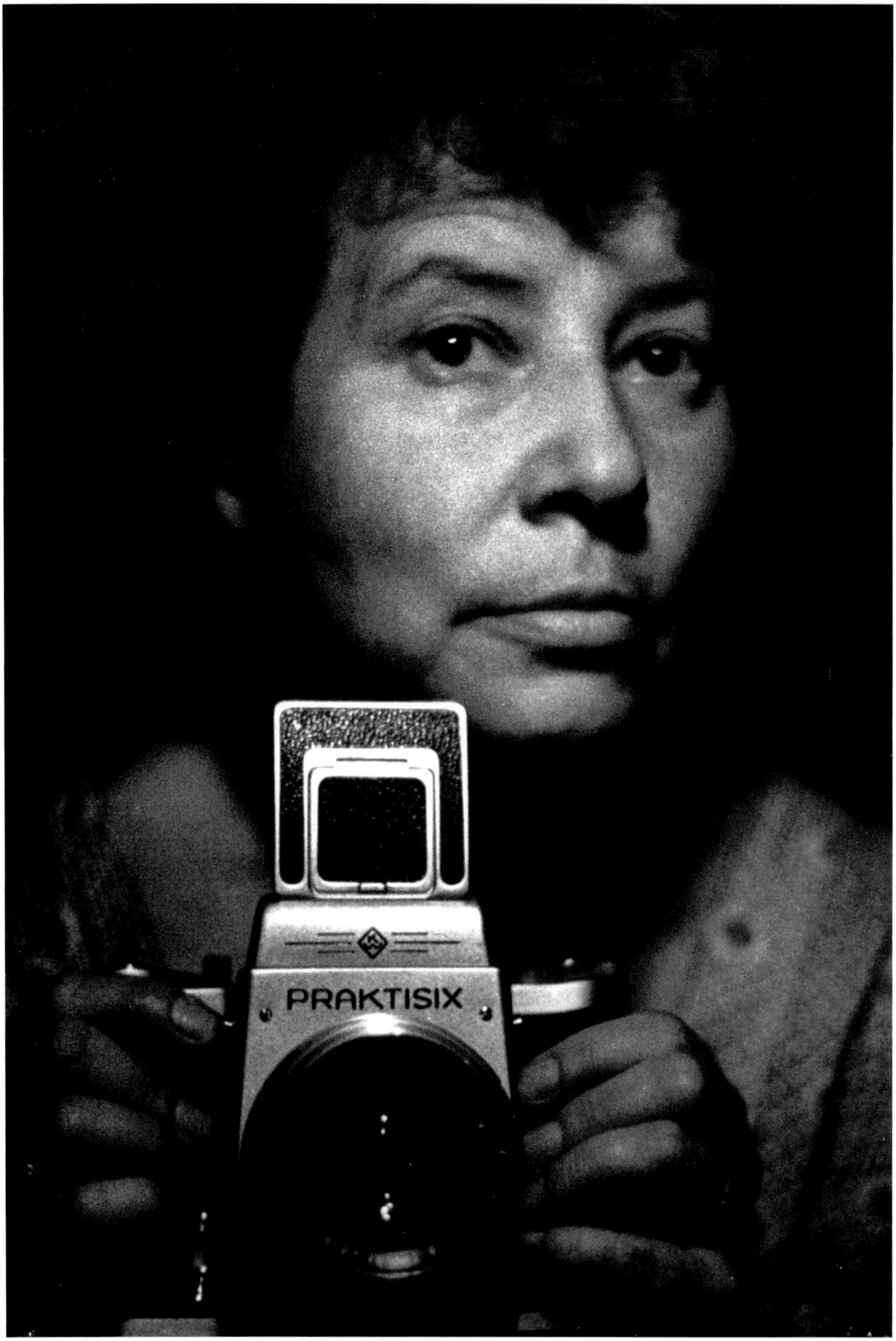
PRAKTISIX

ZOFIA RYDET

DIE DOKUMENTARIN

In der Fotografie geht es oft darum, eine Verbindung zu seinem Motiv herzustellen. So war es auch bei Zofia Rydet, der polnischen Fotografin, die vor allem für ihr immenses und ehrgeiziges Werk *Sociological Record* bekannt ist. 1978, im Alter von 67 Jahren, nahm sich die im polnischen Stanisławów, dem heutigen Iwano-Frankiwsk in der Ukraine, geborene Rydet vor, jeden Haushalt in ihrem Heimatland zu fotografieren. Ihr Ansatz war einfach: Sie klopfte an eine Tür, grüßte und machte den Bewohner*innen Komplimente für etwas, das ihr in deren Wohnung auffiel. Nachdem sie ihr Vertrauen gewonnen hatte, fotografierte sie sie in ihrem Interieur. Das Schaffen von Bildern auf diese Art und Weise, mit dem, was sie „große Konsistenz“[73] nannte, brachte Rydet viel Befriedigung, wie sie einmal bemerkte.

Als Autodidaktin interessierte sich Rydet schon lange für Menschen – und für Aspekte der menschlichen Existenz – und begann ihre Karriere als Fotografin in den 1950er Jahren mit einem Projekt über die Kindheit. Die Idee zu *Sociological Record*, die sie für den Rest ihres Lebens beschäftigen sollte, kam Rydet, als sie einmal die feinen, aber deutlichen Unterschiede zwischen ansonsten identischen Büroräumen von Angestellten bemerkte. Sie stellte fest, dass jeder dieser Räume persönlich gestaltet und daher völlig einzigartig war. Tief bewegt von diesen Beobachtungen und fasziniert von dem, was sie über das menschliche Verhalten verrieten, beschloss sie, ein Projekt in Angriff zu nehmen, bei dem untersucht werden sollte, was die Besitztümer der Menschen über sie aussagen – wie ihre persönlichen Räume sie als Individuen widerspiegeln. Sie besuchte mehr als 100 Dörfer und Städte in Polen und darüber hinaus, unter anderem in Frankreich, Litauen und Deutschland.

Das unvollendete Projekt, von dem Rydet erkannte, dass sie es nie zu Ende führen konnte, offenbart einen fast zwanghaften Wunsch, zu katalogisieren und Kategorien zu bilden. Das Projekt entwickelte sich in immer weitere thematische Unterkategorien, die Frauen außerhalb ihrer Wohnungen und Fotografien von Fotografien umfassten. Jedes Bild scheint nur eine einfache visuelle Aufzeichnung zu sein – eine fast unscheinbare fotografische Dokumentation. Doch bei genauem Hinsehen offenbaren sich nach und nach Details – Fotos und Wandteppiche hängen an den Wänden, es gibt Ikonen und häusliche Utensilien. Jedes Bild ist ein Blick auf ein gelebtes und zu diesem Zeitpunkt noch zu lebendes Leben.

Rydet schuf ein einzigartiges Archiv von Zeit und Ort, das das Leben der einfachen Leute im Polen der kommunistischen Ära zeigt – eine Lebensweise, die zu verschwinden begann. Rydet war sich der Auswirkungen der Modernisierung auf die lokalen Gemeinschaften bewusst und machte es sich zur Aufgabe, diese Gemeinschaften zu dokumentieren, bevor es zu spät war. Das Werk ist jedoch viel mehr als die bloße Dokumentation einer verschwindenden Lebensweise: Es sagt viel über die Fotografie selbst aus, oder besser gesagt darüber, was Rydet glaubte, zu was die Fotografie in der Lage sei: nämlich die Zeit aufzuhalten und dem Tod zu trotzen. Rydet hatte klare Vorstellungen von der Fotografie, die sie in erster Linie als Sprache, als Informationsträger, als Mittel betrachtete, um auf etwas aufmerksam zu machen, das sonst vielleicht übersehen würde. Sie sagte einmal: „Mir geht es nicht um den ‚großen künstlerischen Ausdruck‘. Ich möchte die Menschen ein wenig bewegen, sie zum Nachdenken anregen.“[74]

Polen
1911–1997
Kunst
Dokumentarfotografie
Porträt

INTIME UMGEBUNGSPORTRÄTS MIT WEITWINKELOBJEKTIV UND BLITZLICHT MACHEN

Bei der Erstellung von *Sociological Record* verwendete Zofia Rydet meist den gleichen fotografischen Ansatz. In der Regel stellte sie ihre Motive mit dem Gesicht zur Kamera auf, wobei sie ein Weitwinkelobjektiv und einen Blitz verwendete, um die Person und deren Umgebung zu beleuchten. Für Rydet war das, was sich im Raum befand, genauso wichtig wie die Personen, die sie fotografierte.

Versuchen Sie, ein Familienmitglied, einen Freund oder eine Freundin in seiner/ihrer häuslichen Umgebung zu fotografieren, indem Sie ein Weitwinkelobjektiv verwenden und Ihre Kamera auf die richtige Synchronisationszeit für den Blitz einstellen (normalerweise 1/125 Sekunde). Beginnen Sie mit dem Blitzgerät oben auf der Kamera, um eine direkte Beleuchtung zu erzielen, oder, wenn Sie einen Fernauslöser haben, versuchen Sie, den Blitz seitlich von der Kamera zu positionieren. Wenn Sie digital fotografieren, konvertieren Sie Ihre Bilder in Schwarz-Weiß und experimentieren Sie mit den Kontrasteinstellungen, um die Wirkung zu verstärken.

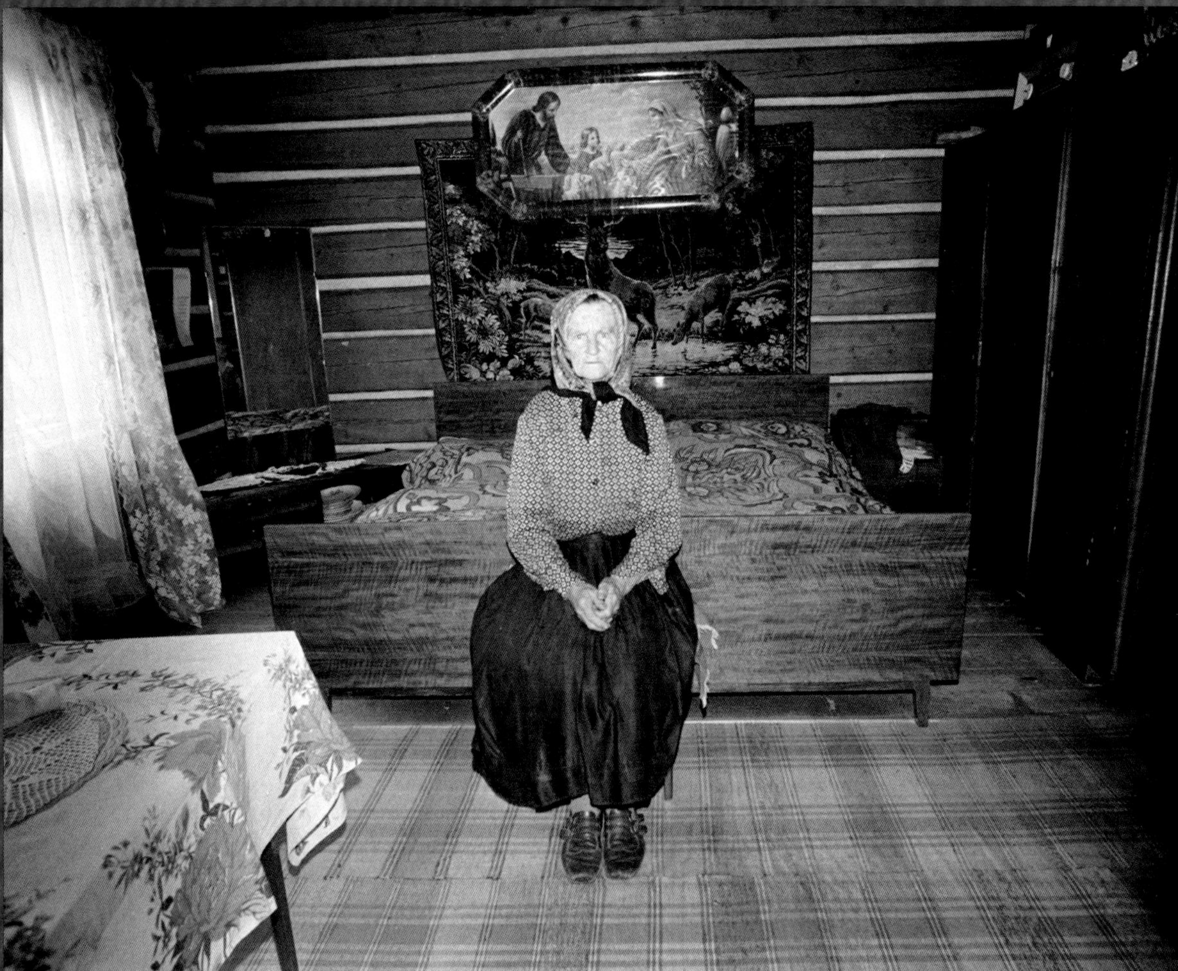

Aus *Sociological Record*,
Zofia Rydet, 1979

Beckmann, Annemarie und Felicity Korn (Hrsg.): *Fotografinnen an der Front. Von Lee Miller bis Anja Niedringhaus*, (Ausstellungskat.) Düsseldorf 2019

Bouveresse, Clara: *Women Photographers: Pioneers*, London 2020

Bouveresse, Clara: *Women Photographers: Revolutionaries*, London 2020

Bouveresse, Clara: *Women Photographers: Contemporaries*, London 2020

Friedewald, Boris: *Große Fotografinnen aus zwei Jahrhunderten. Meisterinnen des Lichts* (erw. u. aktual. Neuausgabe), München 2023

Hörner, Unda: *Scharfsichtige Frauen. Fotografinnen der 20er und 30er Jahre in Paris*, Köln 2010

Jansen, Charlotte: *Girl on Girl: Art and Photography in the Age of the Female Gaze*, London 2019

Lebart, Luce und Robert, Marie: *A World History of Women Photographers*, London 2022

Lewis, Emma: *Photography – A Feminist History*, London 2021

Linnemann, Dorothee u.a.: *Stadt der Fotografinnen – Frankfurt 1844–2024*, Köln 2024

Museum Folkwang (Hrsg.): *Fotografieren hieß teilnehmen. Fotografinnen der Weimarer Republik,* (Ausstellungskat.) Essen 1994

Nelson, Andrea: *The New Woman Behind the Camera*, New York 2020

Newman, Cathy: *Die großen Fotografinnen*, München 2000

Raymond, Claire: *Women Photographers and Feminist Aesthetics*, London 2017

Rogers, Fiona und Houghton, Max: *Firecrackers: Female Photographers Now*, London 2017

Rosenblum, Naomi: *A History of Women Photographers*, New York 1994

Schirmer, Lothar (Hrsg.): *Frauen sehen Frauen. Eine Bildgeschichte der Frauen-Photographie*, München 2001

Stephan, Peter: *Magna Brava. Die Magnum-Fotografinnen*, München 1999

Williams, Val: *The Other Observers: Women Photographers in Britain 1900 to the Present*, London 1986

Zalcman, Daniella und Ickow, Sara: *Women Photograph: What We See: Women and Nonbinary Perspectives Through the Lens*, London 2023

Websites und Organisationen

AWARE: Archives of Women Artists, Research and Exhibitions
awarewomenartists.com

Fast Forward: Women in Photography
fastforward.photography

Firecracker
fire-cracker.org

Hundred Heroines
hundredheroines.org

The Parasol Foundation Women in Photography project at the V&A
vam.ac.uk/blog/museum-life/the-parasol-foundation-women-in-photography-project

Women Photograph
womenphotograph.com

Women Photographers International Archive (WOPHA)
wopha.org

ANMERKUNGEN

1 https://www.youtube.com/watch?v=1MJHFvM9LfY (Zugriff 13. Juli 2023)

Haley, J., 2021. Women and Photography in the Nineteenth Century, Canterbury Museum

2 Lebart, L., Robert, M., A World History of Women Photographers, London 2022

3 ebd.

4 https://www.vivianesassen.com/works/heliotrope/ (Zugriff 5. Juni 2023)

5 https://www.theguardian.com/fashion/2013/oct/12/fashion-photographer-viviane-sassen (Zugriff 5. Juni 2023)

6 https://www.theguardian.com/fashion/2013/ oct/12/fashion-photographer-viviane-sassen (Zugriff 5. Juni 2023)

7 https://i-d.vice.com/en/article/j587y7/liz-johnson-arturs-photos-celebrate-black- communities-black-aesthetics-and-black- creativity (Zugriff 17. Juli 2023)

8 https://www.tate.org.uk/visit/tate-modern/display/artist-and-society/liz-johnson-artur (Zugriff 17. Juli 2023)

9 https://bristolphotofestival.org/lips-touched-with-blood-sarah-waiswa/ (Zugriff 5. Juni 2023)

10 https://www.youtube.com/watch?v=xm_J9YyFU90 (Zugriff 5. Juni 2023)

11 https://conversations.e-flux.com/t/homai-vyarawalla-a-portrait-of-a-groundbreaking-photographer/6988 (Zugriff 5. Juni 2023)

12 https://hundredheroines.org/historical-heroines/alice-austen/

13 Interview der Autorin via e-mail zwischen dem 31. Mai 2023 und dem 7. Juni 2023

14 https://www.nytimes.com/1986/02/23/arts/camera-pioneer-aluted-at-icp.html (Zugriff 5. Juni 2023)

15 https://www.moma.org/artists/561 (Zugriff 5. Juni 2023)

16 https://www.foam.org/podcasts/speaking-nearby-rahima-gambo-aziza-harmel (Zugriff 5. Juni 2023)

17 https://web.archive.org/web/20140722150917/http://www.artnewsnviews.com/view-article.php?article=towards-cutting-edge-art-definitive-attempts&iid=28&articleid=750 (Zugriff 10. Mai 2023)

18 Lewis, E., Photography – A Feminist History, London 2021

19 https://www.moma.org/artists/2595 (Zugriff 8. Mai 2023)

20 https://www.vogue.co.uk/article/dua-lipa- january-cover-future-issue-british-vogue-2019 (Zugriff 10. März 2023)

21 https://www.bbc.co.uk/sounds/play/w3cswp2j (Zugriff 10. Juli 2023)

22. https://www.cntraveler.com/story/how-i-became-a-photojournalist-lynsey-addario-on-life-on-the-road (Zugriff 10. Juli 2023)

23. https://www.bbc.co.uk/sounds/play/w3cswp2j (Zugriff 10. Juli 2023)

24 https://archive.nytimes.com/lens.blogs.nytimes.com/2011/03/30/lynsey-addario-its-what i-do/ (Zugriff 10. Juli 2023)

25 http://www.luminous-lint.com/app/ photographer/Catharine_Weed Barnes/A/ (Zugriff 3. April 2023)

Weed Barnes Ward, C., 1889. 'Photography From a Woman's Standpoint' in The Photographic Times and American Photographer, 27 December, 1889, Vol. XIX, No.432, S.652–3

26 Interview der Autorin, IMA magazine, vol.16, 'How They Are Made', 2019

27 https://nmwa.org/blog/5-fast-facts/5-fast-facts-lola-alvarez-bravo/ (Zugriff 18. Juli 2023)

28 https://artmuseum.mtholyoke.edu/sites/ default/files/Beautiful_Physics_Photographs_by Berenice_Abbott.pdf?bc=node (Zugriff 14. Juni 2023)

Smith, S., Beautiful Physics: Photographs by Berenice Abbott, Mount Holyoke College

29 Mitchell, M. K., Recollections: Ten Women of Photography, New York 1979

30 Tate film, https://www.youtube.com/watch? v=EFGJOwVUGTA (Zugriff 19. Juni 2023)

31 Tate film, https://www.youtube.com/watch? v=EFGJOwVUGTA (Zugriff 19. Juni 2023)

32 https://www.1854.photography/2021/12/any-answers-ingrid-pollard/ (Zugriff 19. Juni 2023)

33 Pyne, K., Anne Brigman: The Photographer of Enchantment, New Haven and London 2020

34 Paris Photo, https://www.youtube.com/watch?v=5ffFbGEFa6M (Zugriff 16. Mai 2023)

35 https://www.iwmf.org/our-awards/reporting-from-the-front-lines-of-war-an-interview-with-anja- niedringhaus-and-kathy-gannon/

36 www.dw.com/en/an-eye-for-dignity-war-photographer-anja-niedringhaus/a-37111599 (Zugriff 1. März 2023)

Mund, H., An eye for dignity: War photographer Anja Niedringhaus, Deutsche Welle (DW) 2017

37 https://dartcenter.org/content/remembering-anja-niedringhaus (Zugriff 1. März 2023)

38 https://time.com/4764211/anja-niedringhaus-legacy (Zugriff 1. März 2023)

39 https://www.bbc.com/culture/article/20190328-paz-errzuriz-the-woman-who-defied-the-pinochet-regime (Zugriff 12. Mai 2023)

40 https://lareviewofbooks.org/av/photographer-spotlight-marginals-majority-michael-kurcfeld-paz-errazuriz-video/ (Zugriff 12. Mai 2023)

41 https://www.getty.edu/art/exhibitions/sally_mann/inner.html (Zugriff 29. Mai 2023)

42 https://www.magnumphotos.com/arts-culture/fashion/eve-arnold-fashion-in-harlem/ (Zugriff 29. Mai 2023) Abel-Hirsch, H., 2017., 'Harlem Fashion', Magnum Photos

43 https://www.magnumphotos.com/arts-culture/society-arts-culture/eve-arnold-the- unretouched-woman/ (Zugriff 29. Mai 2023) Arnold, E., The Unretouched Woman, New York 2020.

44 https://www.magnumphotos.com/arts-culture/society-arts-culture/eve-arnold-the- unretouched-woman/ (Zugriff 29. Mai 2023) Arnold, E., 1976. The Unretouched Woman, New York: A.A. Knopf Cape (Excerpt.)

45 Lebart, L., Robert, M., A World History of Women Photographers, London 2020

46 https://www.moma.org/artists/7851 (Zugriff 22. März 2023)

47 https://chroniclingamerica.loc.gov/lccn/sn88064339/1897-12-04/ed-1/seq-7/ (Zugriff 22. März 2023)

48 https://www.youtube.com/watch? v=M43QgkbOEv8 (Zugriff 12. Mai 2023)

49 https://www.magnumphotos.com/theory-and-practice/susan-meiselas-work-ethic/ (Zugriff 28. Juni 2023)

50 https://www.ft.com/content/4f15e162-e4a5-11e9-9743-db5a370481bc (Zugriff 15. Juli 2023)

51 Chandler, D., Illuminance by Rinko Kawauchi, New York 2011

52 https://www.bbc.co.uk/sounds/play/w3cswp2j (Zugriff 23. Juni 2023)

53 https://www.bbc.co.uk/sounds/play/w3cswp2j (Zugriff 23. Juni 2023)

54 https://autograph.org.uk/blog/artist-interviews/long-read-interview-with-poulomi-basu/ (Zugriff 23. Juni 2023)

55 https://www.palquest.org/sites/default/files/Early_Local_Photography_in_Palestine_-_ The_Legacy_of_Karimeh_Abbud.pdf (Zugriff 14. März 2023)

56 https://www.palestine-studies.org/sites/default/files/jq-articles/Karimeh%20Abbud.pdf (Zugriff 14. März 2023)

57 https://www.nationalgeographic.com/animals/article/wild-explorers-ami-vitale-wildlife- photographer#:~:text=Recently%2C%20Vitale%20 has%20focused%20on,black%20 rhinoceroses%20into%20the%20wild (Zugriff 19. Mai 2023)

Capturing the Connection Between Wildlife and People' in WILD magazine (National Geographic) October/November 2016 issue

58 https://www.amivitale.com/photo-story/ goodbye-sudan-the-worlds-last-male-northern-white-rhino/ (Zugriff 19. Mai 2023) Vitale, A. 'Vanishing, The Last Goodbye', National Geographic magazine, October 2019 issue

59 https://www.telegraph.co.uk/culture/culturepicturegalleries/9854840/Lady-Clementina-Hawarden-one-of-Britains-first-female-photographers.html?frame=2473604 (Zugriff 14. März 2023)

60 https://paper-journal.com/interview-dafna-talmor-constructed-landscapes/ (Zugriff 15. Mai 2023) Wilson, J C., 2019. Paper Journal. Interview – Dafna Talmor

61 https://art.nelson-atkins.org/objects/48768/martha-graham-american-document-trio (Zugriff 5. Juni 2023)

62 https://www.youtube.com/watch?v=Zg3lNY5lq3o Visions and Images: American Photographers on Photography, 1981, Barbaralee Diamonstein-Spielvogel Video Archive at the David M. Rubenstein Rare Book and Manuscript Library, Duke University (Zugriff 5. Juni 2023)

63 https://artuk.org/learn/learning-resources/maud-sulter-and-the-subversive-portrait (Zugriff 5. June 2023)

64 https://www.vam.ac.uk/articles/zabat-photographs-by-maud-sulter/ (Zugriff 5. Juni 2023)

65 Sulter's 'Les Bijoux' series, 2002

66 http://image-matters-discourse.de/buch-ict/interview-abril/?lang=en (Zugriff 30. Juni 2023)

67 https://www.youtube.com/watch?v=oEgf1XmtWCo (Zugriff 25. Januar 2023)

68 https://www.theguardian.com/artanddesign/ 2016/aug/25/zanele-muholis-best-photograph-out-and-proud-in-south-africa-lgbti (Zugriff 25. Januar 2023)

69 https://www.youtube.com/watch?v=oEgf1XmtWCo (Zugriff 25. Januar 2023)

70 https://www.youtube.com/watch?v=dNk098ffjLM (Zugriff 5. Juni 2023)

71 https://www.guggenheim.org/artwork/artist/lorna-simpson (Zugriff 5. Juni 2023)

72 https://www.theparisreview.org/blog/2017/11/10/daring-woman-interview-lorna-simpson/ (Zugriff 5. Juni 2023)

73 http://zofiarydet.com/zapis/en/pages/sociological-record/discussions/rozmowy-o-fotografii (Zugriff 20. März 2023)

74 http://www.zofiarydet.com/en/pages/research/interview/juliusz-garztecki (Zugriff 20. März 2023)

BILDNACHWEIS

Umschlagvorderseite © Aïda Muluneh

Umschlagrückseite © Shirin Neshat. Courtesy of the artist and Gladstone Gallery & Goodman Gallery, Johannesburg, Cape Town and London

7 Photo © Historical Picture Archive/Corbis via Getty Images

8 © Hanneke van Leeuwen

10 © Viviane Sassen

12 Imogen Cunningham, 84-year-old professional photographer, poses with her camera in her San Francisco studio in January, 1967 © Associated Press/Alamy Stock Photo

14 © 2023 Imogen Cunningham Trust

16 © Liz Johnson Artur

19 © Liz Johnson Artur

20 © Osborne Macharia

22 © Sarah Waiswa

24 Portrait of the American photographer and actress, Tina Modotti (b. Assunta Adelaide Luigia Modotti Mondini, 1896–1942), 1921 © Edward Weston

27 © Galerie Bilderwelt/Bridgeman Images

28 Homai Vyarawalla in her early years, published in *India In Focus: Camera Chronicles of Homai Vyarawalla* by Sabeena Gadihoke © Sam Panthaky/AFP via Getty Images

31 Public domain sourced/access rights from Historic Collection/Alamy Stock Photo

32 *Alice Austen (1866–1952) at age 22, posed at her home Clear Comfort*, published by Friends of Alice Austen House. Public domain sourced/access rights from Bravo Images/Alamy Stock Photo

35 Collection of Historic Richmond Town

36 © Mario Epanya

38 © Aïda Muluneh

40 *Self-Portrait with Leica* © Estate of Ilse Bing

43 Bequeathed by Ilse Bing Wolff/V&A Museum © Estate of Ilse Bing

44 Portrait of the English botanist and photographer, Anna Atkins (née Children, 1799–1871), 1861 © IanDagnall Computing/Alamy Stock Photo

46 © The Artchives/Alamy Stock Photo

48 © Rahima Gambo

51 © Rahima Gambo

52 From 'Native Women of South India: Manners & Customs', 2000–2004 (Supported by an Arts Collaboration Grant from the India Foundation for the Arts) © Pushpamala N.

54 © Pushpamala N. in collaboration with Clare Arni

56 Florence Henri, Autoportrait (à la table), 1938 © Martini & Ronchetti, courtesy Archives Florence Henri

59 © Martini & Ronchetti, courtesy Archives Florence Henri

60 © James Gilbert

63 © Nadine Ijewere/Trunk Archive

64 Beals at work, c. 1905–1940 (gelatin silver photo), Collection of the New York Historical Society, USA © New York Historical Society/Bridgeman Images

66 © The New York Historical Society/Getty Images

68 *New York Times photographer Lynsey Addario stands near the frontline during a pause in the fighting, 11 March 2011 in Ras Lanuf, Libya* © John Moore/Getty Images

71 © Lynsey Addario/Getty Images Reportage

72 Mrs Middleton (Madame Yevonde), the society portrait photographer, pictured in the 1930s in her photographic studio. Mary Evans/ © Yevonde Portrait Archive

74 © National Portrait Gallery, London

76 Public domain sourced/access rights from Zip Lexing/Alamy Stock Photo

79 © Catharine Weed Barnes Ward

80 Julie Cockburn, 2017 © Antonio Parente, courtesy of Flowers Gallery

83 C-type print on found photograph, glass beads, 92 × 92 cm © Julie Cockburn, courtesy of Flowers Gallery

84 Autorretrato [detail], c. 1950, Lola Alvarez Bravo © Scala/Lola Alvarez Bravo/CCP, The University of Arizona Foundation

86 Scala, Florence/Lola Alvarez Bravo © Center for Creative Photography, The University of Arizona Foundation

88 © Archive PL/Alamy Stock Photo

91 Printed 1982 (gelatin silver print) © Berenice Abbott via Getty Images

92 Photo by Larry Colwell/Anthony Barboza/ Getty Images

94 Gelatin silver print © Brooklyn Museum/ Gift of Wallace B. Putnam from the Estate of the Artist/Bridgeman Images

96 © Emile Holba

99 © Ingrid Pollard. All rights reserved, DACS 2023

100 Photograph by Anne Wardrope Brigman, The Spirit of Photography, platinum print, c. 1908. The Royal Photographic Society Collection at the V&A, acquired with the generous assistance of the National Lottery Heritage Fund and Art Fund © Victoria and Albert Museum, London

102 © photo-fox/Alamy Stock Photo

104 © Iason Athanasiadis

106 © ARS, NY and DACS, London 2023

108 A portrait photograph of Julia Margaret Cameron by Henry Herschel Hay Cameron, 1870 © Public domain sourced/access rights from SJArt/Alamy Stock Photo

110 Albumen print from wet collodion negative © Cleveland Museum of Art. *Museum Masters: 2016–2017 Companion Guide* [Cleveland, Ohio]: Cleveland Museum of Art, 2016. Mentioned and reproduced: p78

112 © AP Photo/Peter Dejong, File/ Alamy Stock Photo

115 © Anja Niedringhaus/EPA/Shutterstock

116 Lee Miller in Switzerland in 1947 © PVDE/ Bridgeman Images

118 © Lee Miller Archives, England 2023. All rights reserved. leemiller.co.uk

120 © Carla McKay

122 Artwork Location: Museum of Modern Art (MoMA), New York, USA © Paz Errázuriz 2023. Digital image, The Museum of Modern Art, New York/Scala, Florence

124 Photographer Sally Mann in the print finishing area at her home near Lexington, Va. © Michael Williamson/The Washington Post via Getty Images

127 Tea-toned silver gelatin print, 50.8 × 61cm, Edition of 10 © Sally Mann, courtesy Gagosian

128 US photographer, Eve Arnold, London, Great Britain, 1998 © Fondation Henri Cartier-Bresson/ Magnum Photos

130 © Eve Arnold/Magnum Photos

132 Cindy Sherman, 2019. Photography by Inez and Vinoodh, courtesy the artist and Hauser & Wirth

135 Dye sublimation metal print, 122.2 × 133.4cm © Cindy Sherman, courtesy the artist and Hauser & Wirth

136 Self Portrait, Frances Benjamin Johnston (1864–1952), early American photographer and photojournalist © GL Archive/Alamy Stock Photo

139 © Granger – Historical Picture Archive/ Alamy Stock Photo

140 *Untitled (Self-Portrait with Camera), New York City, NY*, Ming Smith, 1975 © ARS, NY and DACS, London 2023

143 © ARS, NY and DACS, London 2023

144 Shirin Neshat, Land of Dreams, 2019, Film Still © Shirin Neshat. Courtesy of the artist, Gladstone Gallery & Goodman Gallery, Johannesburg, Cape Town and London

146 RC print & ink (photo taken by Cynthia Preston), 118.4 × 111.1cm © Shirin Neshat. Courtesy of the artist and Gladstone Gallery & Goodman Gallery, Johannesburg, Cape Town and London

148 © Jean Gaumy/Magnum Photos

151 © Susan Meiselas/Magnum Photos

152 Courtesy of Rinko Kawauchi

154 © Rinko Kawauchi

156 © Maria Lax

158 © Poulomi Basu

160 Historic Collection/Alamy Stock Photo

162 © Karimeh Abbud

164 Ami Vitale in the mangroves of Kenya © Bryan Liscinsky

167 © Ami Vitale

168 Self Portrait (with cat, in garden) © Claude Cahun, courtesy of Jersey Heritage Collection

170 © Claude Cahun, courtesy of Jersey Heritage Collection

172 Possible self-portait of Clementina, Lady Hawarden, taken in 1862 © National Science & Media Museum/Science Museum Group

175 Photo © Historical Picture Archive/Corbis via Getty Images

176 © Lucy Levene

178 C-type handprint made from 5 collaged negatives, 85.5cm × 61cm © Dafna Talmor

180 © Barbara and Willard Morgan photographs and papers, UCLA Library Special Collections

183 © Barbara and Willard Morgan photographs and papers, UCLA Library Special Collections

184 © Estate of Maud Sulter. All rights reserved, DACS/Artimage 2022. Image courtesy of Street Level Photoworks, Glasgow

186 © Estate of Maud Sulter. All rights reserved, DACS/Artimage 2022. Image: © Arts Council Collection, Southbank Centre

188 © Ana Lefaux

190 © Laia Abril/Gallery Filles du Calvaire

192 *Ntozakhe II, (Parktown)* from the series 'Somnyama Ngonyama', 2016 © Zanele Muholi. Courtesy of the artist and Yancey Richardson, New York

194 © Zanele Muholi. Courtesy of the artist and Yancey Richardson, New York

196 © Lorna Simpson. Courtesy the artist and Hauser & Wirth. Photo: James Wang

199 From the portfolio 'In a Dream', in New York City, by Photographers + Friends United Against Aids, 1991. Silver gelatin print, 129 × 156.2cm © Lorna Simpson. Courtesy the artist and Hauser & Wirth

200 Vivian Maier, Untitled, Undated © Estate of Vivian Maier, Courtesy Maloof Collection and Howard Greenberg Gallery, New York

202 © Estate of Vivian Maier, Courtesy Maloof Collection and Howard Greenberg Gallery, New York

204 © The Zofia Rydet Foundation

207 © The Zofia Rydet Foundation

DANK

Mein größter Dank gilt Laurence King für die Möglichkeit, dieses unglaubliche Projekt zu verwirklichen. Vielen Dank an alle, die dazu beigetragen haben: Elen, Laura, Emily, Katie, Louise, Rob, Helen, Marc, an all die Fotograf*innen, Künstler*innen, Galerist*innen, Museen, Agenturen und Nachlassverwaltungen, die das Projekt unterstützt haben. Und an Tom, Aoife und Elowen – ohne euch wäre nichts möglich.

Dieses Buch ist für alle Fotografinnen, frühere, gegenwärtige und zukünftige, und für jede Frau, die in der Fotobranche arbeitet, gearbeitet hat und noch arbeiten wird. Vielen Dank für alles, was Sie tun, getan haben und tun werden; Sie sind eine unerschöpfliche Quelle der Inspiration.